"十四五"职业教育国家规划教材
"十三五"职业教育国家规划教材

新编21世纪高等职业教育精品教材·法律类

婚姻家庭法

（第四版）

房绍坤　范李瑛◎编著

中国人民大学出版社
·北京·

图书在版编目（CIP）数据

婚姻家庭法/房绍坤，范李瑛编著. -- 4版.
北京：中国人民大学出版社，2025.7. --（新编21世纪高等职业教育精品教材）. -- ISBN 978-7-300-34286-3
Ⅰ. D923.9
中国国家版本馆CIP数据核字第2025650WG9号

"十四五"职业教育国家规划教材
"十三五"职业教育国家规划教材
新编21世纪高等职业教育精品教材·法律类
婚姻家庭法（第四版）
房绍坤　范李瑛　编著
Hunyinjiatingfa

出版发行	中国人民大学出版社		
社　　址	北京中关村大街31号	**邮政编码**	100080
电　　话	010－62511242（总编室）		010－62511770（质管部）
	010－82501766（邮购部）		010－62514148（门市部）
	010－62511173（发行公司）		010－62515275（盗版举报）
网　　址	http://www.crup.com.cn		
经　　销	新华书店		
印　　刷	北京密兴印刷有限公司	**版　　次**	2017年8月第1版
开　　本	787 mm×1092 mm　1/16		2025年7月第4版
印　　张	13.5	**印　　次**	2025年7月第1次印刷
字　　数	246 000	**定　　价**	49.00元

第四版前言

本书以习近平法治思想为指导，贯彻落实党的二十大精神，立足于高等职业教育的特色与要求，坚持以培养应用型法律专门人才为目标，着重培养学生分析问题和解决问题的能力。全书共分九章，以《民法典》婚姻家庭编及相关司法解释为依据，结合司法实务，根据高职高专的教学规律和特点，系统阐述了婚姻家庭法的基本知识、基本理论和基本制度，强调理论性和应用性的结合。

本书内容紧扣婚姻家庭法的时代特征和发展趋势，按照《民法典》婚姻家庭编及相关司法解释的规定组织编写，以保证内容的时效性。在体例设计上，每章前设有“本章引例”和“本章学习目标”，让学生在学习前对本章内容有一个感性认识，从实际问题出发开始理论学习；在正文中结合相关知识点穿插“参考案例”，并通过二维码展现司法实务中的典型案例，让学生理论联系实际，更好地理解学习内容；章末设有“引例评析”“本章小结”和通过二维码展现的“自测习题”，以帮助学生练习和巩固本章学习内容。

本次修订主要做了如下工作：一是结合最新修订的《中华人民共和国妇女权益保障法》《中华人民共和国未成年人保护法》《婚姻登记条例》对相关内容进行了修改、补充；二是根据《最高人民法院关于适用〈中华人民共和国民法典〉婚姻家庭编的解释（二）》《最高人民法院关于审理涉彩礼纠纷案件适用法律若干问题的规定》补充了相关内容；三是根据读者提出的意见和建议，对相关内容进行了修改和完善。

本书由房绍坤、范李瑛共同编著，房绍坤负责修改定稿。

由于能力、资料、时间所限，本书的不足之处在所难免，望广大读者批评指正。

编者

2025 年 5 月

目 录

第一章　婚姻家庭法概述

【本章引例】

甲（男）、乙（女）二人自由恋爱后决定结婚。甲母得知这一喜讯后，将一只祖传玉镯送给乙作为结婚礼物。乙母得知乙与甲要结婚的消息后，向甲索要了5万元彩礼，以此作为结婚的条件。甲、乙登记结婚，但婚后两人未共同生活。因婚礼安排事宜，甲、乙双方父母产生了矛盾。在父母以死相威胁之下，乙无奈提出了离婚。甲同意离婚，但要求乙及乙母返还所收的玉镯和5万元彩礼，乙则以上述财产系甲母及甲自愿给予为由拒绝返还。

请问：

1. 乙收取甲母玉镯的行为性质及后果是什么？
2. 乙母收取甲5万元彩礼的行为性质及后果是什么？
3. 乙的父母胁迫乙与甲离婚的行为性质及后果是什么？

【本章学习目标】

通过学习本章，你应该能够：

1. 掌握婚姻家庭的概念和属性。
2. 了解婚姻家庭的社会功能。
3. 了解婚姻家庭法的特点。
4. 掌握婚姻家庭法的调整对象。
5. 理解和掌握婚姻家庭法的基本原则。

第一节　婚姻家庭与婚姻家庭制度

一、婚姻家庭的概念

（一）婚姻家庭的一般概念

按照学术界比较一致的认识，婚姻家庭的一般概念可以从婚姻和家庭两个方面来理解。

所谓婚姻，是指为当时社会制度所确认的，男女两性互为配偶的结合。对于这一概念，可以从以下方面来理解：（1）婚姻的主体，是男女两性的结合。两性的区别是婚姻存在的基础，同性不能成立婚姻。（2）婚姻的目的，是男女双方共同永久生活。不具有此目的的男女双方，不能认定为婚姻。（3）婚姻的效力，是男女双方确立配偶身份。为当时社会制度所认可的男女两性的结合才形成婚姻，因此，男女两性的结合被当时社会制度认可后，双方的关系就为配偶关系而受到保护。非配偶身份的结合，即使男女双方长期共同生活也不称其为婚姻。（4）在婚姻与家庭的关系中，婚姻是家庭的基础，是家庭产生的前提。婚姻关系的双方当事人构成了最初的家庭关系，通过生育又产生出父母子女、兄弟姐妹等其他家庭成员间的关系。

所谓家庭，是指以婚姻、血缘和共同经济为纽带而组成的亲属团体和生活单位。对于这一概念，可以从以下方面来理解：（1）家庭是由亲属所组成的亲属团体，但并非所有的亲属都能成为家庭成员。家庭是由一定范围内的亲属所组成的，相互间共同生活。（2）家庭以共同经济为纽带，是最基本的消费单位。

（二）婚姻家庭的法律概念

婚姻家庭的法律概念可以表述如下：婚姻是男女双方以永久生活为目的，以夫妻间的权利和义务为内容的合法结合；家庭是共同生活的成员之间互享权利、互负义务的亲属团体。对于上述概念，可以从以下方面来理解：（1）男女双方的结合应当具有永久性和合法性。不以永久生活为目的的结合，不具有承担家庭义务的责任感，不符合婚姻关系的宗旨。在法治社会中，婚姻不是男女双方结合的事实行为，而是能够确立配偶关系的法律行为。（2）婚姻关系的双方与其他家庭成员间的权利和义务应当具有一致性。婚姻家庭法是身份法，因此，婚姻家庭领域的权利和义务首先是身份方面的权利和义务，财产方面的权利和义务基于特定的身份关系而发生，是从属于身份关系的。婚姻家庭关系的主体在行使权利的同时，必须履行相应的义务。

应当指出的是，婚姻家庭的一般概念和法律概念并不矛盾，两者在实质上是一致的。前者是从社会关系角度而言的，为哲学、人类学、社会学等学科所广泛使用；后者是从法律关系角度而言的，适用于法学领域。

二、婚姻家庭的属性

婚姻家庭关系在本质上是一种社会关系，是社会关系的特定形式，同时它又以两性结合和血缘联系为自然条件。因此，我们应当对婚姻家庭的自然属性和社会属性以及两者之间的关系有一个正确的认识。

（一）婚姻家庭的自然属性

婚姻家庭的自然属性是指婚姻家庭关系赖以存在的自然因素。婚姻家庭关系是社会关系，但其又与其他社会关系不同，其不同点就在于婚姻家庭有其本身固有的自然属性。男女两性的生理差别和人类的性本能是婚姻在生理学上的基础；通过生育繁衍而形成的血缘关系是家庭这一亲属团体在生物学上的特点。如果没有这种自然因素，婚姻家庭便无从产生，也不可能实现其特殊的社会功能。因此，婚姻家庭立法不能无视婚姻家庭的自然属性、违背自然规律的要求。例如，法定婚龄的确定，必须考虑人的生理发育程度。同时，以出生的事实作为确定亲子关系的依据等，都是与婚姻家庭的自然属性密切相关的。

（二）婚姻家庭的社会属性

婚姻家庭的社会属性是指社会制度赋予婚姻家庭关系的本质属性。婚姻家庭关系虽以自然属性作为存在基础，但在本质上是社会关系而非自然关系。作为自然因素的两性结合和血缘联系，普遍存在于一切高等动物界，但婚姻家庭却是人类社会特有的社会关系。从历史上看，婚姻家庭是适应人类社会发展的客观需要而出现的。婚姻家庭的社会功能、婚姻家庭制度在社会制度中的地位、婚姻家庭制度类型的演变以及婚姻家庭法在法律体系中的地位，归根结底是由婚姻家庭在社会生活中的重要作用所决定的。

婚姻家庭的性质和特点以及它的产生和发展变化等，都不是其自然属性所能解释的，只有在社会属性中才能找到正确的答案。因此，不能片面夸大婚姻家庭自然属性的作用，也不能将这两种属性并列起来，置于同等的地位。在婚姻家庭这两种属性的关系中，自然属性是婚姻家庭的重要属性，决定着婚姻家庭的存在；而社会属性则是婚姻家庭的本质属性，决定着婚姻家庭关系的性质、内容和发展方向。

三、婚姻家庭的社会功能

婚姻家庭关系是适应人类社会发展的客观需要而出现的。一夫一妻制的婚姻和个体家庭是社会肌体中的细胞组织，自其产生之时起，就担负着其他社会组织无法替代的社会功能。习近平总书记指出："无论时代如何变化，无论经济社会如何发展，对一个社会来说，家庭的生活依托都不可替代，家庭的社会功能都不可替代，家庭的文明作用都不可替代。"① 一般来说，婚姻家庭不仅起着调节两性关系和维护两性关系的社会秩序的作用，而且还承担着实现人口再生产、组织消费和家庭教育等社会功能。

（一）实现人口再生产的功能

人类的生产活动由两方面构成：一方面是生活资料的生产，即食物、住房以及为此所必需的工具的生产；另一方面是人类自身的生产，即繁衍。以两性结合和血缘联系为自然条件的婚姻家庭，作为人口再生产的单位是其自然属性的具体表现。生和育是人类繁衍过程中的重要环节，而这些环节的复杂性决定了只有婚姻家庭才具备独立圆满完成此项任务的各种条件。费孝通先生认为："在男女分工体系中，一个完整的抚育团体必须包括两性的合作。两性分工和抚育作用加起来才发生长期性的男女结合，配成夫妇，组成家庭，夫妇不仅是男女间的两性关系，而且还是共同向儿女负责的合作关系。在这个婚姻契约中同时缔结了两种相连的社会关系：夫妇和亲子。"② 而"婚姻是人为的仪式，用以结合男女为夫妇，在社会的公认之下，约定以永久共处的方式来共同担负抚育子女的责任"③。在现代社会，人工生育技术虽然使无性生育成为可能，丁克家庭（即不生育子女而只有夫妻的家庭）的存在也使人们摆脱了婚姻必须生育的束缚，但因为技术条件、经济发展条件和社会心理条件、法律条件等方面的限制，婚姻家庭人口再生产功能的社会需求并未因此而减弱或丧失。

（二）组织消费的功能

从法律意义上讲，家庭是共同生活的成员间互享法定权利、互负法定义务的亲属团体。在这个亲属团体中，成员间的主要权利和义务就是抚养、扶养和赡养，而这种权利主要依靠义务人承担抚养费、扶养费和赡养费的方式实现。因此，如果社会无力直接抚养所有的子女、赡养所有的老人，由家庭组织消费就是必然的。同时，家庭作

---

① 习近平．习近平谈治国理政：第2卷．北京：外文出版社，2017：353.

②③ 费孝通．乡土中国　生育制度．北京：北京大学出版社，1998：118.

为一个生活单位，有时还具有组织生产的功能，这在个体经济得到充分发展的今天体现得较为直接和明显。

（三）家庭教育的功能

社会教育主要分为学校教育和家庭教育，家庭教育是社会教育的重要组成部分。习近平总书记特别重视家庭教育，他指出："家庭是人生的第一个课堂，父母是孩子的第一任老师。……家庭教育涉及很多方面，但最重要的是品德教育，是如何做人的教育。"① 党的二十大报告指出，要"健全学校家庭社会育人机制"，明确了家庭教育在育人方面的重要地位。家庭成员之间特有的血缘关系和共同生活的联系，使家庭教育具有不同于学校教育等其他社会教育的特点。虽然当今学校教育和其他社会教育得到了充分发展，但家庭教育仍具有特殊的地位和作用。在社会生活中，发生在青少年中的校园欺凌事件、青少年犯罪案件，与家庭教育不当有一定的关系，这从反面说明了家庭教育功能存在和发挥作用的重要性。

第二节 婚姻家庭法的概念和调整对象

一、婚姻家庭法的概念和特点

（一）婚姻家庭法的概念

在传统法学中，婚姻家庭法有两种不同的含义，即形式意义上的婚姻家庭法和实质意义上的婚姻家庭法。前者是指以婚姻家庭法（或亲属法、婚姻法、家庭法）为名的规范性文件，后者是指调整婚姻家庭关系的法律规范的总和。《中华人民共和国民法典》（以下简称《民法典》）中的婚姻家庭编是调整婚姻家庭关系的主要法律，它和《婚姻登记条例》等立法文件以及最高人民法院有关司法解释一起，构成了我国的婚姻家庭法。因此，婚姻家庭法的概念可以表述如下：婚姻家庭法是调整婚姻关系和家庭关系的法律规范的总和。具体来讲，婚姻家庭法是调整婚姻家庭关系的发生和终止以及由此所产生的特定范围内的亲属之间的权利和义务关系的法律规范的总和。

（二）婚姻家庭法的特点

根据婚姻家庭法的上述概念，婚姻家庭法具有以下几个特点：

---

① 习近平．习近平谈治国理政：第 2 卷．北京：外文出版社，2017：354.

1. 婚姻家庭法在适用上具有极大的广泛性

婚姻家庭关系是人类社会普遍存在的社会关系，以婚姻为基础的家庭是社会肌体中的细胞组织。任何人，不论其性别、年龄和其他情形如何，都是婚姻家庭法律关系的主体，不可能不参与婚姻家庭法领域的法律关系。婚姻家庭法对一切自然人都是适用的，一个人从出生到死亡的整个生命过程，都会作为婚姻家庭关系的主体参与到婚姻家庭法律关系之中。

2. 婚姻家庭法在内容上具有鲜明的伦理性

从一定意义上说，婚姻家庭法堪称道德化的法律或法律化的道德，古今中外大都如此。例如，中国古代婚姻家庭法以儒家的伦理观为思想基础，欧洲中世纪的婚姻家庭法以基督教的道德为精神支柱。我国现代婚姻家庭法规范是同社会主义的道德规范相一致的。法律为婚姻家庭关系主体规定的权利和义务，都是社会主义婚姻家庭道德的必然要求。

3. 婚姻家庭法在规范性质上具有较多的强制性

为了妥善地保护自然人在婚姻家庭共同生活中的权益和全社会的利益，婚姻家庭法规范大部分是强行性规范。在婚姻家庭法领域，法律关系发生和终止的要件、法律关系的内容是法定的，而不是意定的。当一定的法律事实（如结婚、离婚、出生、死亡、收养等）出现后，必然引起相应的法律后果，这些法律后果是法律预先指明、严格规定的，当事人不得自行改变或通过约定加以改变。当然，婚姻家庭法中也有一些任意性的规范，如关于夫妻财产的处理、婚姻住所的确定等，但这类规范为数不多，适用时也要符合婚姻家庭法的有关原则，当事人的选择余地不大。

二、婚姻家庭法的调整对象

（一）婚姻家庭法调整对象的范围

《民法典》第1040条规定："本编调整因婚姻家庭产生的民事关系。"可见，我国婚姻家庭法的调整对象，既包括婚姻关系也包括家庭关系。这些社会关系一经婚姻家庭法的调整，便在有关主体之间产生法定的权利和义务。

婚姻关系是指夫妻之间的权利和义务关系。婚姻关系因结婚而发生，配偶身份基于婚姻的效力而确定；婚姻关系又因配偶死亡和离婚而终止。具体来说，关于结婚的条件和程序、夫妻之间的权利和义务、配偶死亡的法律后果、离婚的程序和处理原则以及离婚后子女的抚养和财产的分割等问题，都属于婚姻家庭法调整的婚姻关系的范围。

家庭关系是指作为家庭成员的特定亲属之间的权利和义务关系。家庭关系因结婚、出生、法律拟制等而发生，因离婚、死亡、拟制血亲关系的解除等而终止。具体来说，家庭成员关系的发生和终止、家庭成员之间的权利和义务，都属于婚姻家庭法调整的家庭关系的范围。

按照《民法典》和其他法律的规定，婚姻家庭法的调整对象还应包括家庭关系以外的近亲属之间的权利和义务关系，如兄弟姐妹之间的权利和义务关系、（外）祖父母和（外）孙子女之间的权利和义务关系等。

（二）婚姻家庭法调整对象的性质

婚姻家庭法所调整的社会关系，既有婚姻家庭关系主体和一定亲属之间的人身关系，又有婚姻家庭关系主体之间的财产关系，两者具有不同的性质。

1. 婚姻家庭关系中的人身关系

婚姻家庭关系中的人身关系存在于具有特定亲属身份的自然人之间，这种关系本身并不具有任何经济内容。婚姻家庭关系在本质上是一种身份关系，按照法律的规定，它只能因出现一定的法律事实（事件或行为）而发生，如结婚、出生、收养等；因出现一定的法律事实而终止，如离婚、死亡、收养解除等。这种人身关系并不是出于经济的目的而创设和存在的。因出生这一事实而发生的亲子关系和其他血亲关系自不必说，因结婚、收养等行为而发生的亲属关系，也不应以追求经济利益为目的，否则便违背了婚姻关系、收养关系的本质要求。

2. 婚姻家庭关系中的财产关系

婚姻家庭关系中的财产关系具有一定的经济内容，涉及有关主体的物质利益。但是，这种财产关系不能脱离婚姻家庭人身关系而独立存在，它是从属于婚姻家庭人身关系的。这种从属性具体表现为发生上的从属性、内容上的从属性、效力上的从属性和终止上的从属性。婚姻家庭关系中的财产关系只能随相应的人身关系的发生而发生，随相应的人身关系的终止而终止。财产关系的内容与特定的人身关系相对应，例如，夫妻在财产关系方面的权利和义务，基于当事人配偶身份的确立而产生，因配偶死亡或离婚而终止；扶养、抚养、赡养和继承等均以权利人和义务人之间特定的亲属关系为依据。因此，在婚姻家庭领域里，财产关系是亲属人身关系所引起的相应法律后果。

第三节 婚姻家庭法的基本原则

婚姻家庭法的基本原则是指婚姻家庭立法、婚姻家庭司法与婚姻家庭活动的基本准则。根据《民法典》第1041条的规定，婚姻家庭法的基本原则主要包括：婚姻自由原则，一夫一妻原则，男女平等原则，保护妇女、未成年人、老年人、残疾人的合法权益原则。此外，《民法典》第1043条规定："家庭应当树立优良家风，弘扬家庭美德，重视家庭文明建设。夫妻应当互相忠实，互相尊重，互相关爱；家庭成员应当敬老爱幼，互相帮助，维护平等、和睦、文明的婚姻家庭关系。"这也是我国婚姻家庭法的基本原则。

一、婚姻自由原则

（一）婚姻自由原则的概念和内容

婚姻自由是我国宪法赋予自然人的一项基本权利，也是我国婚姻家庭法的一项重要原则。婚姻自由是指婚姻关系当事人有权依照法律规定，自由行使婚姻问题的选择权和决定权，另一方和第三方不得以任何手段加以强制。

婚姻自由包括结婚自由和离婚自由两个方面的内容。结婚自由是指婚姻当事人依照法律规定缔结婚姻关系的自由；离婚自由是指夫妻双方或一方基于婚姻关系破裂的事实，通过法律程序解除婚姻关系的自由。在结婚自由和离婚自由这两个方面的关系中，结婚自由是主要的，离婚自由是结婚自由的必要补充。

婚姻自由权是法律赋予自然人的一项人身权利，具有专属性，只能由婚姻关系当事人本人行使。因此，自然人结婚、离婚必须由当事人自己决定，当事人一方不得对另一方加以强迫，任何第三方也不得加以干涉。但是，自然人行使婚姻自由权，无论是结婚还是离婚，都必须依照法律规定的条件和程序进行，这样才能受到法律的保护。

（二）保障婚姻自由原则实施的禁止性规定

《民法典》第1042条第1款规定："禁止包办、买卖婚姻和其他干涉婚姻自由的行为。禁止借婚姻索取财物。"

1. 禁止包办、买卖婚姻和其他干涉婚姻自由的行为

包办婚姻是指第三人（包括父母）违背婚姻自由原则，包办并强迫他人缔结婚姻关系的行为；买卖婚姻是指第三人（包括父母）以索取大量财物为目的，强迫他人缔结婚姻关系的行为；其他干涉婚姻自由的行为是指第三人阻挠他人婚姻自由的行为，如父母干涉子女结婚、子女干涉父母再婚、干涉他人离婚或复婚等。

包办、买卖婚姻和其他干涉婚姻自由的行为侵害了自然人的婚姻自由。首先，包办、买卖婚姻和其他干涉婚姻自由的行为是一种民事违法行为，受害人可以请求停止

侵害；属于可撤销婚姻的，可通过撤销权的行使撤销婚姻；属于无效婚姻的，如买卖婚姻同时构成重婚的，可请求确认婚姻无效。其次，在干涉婚姻自由时使用暴力的，应依照《中华人民共和国刑法》(以下简称《刑法》)的规定追究行为人的刑事责任。

2. 禁止借婚姻索取财物

借婚姻索取财物是指婚姻当事人一方或者一方的亲属，向对方索取一定数量的财物作为结婚条件的行为。当事人结婚是自愿的，但将财产关系作为人身关系的前提，不符合“结婚必须双方完全自愿”的条件，同样违反了婚姻自由的原则，为我国法律所禁止。在认定和处理具体问题时，应当注意借婚姻索取财物与买卖婚姻、正常赠与、借婚姻骗取财物、给付彩礼等问题的区别。

司法案例：婚约解除后能否要求返还彩礼

对于按照习俗给付的彩礼的返还问题，依据《最高人民法院关于适用〈中华人民共和国民法典〉婚姻家庭编的解释（一）》[以下简称《婚姻家庭编解释（一）》] 第5条的规定，当事人请求返还按照习俗给付的彩礼的，如果查明属于以下情形，人民法院应当予以支持：(1) 双方未办理结婚登记手续；(2) 双方办理结婚登记手续但确未共同生活；(3) 婚前给付并导致给付人生活困难。后两种情形，应当以双方离婚为条件。

为正确审理涉彩礼纠纷案件，最高人民法院于2023年11月公布了《关于审理涉彩礼纠纷案件适用法律若干问题的规定》(法释〔2024〕1号)，对以婚姻为目的依据习俗给付彩礼的返还问题又作了如下具体规定：(1) 禁止借婚姻索取财物。一方以彩礼为名借婚姻索取财物，另一方要求返还的，人民法院应予支持。(2) 人民法院在审理涉彩礼纠纷案件中，可以根据一方给付财物的目的，综合考虑双方当地习俗、给付的时间和方式、财物价值、给付人及接收人等事实，认定彩礼范围。下列情形给付的财物，不属于彩礼：1) 一方在节日、生日等有特殊纪念意义时点给付的价值不大的礼物、礼金；2) 一方为表达或者增进感情的日常消费性支出；3) 其他价值不大的财物。(3) 双方已办理结婚登记且共同生活，离婚时一方请求返还按照习俗给付的彩礼的，人民法院一般不予支持。但是，如果共同生活时间较短且彩礼数额过高的，人民法院可以根据彩礼实际使用及嫁妆情况，综合考虑彩礼数额、共同生活及孕育情况、双方过错等事实，结合当地习俗，确定是否返还以及返还的具体比例。人民法院认定彩礼数额是否过高，应当综合考虑彩礼给付方所在地居民人均可支配收入、给付方家庭经济情况以及当地习俗等因素。(4) 双方未办理结婚登记但已共同生活，一方请求返还按照习俗给付的彩礼的，人民法院应当根据彩礼实际使用及嫁妆情况，综合考虑共同生活及孕育情况、双方过错等事实，结合当地习俗，确定是否返还以及返还的具体比例。

司法案例：离婚时未涉及彩礼，离婚后可否要求返还

参考案例

甲以找工作为名，将邻家未婚女子乙诱骗到江苏某地，以人民币 5 万元的价格卖给丙为妻。乙被迫与丙登记结婚，在寻找机会摆脱了丙及其家人的控制后，报警求助。

分析：甲以索取财物为目的，强迫乙与丙结婚，乙与丙的婚姻在性质上为买卖婚姻。乙受胁迫与丙结婚，可以请求人民法院撤销其与丙的婚姻关系。甲以找工作为名，将乙拐卖给丙为妻，其行为构成拐卖妇女罪。丙明知乙是被拐卖的妇女而收留，并迫使乙与其结婚，其行为构成收买被拐卖妇女罪。

二、一夫一妻原则

（一）一夫一妻制的概念和要求

一夫一妻制亦称单偶制，是指一男一女互为配偶的婚姻形式。从历史上看，一夫一妻制的字面含义和特定的社会内容并不完全一致。在私有制下，一夫一妻制是专对妇女而言的，妻只能有一夫，但剥削阶级中的男性却可以凭借财富和权力，实行公开的或变相的多妻制。从理论上说，社会主义制度的建立和妇女的解放，实现了一夫一妻制的字面含义和特定社会内容的统一。

实行一夫一妻制是社会发展的必然要求。首先，一夫一妻制是保障男女两性性别比例平衡的自然要求。在人类社会，人口总量中两性比例受自然规律的调节，除战争、瘟疫、人口流动、自然灾害等原因外，人口的两性比例大体上是平衡的。只有实行一夫一妻制，才能保证每个自然人成年后有可能择偶配婚，组建婚姻家庭。其次，一夫一妻制是婚姻本质的反映。在我国，提倡建立以爱情为基础的婚姻，必须要求实行名实相符的一夫一妻制。恩格斯曾指出："既然性爱按其本性来说就是排他的……那末，

以性爱为基础的婚姻，按其本性来说就是个体婚姻。”① 所以，只有实行一夫一妻制，才能保护夫妻感情专一，同心协力抚育子女，承担对家庭和社会的责任。一夫一妻制符合婚姻这一伦理实体的本质要求。最后，实行一夫一妻制是实现男女平等、保护妇女和子女的合法权益的必要条件。实行一夫一妻制，能进一步提高妇女的家庭地位，保护妇女和子女的合法权利，实现男女平等。

按照我国一夫一妻原则的要求，婚姻只能是一夫一妻互为配偶的合法结合，任何人不得同时拥有两个以上的配偶；有配偶者在婚姻终止即配偶死亡（包括自然死亡和宣告死亡）或离婚前，不得再行结婚；禁止重婚，重婚者应依法承担刑事责任；禁止有配偶者与他人同居。

（二）禁止重婚

所谓重婚，是指有配偶者又与他人再行结婚的行为。重婚包括事实上的重婚和法律上的重婚。法律上的重婚是指前一个婚姻关系并未终止，一方或双方又与他人骗取登记而形成的重婚；事实上的重婚是指前一个婚姻关系并未终止，一方或双方又与他人以夫妻名义共同生活，周围群众也认为是夫妻关系而形成的重婚。

重婚是对一夫一妻制的严重破坏，禁止重婚是当代各国立法的通例，我国法律也不例外。在婚姻家庭法上，重婚是结婚的禁止条件，是婚姻无效的原因，是裁判离婚的法定理由和承担离婚损害赔偿责任的过错事由。

《刑法》第 258 条规定：“有配偶而重婚的，或者明知他人有配偶而与之结婚的，处二年以下有期徒刑或者拘役。”

司法案例：外国人有配偶与中国人结婚是否构成重婚

（三）禁止有配偶者与他人同居

依据《婚姻家庭编解释（一）》第 2 条的规定，有配偶者与他人同居是指有配偶者与婚外异性，不以夫妻名义，持续、稳定地共同居住。在现实生活中，如果有配偶者与他人结婚，或者与他人以夫妻名义同居生活，自可按重婚处理。但是，某些有配偶

① 马克思，恩格斯．马克思恩格斯选集：第 4 卷．3 版．北京：人民出版社，2012：93.

者为规避法律，与他人并不是以夫妻名义同居生活，对此，法律也应采取必要的措施。《民法典》第 1042 条第 2 款中“禁止有配偶者与他人同居”的规定，在法律上增强了保护婚姻家庭、维护一夫一妻制的力度。同时，《民法典》第 1079 条和第 1091 条也规定，有配偶者与他人同居是裁判离婚的法定理由和承担离婚损害赔偿责任的过错事由。

在《民法典》第 1042 条第 2 款中，禁止重婚和禁止有配偶者与他人同居是同时规定的，因此，有配偶者与他人同居显然是指那些性质不属于重婚的非法同居关系。在认定有配偶者与他人同居时，要注意它与事实重婚、通奸等婚外性关系的区别。

司法案例：以维持婚外同居关系为条件的赠与是否有效

三、男女平等原则

（一）男女平等的概念和内容

男女平等不仅是我国婚姻家庭法的基本原则，也是我国宪法和其他有关法律的重要原则。党的二十大报告指出，要“坚持男女平等基本国策”。作为一般的法律概念，男女平等是指妇女在政治、经济、文化、社会和家庭生活等各方面，都与男子处于平等的地位，享有与男子平等的权利，承担平等的义务。作为我国婚姻家庭法的一项基本原则，男女平等专指妇女在婚姻家庭领域与男子处于平等的法律地位，享有同男子平等的权利，承担平等的义务。

婚姻家庭领域里的男女平等主要体现在以下方面：（1）男女双方在结婚、离婚问题上的权利和义务是平等的。（2）夫妻二人在人身关系、财产关系上的权利和义务是平等的。（3）父母在抚养、教育、保护子女等方面的权利和义务是平等的。对此，《民法典》第 1058 条规定：“夫妻双方平等享有对未成年子女抚养、教育和保护的权利，共同承担对未成年子女抚养、教育和保护的义务。”（4）在祖孙、兄弟姐妹关系上，男性和女性亲属享有的权利和承担的义务是平等的。总之，婚姻家庭主体依法享有的权利和承担的义务，均不因性别不同而存在差异。

（二）男女平等原则的贯彻

在我国，婚姻家庭领域男女双方在法律上的平等已经基本实现，但在现实生活中的男女平等还没有完全实现，如在抚养问题上存在的遗弃、虐待女婴、女童，在家庭地位问题上存在的丈夫夫权思想严重，采取暴力手段伤害、虐待妻子等。因此，为彻底贯彻男女平等原则，必须在进一步发展社会经济、提高妇女的经济地位的同时，在现有的男女平等的社会条件下，认真贯彻执行我国的婚姻家庭法和其他法律中有关男女平等的规定，通过各种措施包括法律措施为妇女权利的行使创造更加有利的条件。

四、保护妇女、未成年人、老年人、残疾人的合法权益原则

（一）保护妇女合法权益

保护妇女合法权益的意义主要有两个方面：一是对男女平等原则的必要补充。历史上广大妇女处于社会的底层，深受政权、族权、神权和夫权的压迫，社会地位和家庭地位十分低下。我国法律虽然规定了男女平等原则，但旧社会遗留下来的男尊女卑、夫权统治等封建思想的残余并未完全消除，歧视妇女、侵犯妇女合法权益的现象依然不同程度地存在。在婚姻家庭中，父母包办女儿的婚姻，阻碍妇女参加工作学习，剥夺妇女的财产继承权或妻子享有的夫妻共同财产份额，虐待妇女、拐卖妇女、遗弃女婴等违法犯罪行为仍时有发生。因此，法律必须对妇女给予特殊保护，以真正实现男女平等。二是妇女生理因素的要求。男女两性的生理差异决定了妇女在体力上普遍低于同龄男子。妇女负担着怀孕、生育和哺育子女的任务，身体负担和精神负担较男子更重。因此，法律应对妇女权益给予一定的特殊保护，以照顾妇女生理因素的要求。党的二十大报告指出，要保障妇女合法权益。

依据《民法典》和《中华人民共和国妇女权益保障法》（以下简称《妇女权益保障法》）的规定，国家保障妇女享有与男子平等的政治权利、人身和人格权益、文化教育权益、劳动权益和社会保障权益、财产权益、婚姻家庭权益。在婚姻家庭领域，妇女享有如下主要权益：（1）国家保护妇女的婚姻自主权。禁止干涉妇女的结婚、离婚自由。（2）女方在怀孕期间、分娩后 1 年内或者终止妊娠后 6 个月内，男方不得提出离婚；但是，女方提出离婚或者人民法院认为确有必要受理男方离婚请求的除外。（3）禁止对妇女实施家庭暴力。有关组织应当在各自的职责范围内预防和制止家庭暴力，依法为受害妇女提供救助。（4）妇女对夫妻共同财产享有与其配偶平等的占有、使用、收益和处分的权利，不受双方收入状况等情形的影响。对夫妻共同所有的不动产以及可以登记的动产，女方有权要求在权属证书上记载其姓名；认为记载的权利人、标的物、权利比例等事项有错误的，有权依法申请更正登记或者异议登记，有关机构

应当按照其申请依法办理相应登记手续。（5）女方因抚育子女、照料老人、协助男方工作等负担较多义务的，有权在离婚时要求男方予以补偿。（6）父母双方对未成年子女享有平等的监护权。父亲死亡、无监护能力或者有其他情形不能担任未成年子女的监护人的，母亲的监护权任何组织和个人不得干涉。（7）女方丧失生育能力的，在离婚处理子女抚养问题时，应当在最有利于未成年子女的条件下，优先考虑女方的抚养要求。

（二）保护未成年人合法权益

未成年人是祖国的未来，是社会主义事业的接班人。法律必须对未成年人的合法权益进行特别的保护，以使他们在德、智、体、美、劳各方面得到全面发展，健康地成长。党的二十大报告指出，要保障儿童合法权益。

依据《民法典》和《中华人民共和国未成年人保护法》（以下简称《未成年人保护法》）的规定，国家对未成年人提供家庭保护、学校保护、社会保护、网络保护、政府保护、司法保护等。在婚姻家庭领域，未成年人的父母或其他监护人应当依法履行对未成年人的监护职责和抚养义务，不得实施下列行为：（1）虐待、遗弃、非法送养未成年人或者对未成年人实施家庭暴力。（2）放任、教唆或者利用未成年人实施违法犯罪行为。（3）放任、唆使未成年人参与邪教、迷信活动或者接受恐怖主义、分裂主义、极端主义等侵害。（4）放任、唆使未成年人吸烟（含电子烟）、饮酒、赌博、流浪乞讨或者欺凌他人。（5）放任或者迫使应当接受义务教育的未成年人失学、辍学。（6）放任未成年人沉迷网络，接触危害或者可能影响其身心健康的图书、报刊、电影、广播电视节目、音像制品、电子出版物和网络信息等。（7）放任未成年人进入营业性娱乐场所、酒吧、互联网上网服务营业场所等不适宜未成年人活动的场所。（8）允许或者迫使未成年人从事国家规定以外的劳动。（9）允许、迫使未成年人结婚或者为未成年人订立婚约。（10）违法处分、侵吞未成年人的财产或者利用未成年人牟取不正当利益。（11）其他侵犯未成年人身心健康、财产权益或者不依法履行未成年人保护义务的行为。

（三）保护老年人合法权益

尊敬老年人是中华民族的传统美德。老年人为我国社会主义革命和建设事业付出了辛勤劳动，贡献了毕生精力，为社会创造了财富。在家庭中他们也为培养后代和建设家庭操劳了一生，履行了应尽的义务。因此，当他们年老丧失劳动能力时，理应受到社会和后代的尊重，他们的权利理应受到法律的保障，应使他们幸福、愉快地安度晚年。党的二十大报告指出，要“实施积极应对人口老龄化国家战略，发展养老事业和养老产业，优化孤寡老人服务，推动实现全体老年人享有基本养老服务”。

依据《民法典》和《中华人民共和国老年人权益保障法》（以下简称《老年人权益保障法》）的规定，国家在家庭赡养与扶养、社会保障、社会服务、社会优待、宜居环境、参与社会发展等方面对老年人合法权益提供保护。在婚姻家庭领域，对老年人的保护性规定主要有：家庭成员应当尊重、关心和照料老年人；父母或者祖父母、外祖父母在年老、丧失劳动能力、生活困难时，子女或者孙子女、外孙子女有赡养扶助的义务。赡养人应当履行对老年人经济上供养、生活上照料和精神上慰藉的义务，照顾老年人的特殊需要。赡养人不履行赡养义务，老年人有要求给付赡养费的权利，并可以向人民法院提起诉讼；人民法院对老年人追索赡养费或者扶养费的申请，可以依法裁定先予执行；禁止歧视、侮辱、虐待或者遗弃老年人；老年人有依法继承父母、配偶、子女或者其他亲属遗产的权利，有接受赠与的权利；暴力干涉老年人婚姻自由或者对老年人负有赡养义务、扶养义务而拒绝赡养、扶养，情节严重构成犯罪的，依法追究刑事责任。

（四）保护残疾人合法权益

残疾人因在心理、生理、人体结构上，某种组织、功能丧失或者不正常，全部或者部分丧失以正常方式从事某种活动的能力，因此，需要法律给予特殊保护。党的二十大报告指出，要“完善残疾人社会保障制度和关爱服务体系，促进残疾人事业全面发展”。

依据《民法典》和《中华人民共和国残疾人保障法》（以下简称《残疾人保障法》）的规定，国家在康复、教育、劳动就业、文化生活、社会保障、无障碍环境等方面对残疾人提供保障，主要措施有：残疾人在政治、经济、文化、社会和家庭生活等方面享有同其他公民平等的权利；残疾人的公民权利和人格尊严受法律保护；禁止歧视、侮辱、侵害残疾人；禁止通过大众传播媒介或者其他方式贬低损害残疾人人格；残疾人的扶养人必须对残疾人履行扶养义务；残疾人的监护人必须履行监护职责，尊重被监护人的意愿，维护被监护人的合法权益；残疾人的亲属、监护人应当鼓励和帮助残疾人增强自立能力；禁止对残疾人实施家庭暴力，禁止虐待、遗弃残疾人。

（五）禁止家庭暴力

《民法典》第 1042 条第 3 款中规定：“禁止家庭暴力。”家庭暴力的内涵如何界定，学者们的解释不尽相同。《中华人民共和国反家庭暴力法》（以下简称《反家庭暴力法》）第 2 条规定：“本法所称家庭暴力，是指家庭成员之间以殴打、捆绑、残害、限制人身自由以及经常性谩骂、恐吓等方式实施的身体、精神等侵害行为。”

社会热点：何种行为构成家庭暴力

司法案例：殴打替代物品能否构成家庭暴力

与发生在其他领域的暴力行为相比较，家庭暴力有其自身的特殊性，施暴者和受害者之间具有特定的亲属关系。施暴者一般是在家庭中处于强势地位的成员；受害者一般是在家庭中处于弱势地位的成员，这些成员往往缺乏独立生活能力或自卫能力，在实际生活中以妇女、老年人、未成年人居多。根据我国法律的规定，家庭暴力的实施者首先应当承担行政责任和民事责任，对造成严重后果构成犯罪的，施暴者必须承担刑事责任。

司法案例：滥施“家规”能否构成家庭暴力

参考案例

某日晚，李某在其家中因为家庭教育问题，使用抓痒耙、跳绳对养子施某进行殴打，致施某体表分布范围广泛挫伤。经某市公安局物证鉴定所鉴定，施某伤情已构成轻伤一级。人民法院依法作出一审判决，被告人李某犯故意伤害罪，被判处有期徒刑 6 个月。合议庭认为，李某在对被害人施某实际监护的过程中，故意伤害施某的身体，致其轻伤，其行为已构成故意伤害罪。一审宣判后，李某提出上诉，要求改判无罪。二审法院作出终审判决，驳回李某的上诉，维持原判。

分析： 李某作为养母，对养子施某采用殴打的方式进行教育，超出了惩戒的合理范围，构成家庭暴力。李某的家庭暴力行为造成了受害人一级轻伤的程度，符合故意伤害罪的犯罪构成，应当承担故意伤害罪的刑事责任。因此，人民法院以故意伤害罪判处李某有期徒刑 6 个月，是正确的。

（六）禁止家庭成员间的虐待和遗弃

《民法典》第 1042 条第 3 款中规定：“禁止家庭成员间的虐待和遗弃。”虐待是指以作为或者不作为的手段，如打骂、冻饿、恐吓、限制人身自由、有病不予医治等，对家庭成员进行精神上和肉体上的折磨、摧残，使其遭受严重痛苦的行为。依据《婚姻家庭编解释（一）》第1条的规定，持续性、经常性的家庭暴力，构成虐待。

遗弃是指应当履行扶养、抚养和赡养的法定义务而不履行，使被害人的身心遭受严重损害的行为。

遗弃和虐待家庭成员的，行为人应当承担行政责任和民事责任；情节严重构成犯罪的，还要追究行为人虐待和遗弃的刑事责任。

参考案例

甲作为两个女儿的唯一监护人，独自承担抚养义务，但一直怠于履行抚养义务。一天下午，甲为两个女儿（殁年分别为2岁5个月和1岁3个月）预留了少量食物、饮用水后，将两个女儿留在家中主卧室内，用布条反复缠裹窗户锁扣，并用尿不湿夹紧主卧室房门（以防小孩跑出），锁上大门后离家出走，把孩子丢在家中近两个月。此后，甲多次从社区领取救助金用于在外吸食毒品、打游戏和上网。明知两个孩子无生活自理能力，在无人照料的情况下会因饥饿致死，但甲直至案发时一直未回家，最终导致两个女儿死在家中。人民法院以故意杀人罪，一审判处甲无期徒刑（甲被审判时已怀孕3个多月）。

分析：甲在负有抚养义务、具备抚养能力的情况下，不履行抚养义务，造成两个被害人死亡。甲的行为排除了幼儿自救和别人实施救助的机会，不宜定遗弃罪。甲主观上没有虐待孩子的故意，也不宜定虐待罪。甲的行为虽没有故意剥夺他人的生命，但其对死亡后果主观上存在过失，因此，甲的行为符合间接故意杀人罪的构成要件，人民法院以故意杀人罪判处甲无期徒刑是准确的。

五、家庭成员间相互关系的原则性规定

《民法典》第1043条规定："家庭应当树立优良家风，弘扬家庭美德，重视家庭文明建设。夫妻应当互相忠实，互相尊重，互相关爱；家庭成员应当敬老爱幼，互相帮助，维护平等、和睦、文明的婚姻家庭关系。"这一基本原则既涉及家庭关系，也涉及夫妻关系，对婚姻家庭关系具有重要意义。但是，在司法实践中，该基本原则通常不能直接适用于裁判个案。依据《婚姻家庭编解释（一）》第4条的规定，当事人仅以该基本原则为依据提起诉讼的，人民法院不予受理；已经受理的，裁定驳回起诉。

参考案例

甲与乙登记结婚后偶遇初恋女友丙，甲得知丙与他分手后一直未再婚恋，于是两人旧

情复燃，频频约会，后发展到同居生活。乙得知后，希望甲为了家庭和一双儿女，断绝与丙的关系，重回原有家庭生活状态。但甲执意不从，仍与丙保持同居关系。乙向人民法院提起诉讼，请求人民法院责令甲停止侵害，赔礼道歉。

分析：人民法院应当驳回乙的起诉。甲有配偶，仍与丙同居生活，其行为属于有配偶者与他人同居，乙可作为起诉离婚和请求离婚损害赔偿的理由。但乙不起诉离婚，仅以甲违反忠实义务为由，请求甲停止侵害，赔礼道歉，人民法院不应受理乙的起诉。

（一）家庭应当树立优良家风，弘扬家庭美德，重视家庭文明建设

家风是一个家庭的精神内核。一个家庭能否做到源远流长、薪火相传，其关键性的因素就是这个家庭的家风相传问题。习近平总书记指出：家风是社会风气的重要组成部分。家庭不只是人们身体的住处，更是人们心灵的归宿。家风好，就能家道兴盛、和顺美满；家风差，难免殃及子孙、贻害社会。[①] 党的二十大报告指出，要“弘扬中华传统美德，加强家庭家教家风建设，加强和改进未成年人思想道德建设”。

在现代国民教育和终身教育体系中，家庭教育因为具有做人教育、终身教育和私人教育的属性而居于重要地位。《民法典》对家庭、家风和家庭文明建设进行了规范，将家庭教育融入民法体系，在婚姻家庭编中对家庭教育活动予以规范，既是完善我国家庭教育法律法规框架体系的必要步骤，更是将社会主义核心价值观这一民事立法宗旨在婚姻家庭编中予以贯彻的具体体现。从法律上规范家庭应当树立优良家风，有助于通过家庭教育使子女在自觉承担家庭责任、树立良好家风以及为社会作出有益贡献等方面打下良好的思想基础、品德基础和人格基础。

（二）夫妻应当相互忠实、相互尊重、相互关爱

夫妻应当相互忠实、相互尊重、相互关爱，意味着在夫妻关系平等的基础上双方都享有独立、完整的人身权利，要求当事人在夫妻共同生活中不仅要严格恪守一夫一妻原则，而且应当充分意识到彼此的合法夫妻身份和各自独立的人格，不得从事任何伤害对方尊严、感情和正当利益的行为。夫妻间的忠实主要是指在夫妻共同生活中应当保持性生活的专一性，不得从事婚外性行为；还包括不得恶意遗弃配偶他方以及不得为第三方的利益而牺牲、损害配偶他方的利益。

---

① 习近平．习近平谈治国理政：第2卷．北京：外文出版社，2017：355.

（三）家庭成员应当敬老爱幼，互相帮助，维护平等、和睦、文明的婚姻家庭关系

1. 家庭成员应当敬老爱幼

晚辈家庭成员对长辈家庭成员应予以尊敬，使之安享晚年；长辈家庭成员对晚辈家庭成员应当予以爱护，使其快乐成长。敬老爱幼与保护未成年人、老年人的合法权益的原则是从不同角度加以规定的。保护未成年人、老年人的合法权益是保护未成年人、老年人的人格权、财产权、继承权等具体的权利，而敬老爱幼是在保护未成年人、老年人合法权益的基础上，根据未成年人和老年人特殊的生理、心理需要提出的要求。

2. 家庭成员应当相互帮助

家庭成员间具有婚姻关系和血缘关系，同居一家，共同生活，在思想、生活、经济等方面应互相关心和帮助。这是家庭的社会功能（如教育功能、经济功能等）在家庭成员关系方面的具体表现，而且这种帮助是来自其他方面的帮助所不能替代的。

3. 家庭成员应当维护平等、和睦、文明的婚姻家庭关系

作为平等主体的家庭成员应当享有同等的权利，不得以强凌弱，对家庭成员实行差别待遇；家庭成员间应融洽相处，团结互助，避免无谓的纠纷；有能力的家庭成员应努力工作，不断提高物质生活水平；家庭成员应当努力学习，不断提高道德水平和文化素质。如果夫妻之间互敬互爱，家庭中上孝敬父母老人，下爱护教育子女，家庭成员之间形成相互帮助、地位平等、关系和睦、生活文明的氛围，家家如此，人人幸福，社会自然安定祥和。

【引例评析】

1. 甲母送给乙玉镯的行为，是基于甲与乙结婚的目的，按照民间习俗是给付乙的彩礼，而不是一般的赠与行为。甲、乙办理结婚登记后未共同生活即离婚，依据《婚姻家庭编解释（一）》第5条的规定，乙应当将收取的彩礼返还给甲。

2. 乙与甲自愿结婚，但乙母却向甲索要5万元彩礼作为结婚的条件，因此，乙母收取甲5万元彩礼的行为，是乙母借婚姻索取财物的行为。借婚姻索取财物违反了婚姻自由原则，是《民法典》明确禁止的行为，因此，乙母应当返还向甲索要的5万元彩礼。

3. 乙的父母胁迫乙与甲离婚，违反了婚姻自由原则，属于干涉婚姻自由的行为。该行为未使用暴力，不承担暴力干涉婚姻自由罪的刑事责任，但构成对乙婚姻自主权的侵害，应当承担侵权的民事责任。

【本章小结】

1. 婚姻家庭关系包括人身关系和财产关系两个方面，当事人的权利具有人身权和财产权双重权利内容。这两种关系具有从属关系，财产关系不能脱离人身关系而独立存在。这种从属性具体表现为发生上的从属性、内容上的从属性、效力上的从属性和终止上的从属性。

2. 婚姻家庭关系中的人身关系不同于其他民事领域中的人身关系。其他民事领域中的人身关系，如知识产权中的人身关系是基于知识产权主体的创造性活动而取得的，生命权、健康权、名誉权等人身关系是基于个人的人格而享有的，均与亲属身份无关，而婚姻家庭关系中的人身关系则以主体之间特定的亲属身份为前提。

3. 婚姻家庭关系中的财产关系在性质上不同于其他民事法律所调整的财产关系。婚姻家庭法领域的财产关系主体相互间具有特定的亲属身份，其他民事法律领域的财产关系的主体则包括一切可以作为民事主体的自然人、法人、非法人组织。当然，相互间具有特定亲属身份的自然人之间所发生的财产关系并不全为婚姻家庭方面的财产关系。当特定亲属间所发生的财产关系在一切民事主体间均可发生时，该财产关系则为民事法律领域的一般财产关系，而非婚姻家庭法领域的财产关系。

4. 婚姻家庭法的基本原则是指导立法、司法和当事人民事活动的基本准则，但不能作为裁判规则，不具有独立可诉性。在法律有具体规定时，应当适用法律的具体规定；在法律没有具体规定时，可将法律原则作为确定当事人民事法律行为效力的依据。

【练习题】

一、名词解释

婚姻关系　家庭关系　包办婚姻　买卖婚姻　借婚姻索取财物　事实重婚　有配偶者与他人同居

二、思考题

1. 如何从法律意义上界定婚姻家庭？
2. 如何理解婚姻家庭的自然属性和社会属性？
3. 婚姻家庭有哪些社会功能？这些功能对社会文明进步起什么作用？
4. 婚姻家庭法调整的人身关系与财产关系的关联性表现在什么地方？
5. 如何理解婚姻自由？怎样才能实现婚姻自由？

6. 我国一夫一妻原则的本质要求是什么？

三、案例分析题

1. 甲与乙自由恋爱，登记结婚后不久乙怀孕，甲、乙商定，甲在外企工作，乙在家做全职太太，专心孕育孩子，照料家庭。在第二个孩子上幼儿园后，乙决定外出工作，甲反对。乙执意不从，双方产生矛盾，争吵不断。乙遂带着孩子离开家，租房居住。甲为迫使乙回家，停止支付乙和子女的生活费用。乙提起离婚诉讼后，甲到乙租住处持刀威胁，要求乙撤回起诉。

问题：

（1）甲阻止乙外出工作的行为性质是什么？

（2）甲停止向乙和子女支付生活费的行为性质是什么？

（3）甲持刀胁迫乙撤回起诉的行为性质是什么？

分析要点提示：

（1）甲阻止乙外出工作的行为，违反了男女平等原则，侵害了乙与甲同等参加工作的权利。

（2）甲对乙和子女有扶养和抚养的法定义务，甲停止支付生活费，侵害了乙和子女的权利，其行为构成对乙和子女的遗弃。

（3）甲持刀胁迫乙撤回起诉的行为，是干涉乙离婚自由的行为。如果甲仅以暴力相威胁，干涉乙的离婚自由，则不构成暴力干涉婚姻自由罪；如果甲使用暴力严重，阻碍乙行使离婚自由的权利，则构成暴力干涉婚姻自由罪。

2. 甲系某婚姻登记机关的婚姻登记员。在甲 21 周岁时，为取得单位分房资格，欲与乙（女，22 周岁）登记结婚。甲在乙未到场的情况下，给自己开具了结婚证，并凭此结婚证在单位申请了住房。3 年后，甲又利用自己是婚姻登记员的便利，与不知情的丙领取了结婚证，被乙发现。

问题：

（1）如何认定甲行为的性质？

（2）如何认定丙行为的性质？

分析要点提示：

（1）甲未达法定婚龄，在乙未到场的情况下，利用婚姻登记员的职务便利，为自己开具结婚证，依据《民法典》第 1051 条的规定，甲与乙的婚姻为无效婚姻。在甲与乙的婚姻被确认无效之前，甲与乙的婚姻关系基于婚姻登记的公信力，产生有效婚姻效果。在与乙婚姻关系存续期间，甲又与丙登记结婚，属于法律上的重婚，构成重婚罪。

（2）甲隐瞒已与乙登记结婚的事实，利用婚姻登记员的职务便利，与不知情的丙领取了结婚证。丙不知甲有配偶而与之结婚，虽甲与丙的婚姻构成法律上的重婚，但丙不承担重婚罪的刑事责任。

自测习题

第二章　亲属制度

【本章引例】

甲妻早丧，有婚生子乙和养女丙。乙、丙成年后产生恋情并欲登记结婚，但遭到了甲的强烈反对。因阻止无效，甲决定断绝与乙、丙的父子和养父女关系，遂与乙、丙分别签订了解除父子和养父女关系协议，但没有办理相关手续。乙、丙结婚后，与甲没有任何往来。后甲逐渐丧失了劳动能力，要求乙、丙支付赡养费，乙、丙以与甲的父子和养父女关系已经解除为由，拒绝履行支付赡养费的义务。

请问：

1. 甲、乙之间的父子关系是否解除？
2. 甲、丙之间的养父女关系是否解除？

【本章学习目标】

通过学习本章，你应该能够：

1. 掌握亲属的法律含义。
2. 了解亲属的种类。
3. 了解亲系和亲等。
4. 掌握亲属关系的发生和终止。
5. 掌握亲属的效力。

第一节　亲属的含义和种类

一、亲属的含义

亲属是指人们基于婚姻、血缘和法律拟制而形成的社会关系。亲属关系一经法律调整，便在相关主体之间产生法定的权利和义务。

亲属有生物学上的亲属与法律上的亲属之分。生物学上的亲属是指以两性和血缘关系为纽带的亲属；法律上的亲属是指法律承认并规定相互间具有一定权利和义务内容的亲属，即仅包括一定范围的生物学上的亲属以及法律拟制血亲。法律上的亲属关系为社会关系的一种，既有社会关系的共性，又有区别于其他社会关系的特性，具体表现在以下几个方面：

第一，亲属社会关系一经法律调整，便形成亲属法律关系。亲属法律关系兼具身份和财产双重性，其中身份性是前提和基础，财产性则是身份性的结果和表现。

第二，亲属法律关系的产生基于特定的法律事实。亲属法律关系的发生，必须具有婚姻、血缘或法律拟制三个原因之一。因婚姻而产生的亲属，包括配偶和姻亲；因血缘联系而产生的亲属，限于自然血亲；因法律拟制产生的亲属，是指基于某种法律行为或法律事实，法律即认为主体之间互为亲属，如因收养成立而发生的养父母与养子女关系、因抚养事实而发生的继父母与继子女关系，被我国法律承认为拟制血亲。

第三，亲属有固定的身份和称谓。亲属关系产生后，主体间的亲属身份和称谓是固定的，除法律规定外，当事人不得随意变更或解除。

第四，法律确认的亲属之间互有法律上的权利和义务。亲属法律关系成立后，即在具有亲属身份的主体之间产生法律上的权利和义务关系。正如恩格斯指出的那样："父母、子女、兄弟、姊妹等称谓，并不是简单的荣誉称号，而是一种负有完全确定的、异常郑重的相互义务的称呼，这些义务的总和便构成这些民族的社会制度的实质部分。"① 我国现行法律确认互有抚养或扶养权利和义务的亲属包括夫妻、父母子女、祖孙、兄弟姐妹等。

二、亲属的种类

以亲属关系的发生原因为依据，可以将亲属分为配偶、血亲和姻亲，这是当代婚

① 马克思，恩格斯．马克思恩格斯选集：第 4 卷．3 版．北京：人民出版社，2012：37.

姻家庭法中的基本分类，在立法和法律适用上具有重要的意义。《民法典》第 1045 条第 1 款规定："亲属包括配偶、血亲和姻亲。"

（一）配偶

配偶即夫妻，是男女双方因结婚而形成的亲属关系。因合法婚姻而形成的配偶关系，在亲属关系中具有重要的、特殊的地位。夫妻结合是亲属关系的起点，配偶是血亲和姻亲赖以发生的基础，在亲属关系中具有承上启下的作用。

（二）血亲

血亲是指有血缘联系的亲属。根据血亲间血缘来源的不同，血亲可分为自然血亲和拟制血亲或准血亲。根据血亲间血缘联系的程度不同，血亲还可分为直系血亲和旁系血亲。

自然血亲是指有自然血缘联系的亲属。自然血亲的亲属出自同一祖先，在血缘上具有同源关系，是被血缘纽带联结在一起的。这种血缘关系基于出生的事实发生，不论婚生或非婚生，不分父系和母系，也不论是全血缘（同父同母）或半血缘（同父异母、同母异父），都属于自然血亲的范围。

拟制血亲是指相互之间本无该种血亲应当具有的血缘关系，但法律确认其与该种血亲具有相同的权利和义务的亲属。这种血亲关系不是自然形成的，而是依法创设的。按照当代各国婚姻家庭立法，拟制血亲并不限于原无血缘联系者。原先就存在某种血亲关系，依法拟制后创设的则是另一种血亲关系，因而发生了亲属关系重复的现象。在这种情况下，有关亲属之间的权利和义务不是按照原有的血亲关系确定，而是按照所拟制的血亲关系确定。收养人收养三代以内旁系同辈血亲的子女为己之子女，就属于这种情况。例如，叔叔收养侄子，双方原本的亲属关系为旁系血亲，拟制后则为直系血亲的养父母子女关系，双方的权利和义务应当按照父母子女关系确定。

（三）姻亲

姻亲是指以婚姻为中介而形成的亲属关系，但配偶本身除外。一般来说，姻亲分为以下三类：

一是血亲的配偶。以己身为本位，己身的血亲的配偶均为姻亲，如子之妻（儿媳）、女之夫（女婿）、兄弟之妻（嫂子、弟媳）、姐妹之夫（姐夫、妹夫），以及伯、叔、舅之妻（伯母、婶母、舅母），姑、姨之夫（姑父、姨父）等。

二是配偶的血亲。以己身为本位，己身配偶的血亲均为姻亲，如妻之父母（岳父、岳母）、夫之父母（公、婆），以及妻之伯、叔、舅、姨及其子女，夫之伯、叔、舅、姨及其子女等。

三是配偶的血亲的配偶。这种姻亲不是以一次婚姻为中介，而是以两次婚姻为中介而形成的，如夫与妻之姐妹之夫（连襟）、妻与夫之兄弟之妻（妯娌）等。由于这种关系比较间接、疏远，有的国家立法不以配偶的血亲的配偶为姻亲。我国有承认这种姻亲的历史传统，但在法律上不宜规定其权利和义务。

在配偶、血亲、姻亲三大类别的亲属中，只有少数的亲属在立法中被认为是近亲属。但关于近亲属的范围，各国有不同的立法例，大体有分别限定的立法模式和总体限定的立法模式两种。在分别限定的立法模式下，立法不从总体上概括限定亲属的范围，而是在具体的亲属关系或法律事项上分别规定亲属的法律效力，即法律分别就禁婚亲、扶养、监护、继承等方面亲属的范围及效力作出规定。在总体限定的立法模式下，立法从总体上概括限定亲属的范围，此范围之外的亲属则不属于法律调整的对象，也不具有亲属的法律效力。我国现行法对亲属作出了总体性概括规定，《民法典》第1045条第2款规定："配偶、父母、子女、兄弟姐妹、祖父母、外祖父母、孙子女、外孙子女为近亲属。"第3款规定："配偶、父母、子女和其他共同生活的近亲属为家庭成员。"

第二节　亲系和亲等

一、亲系

亲系是指亲属间的联络系统，这种联络的载体是客观存在的血缘联系和婚姻基础。血亲之间具有血缘联系，姻亲虽以婚姻为中介，但它是配偶一方与另一方的血亲之间的关系，配偶双方与各自的血亲之间同样具有血缘联系。因此，除配偶本身外，一切亲属关系总是有一定的亲系可循的。各种亲系相互交织，形成一个复杂的亲属网络，按照不同的联系标准分为不同的系列。

（一）直系亲和旁系亲

1. 直系血亲和旁系血亲

直系血亲是指彼此之间具有直接血缘联系的血亲，包括己身所从出（长辈亲）和从己身所出（晚辈亲）的血亲。生育自己和自己所生育的上下各代血亲，都属于直系血亲的范围，如父母与子女、（外）祖父母与（外）孙子女、（外）曾祖父母与（外）曾孙子女等。法律拟制的直系血亲，如养父母与养子女等亦属于直系血亲。

旁系血亲是指彼此之间具有间接血缘联系的血亲，没有直接的血缘联系，但在血缘上是同出一源的血亲。例如，兄弟姐妹因同源于父母而具有间接的血缘关系，与舅、姨及其子女因同源于外祖父母而具有间接的血缘关系等。法律拟制的旁系血亲，如养兄弟姐妹间亦属于旁系血亲。

2. 直系姻亲和旁系姻亲

直系姻亲是指己身与直系血亲的配偶或与配偶的直系血亲所形成的亲属关系。例如，公婆与儿媳为直系姻亲，因为其子与己身是直系血亲，儿媳为其子的配偶；己身与岳父、岳母是直系姻亲，因为其妻与岳父母是直系血亲。

旁系姻亲是指己身与旁系血亲的配偶或与配偶的旁系血亲所形成的亲属关系。如己身与兄弟之妻、姐妹之夫是旁系姻亲，因为己身与其兄弟姐妹是旁系血亲；己身与妻之兄弟姐妹是旁系姻亲，因为妻与其兄弟姐妹是旁系血亲。

（二）父系亲和母系亲

父系亲是通过父亲的血缘关系联络的亲属，如祖父母、伯、叔、姑等；母系亲是通过母亲的血缘关系联络的亲属，如外祖父母、舅、姨等。我国古代的亲属制度是以父系为本位的。按照我国现行婚姻家庭法的规定，父系亲与母系亲的法律地位是完全相同的。

（三）男系亲和女系亲

男系亲是指通过男子的血缘关系联络的亲属，女系亲是通过女子的血缘关系联络的亲属。我国古代的宗法伦理观念是男尊女卑、重男系亲轻女系亲的。所谓宗亲，兼有父系亲和男系亲的性质，其他亲属相对于宗亲而言居于从属地位。我国现行婚姻家庭法坚持男女平等原则，男亲系和女亲系在法律上的权利和义务是完全平等的。

（四）长辈亲、同辈亲与晚辈亲

亲属的行辈（或称辈行、辈分）是按世代划分的。以行辈为依据，可将亲属分为长辈亲（旧称尊亲属）、同辈亲、晚辈亲（旧称卑亲属）。父母辈及其他高于己身辈的亲属是长辈亲，与己身辈相同的亲属是同辈亲，子女辈及其他低于己身辈的亲属是晚辈亲。

二、亲等

亲等即亲属的等级，是计算亲属关系亲疏远近的基本单位。由于血缘联系是计算亲等的客观依据，因此亲等的计算是以血亲为基准，从而准用于姻亲的。配偶虽为亲属，但不计亲等。

关于亲等的计算，国外立法上主要有罗马法亲等计算法和寺院法亲等计算法。在我国，古代法采用丧服制计算亲属关系的亲疏远近，而现行法则采用世代来表示血亲关系的亲疏远近。

（一）罗马法的亲等计算法

这种计算法源自罗马，随罗马法的传播为欧洲大陆法系国家相继采用，是世界上绝大多数国家所采用的亲等计算法，其从直系血亲和旁系血亲两个方面进行计算。

1. 直系血亲亲等的计算法

罗马法直系血亲亲等的计算方法，是从己身往上或往下数，但不算己身，以一个世代为一亲等。例如，从己身往上数，父母为一亲等，祖父母、外祖父母为二亲等，曾祖父母、外曾祖父母为三亲等，高祖父母、外高祖父母为四亲等。按此方法计算，父母与子女是一亲等的直系血亲，祖父母与孙子女是二亲等的直系血亲，即父母与子女比祖父母与孙子女的血缘关系近。

2. 旁系血亲亲等的计算法

罗马法旁系血亲亲等的计算方法，是首先找出最近的同源直系血亲，即己身与对方最近的共同直系长辈血亲；再按直系血亲亲等的计算方法从己身往上数至最近同源直系血亲，记下世代数；最后将两边的世代数相加所得之和，就是旁系血亲的亲等数。例如，要计算己身与姨表兄弟姐妹的亲等数，首先找出己身与姨表兄弟姐妹的最近同源直系血亲外祖父母，从己身往上数至外祖父母是二世代，再从外祖父母往下数至姨表兄弟姐妹也是二世代，然后两边世代数相加为四，因此，己身与姨表兄弟姐妹是四亲等旁系血亲。

姻亲亲等的计算以“姻亲从血亲”为原则，即姻亲的亲等数是以赖以发生姻亲的一方与其血亲的亲等数为依据。例如，儿媳与公婆的亲等，因丈夫与其父母是一亲等的直系血亲，所以，儿媳与公婆是一亲等的直系姻亲；伯叔与侄子是三亲等的旁系血亲，因此，侄子女与伯母、婶母是三亲等的旁系姻亲。

（二）寺院法的亲等计算法

这种计算法源自欧洲中世纪的教会法，由于宗教影响和立法传统等原因，至今仍为少数国家所采用，其也是从直系血亲和旁系血亲两个方面进行计算。

1. 直系血亲亲等的计算法

关于直系血亲亲等的计算方法，寺院法与罗马法完全相同，即从己身往上或往下数（不算己身），一个世代为一亲等。

2. 旁系血亲亲等的计算法

关于旁系血亲亲等的计算方法，寺院法与罗马法旁系有所不同。寺院法旁系血亲亲等的计算方法是：从己身往上数（不算己身）至最近同源直系血亲，记下世代数；再从最近同源直系血亲往下数至要计算亲等的旁系血亲，记下世代数。如果两边的世代数相同，则用一边的世代数为旁系血亲的亲等数；如果两边的世代数不同，则取数大的一边的世代数为旁系血亲的亲等数。例如，己身与兄弟姐妹的最近同源直系血亲是父母，从己身上数至父母为一世代，再从父母往下数至兄弟姐妹也是一世代，两边世代数相同，取一边的世代数为亲等数，则兄弟姐妹间是一亲等的旁系血亲。又如，计算己身与侄子女的亲等数，先从己身往上数到同源直系血亲父母为一世代，再从父母数至侄子女为二世代，取大的一边的世代数为亲等数，则己身与侄子女是二亲等的旁系血亲。

关于姻亲的亲等，寺院法与罗马法的计算方法相似，也以赖以发生姻亲的一方与其血亲的亲等数为依据。

（三）《民法典》中的代数计算法

《民法典》是以“代”来表示亲属关系的亲疏远近的，代即世辈，以一辈为一代。亲属的代数从直系血亲和旁系血亲两个方面进行计算。

1. 直系血亲的计算方法

从己身开始，己身为一代，往上或往下数。例如，从己身上数，父母为二代，祖父母、外祖父母为三代，曾祖父母、外曾祖父母为四代，高祖父母、外高祖父母为五代；往下数，子女为二代，孙子女、外孙子女为三代，曾孙子女、外曾孙子女为四代，玄孙子女、外玄孙子女为五代。

2. 旁系血亲的计算方法

先找出最近同源直系血亲，按照直系血亲的计算方法，从己身往上数至最近同源直系血亲，记下世代数；再从最近同源直系血亲往下数至要计算的旁系血亲，记下世代数。如果两边的世代数相同，则用一边的世代数定代数；如果两边的世代数不同，则取世代数大的一边定代数。例如，要计算兄弟姐妹的代数，先要找出最近同源直系血亲父母，己身为一世代，往上数至父母为二世代；再以父母为一世代，往下数至兄弟姐妹是二世代。因此，兄弟姐妹之间是二代的旁系血亲。再如，要计算己身与姨表兄弟姐妹的子女的代数，先找出同源直系血亲外祖父母（对姨表兄弟姐妹的子女一边来说为其曾外祖父母），己身为一世代，往上数至母亲为二世代，外祖父母为三世代；

再从外祖父母往下数至姨表兄弟姐妹的子女为四世代，因此，己身与姨表兄弟姐妹的子女为四代的旁系血亲。

参考案例

甲的母亲与乙的祖父是兄妹关系，因而甲是乙的表叔。后乙被丙夫妇收养，并办理了收养登记手续。现甲、乙申请结婚登记，但婚姻登记机关以双方为三代以内旁系血亲为由，不予办理结婚登记。

分析： 乙被丙夫妇收养后，其与生父母之间的权利和义务关系消灭，但乙与甲之间的自然血亲关系仍然存在。甲和乙最近的同源直系血亲是甲的外祖父母、乙的曾祖父母，甲和外祖父母为三世代，乙和曾祖父母为四世代，因此，甲与乙是四代的旁系血亲，不属于《民法典》禁止结婚的三代以内旁系血亲。

（四）亲属关系的重复

亲属关系的重复又称亲属关系的并存，是指有亲属关系的两人之间，同时存在两种以上不同的亲属关系。例如，叔侄间收养关系的成立，可同时存在养父母子女间的拟制直系血亲关系和叔侄间的拟制旁系血亲关系。

这种并存的亲属关系应如何对待，各国法律均无明文规定。传统的亲属法理论认为，在亲属关系并存时采取“一关系不为另一关系吸收或排斥”的原则，即并存的亲属关系各自独立存在，各保有其固有的效力。如一亲属关系消灭，不影响另一亲属关系的存在。但是，同时并存的一亲属关系所生的效力，需要停止另一亲属关系所生的效力。应当指出的是，当亲属关系并存、互不吸收、各自独立时，其法律的适用采取“从近从重”原则，即同时并存的亲属关系中，适用亲属关系近者、权利和义务重者的法律规定，发生该种亲属的效力，同时停止亲属关系远者、权利和义务轻者的亲属效力。例如，叔侄间成立收养关系，养父母子女关系近于叔侄关系，养父母子女间有权利和义务关系，而叔侄间无权利和义务关系，故应适用养父母子女关系的法律规定，发生养父母子女关系的亲属效力，同时停止叔侄关系的亲属效力。

第三节　亲属关系的发生和终止

亲属关系因一定的法律事实而产生，也因一定的法律事实而终止。由于亲属关系种类的不同，发生和终止的法律事实也不相同。

一、配偶关系的发生和终止

配偶关系以婚姻成立为发生原因，这是当代各国婚姻家庭立法的通例。依据《民法典》第 1049 条的规定，应以“完成结婚登记”作为配偶关系发生的时间。

配偶关系终止的法律事实有两个，即配偶一方死亡或双方离婚。前者是事件，后者是法律行为，两者均可使配偶身份不复存在。这里所说的死亡，既包括自然死亡，也包括宣告死亡。配偶双方因离婚而终止配偶关系的，若为协议离婚，则以“完成离婚登记”的时间为配偶关系的终止时间；若为裁判离婚，则以人民法院离婚判决书、调解书生效的时间为配偶关系终止的时间（《民法典》第 1080 条）。

应当注意的是，如果人民法院一审判决准予配偶双方离婚，在上诉期内一方死亡或二审诉讼期间一方死亡，因为准予离婚的判决书尚未发生法律效力，所以一方死亡时双方的婚姻关系仍然存续，生存一方对死亡一方仍具有配偶身份。

参考案例

甲与妻子乙感情破裂，甲向人民法院提起离婚诉讼，经调解双方达成离婚协议，甲先于乙两日签收了离婚调解书。乙签收前，甲持离婚调解书与丙登记结婚，乙知道后提起诉讼，要求追究甲重婚罪的刑事责任。

分析：乙的自诉请求不能得到人民法院的支持。根据我国民事诉讼法的有关规定，调解书经双方当事人签收后，具有法律效力。甲签收调解书之后、乙签收调解书之前，调解书尚未发生法律效力，甲、乙之间的婚姻效力仍然存在。婚姻关系存续期间，甲与丙登记结婚，构成法律上的重婚。但甲基于已收到离婚调解书的事实而与丙结婚，主观上不具有重婚的故意，重婚情形也在乙签收离婚调解书后消除，情节显著轻微且危害不大，依据《刑法》第 13 条的规定，甲的重婚行为不应认定为犯罪。

二、血亲关系的发生和终止

（一）自然血亲关系的发生和终止

自然血亲是基于出生而产生的亲属关系。出生这一事实一经发生，无论是婚生还是非婚生，出生者即与其父母和父母的亲属间发生自然血亲关系，无须当事人双方或对方认可，也不需要履行法律手续。因此，出生是发生自然血亲的唯一原因。

自然血亲关系因死亡而终止。这里所说的死亡，亦包括自然死亡和宣告死亡。基于血缘联系而形成的自然血亲关系，死亡是唯一的终止原因，不能通过法律程序或其他方式人为地解除。即使子女被他人收养，该子女与生父母的权利和义务关系消除，但双方的自然血亲关系仍然存在，有关禁婚亲的规定对其仍然适用。脱离父母子女关系的声明和协议，不具有终止自然血亲关系的法律效力。

（二）拟制血亲关系的发生和终止

拟制血亲是法律设定的血亲，由于拟制血亲的种类不同，其发生和终止的原因也不同。

1. 养父母与养子女关系的发生和终止

养父母与养子女间的拟制血亲关系，因收养成立而发生。收养关系依法成立，收养人与被收养人之间即发生养父母子女关系。同时，被收养人与收养人的其他近亲属，也发生拟制血亲关系。

养父母与养子女的拟制血亲关系除因一方死亡而终止外，还可因收养关系解除而终止。收养关系解除后，收养人及其近亲属与被收养人的拟制血亲关系终止。

2. 有抚养关系的继父母子女关系的发生和终止

在我国，根据立法规定，继父或继母与继子女之间可发生拟制血亲关系。继父或继母与继子女间拟制血亲关系的发生，须同时具备两个条件：一是继子女的生母或生父与继父或继母结婚，二是继子女与继父或继母之间形成抚养关系。

有抚养关系的继父或继母与继子女间的拟制血亲关系的终止，除可因继父或继母与继子女一方死亡而终止外，也可基于双方当事人自愿而协议解除，或由一方当事人诉请人民法院依法调解或判决解除。如果生父（母）与继母（父）离婚，继子女与继父或继母已经形成的抚养关系不因生父（母）与继母（父）离婚而自动消除。但如果继子女未成年而继父或继母拒绝抚养的，则该继子女与继父或继母间的拟制血亲关系终止［《婚姻家庭编解释（一）》第 54 条］。

参考案例

甲、乙登记结婚后，乙的两周岁的女儿丙跟随乙与甲共同生活，甲承担了对丙的抚养和教育义务，甲、丙父女情深，但甲、乙夫妻感情一般。共同生活几年后，甲、乙双方协议离婚，离婚协议书中明确约定离婚后甲不负担丙的抚养费用。但甲、乙离婚后，丙继续与甲共同生活，其抚养费和教育费仍由甲承担。丙与甲共同生活期间，甲遇车祸身亡，丙请求继承甲的遗产，被甲的父母拒绝。

分析：甲、乙结婚后，丙与甲之间产生姻亲关系的继父女关系。甲对与之共同生活的丙持续履行抚养和教育义务，双方之间形成抚养关系，亲属性质转化为拟制血亲的继父女关系，甲对丙有支付抚养费的法定义务。甲与乙离婚时，因协议约定双方离婚后甲不再负担丙的抚养费用，依据《婚姻家庭编解释（一）》第 54 条的规定，甲、丙之间的拟制血亲关系消灭。因此，丙不能作为甲的继承人继承甲的遗产，只能作为依靠甲生活的人以适当分得遗产人的身份分得甲的遗产。

三、姻亲关系的发生和终止

姻亲关系亦以婚姻的成立为发生原因。婚姻的成立是姻亲关系发生的基础，只有以婚姻为中介，一方才与另一方的血亲或血亲的配偶成立姻亲关系。因此，一般情况下，婚姻成立的时间即为姻亲关系发生的时间。

以婚姻为中介而发生的姻亲关系是否因离婚而消灭，《民法典》没有规定。但从社会生活来看，配偶双方离婚后，姻亲当事人也不会再保持姻亲关系，姻亲关系因离婚而消灭。同时，姻亲关系是否因配偶一方的死亡而终止，《民法典》也没有规定。依据《民法典》第 1129 条的规定，丧偶儿媳对公婆、丧偶女婿对岳父母，尽了主要赡养义务的，作为第一顺序继承人。从其立法精神看，姻亲关系不因配偶一方死亡而当然终止。

社会热点：在婚姻终止时姻亲关系是否消灭

参考案例

甲妻因病死亡后，甲仍与岳父母乙、丙共同生活，并承担乙、丙的生活费用。甲与丁再婚后搬至丁处生活，但继续支付乙、丙的生活费用。后乙、丙不幸因煤气中毒死亡，留下遗产房屋一栋，乙、丙的儿子排斥甲对乙、丙遗产的继承权，双方发生纠纷。

分析： 甲妻死亡后，甲仍对岳父母进行生活上的照料和经济上的帮助，双方的姻亲关系继续存在，没有因甲妻的死亡而消灭。甲与丁再婚后，继续对乙、丙进行经济帮助，直到乙、丙去世。乙、丙生前对其遗产的处理没有留下遗嘱，应适用法定继承。依照《民法典》第 1129 条的规定，丧偶女婿对岳父母尽了主要赡养义务的，可作为第一顺序法定继承人继承岳父母的遗产，因此，甲有权继承乙、丙的遗产。

第四节　亲属关系的法律效力

亲属社会关系一经法律调整，便会在具有亲属身份的主体之间产生法定的权利和义务。这种法律后果，即亲属效力或亲属关系的法律效力。在我国，不同的法律部门都有关于亲属关系的法律效力的规定，各自的效力内容有所不同。

一、在婚姻家庭法上的效力

在婚姻家庭法上，亲属关系主要发生如下效力：（1）扶养效力。我国《民法典》规定，夫妻之间、父母子女之间有相互扶养的义务；在一定条件下，祖孙之间、兄弟姐妹之间也互负扶养义务。有扶养义务的一方不履行扶养义务时，享有扶养权利的一方有权要求扶养，并可向人民法院起诉。（2）共同财产效力。《民法典》规定，夫妻在婚姻关系存续期间，双方所得或一方所得的财产，除夫妻另有约定和法律另有规定外，归夫妻双方共同所有。（3）禁婚效力。基于遗传学、优生学原理和伦理道德要求，禁止一定范围的近亲属结婚。《民法典》规定，直系血亲或者三代以内的旁系血亲禁止结婚。法律拟制的直系血亲，如养父母与养子女、有抚养关系的继父母与继子女之间，虽无自然血亲关系，但基于伦理道德，也禁止结婚。（4）继承效力。《民法典》规定，夫妻有相互继承遗产的权利（第 1061 条）、父母和子女有相互继承遗产的权利（第 1070 条）。同时，兄弟姐妹之间、（外）祖父母与（外）孙子女之间也有相互继承遗产的权利。

二、在其他民事法律上的效力

在其他民事法律上，亲属关系主要发生如下效力：（1）法定代理效力。父母是未成年子女的法定代理人，依法行使代理权，进行民事活动（《民法典》第 23 条）。（2）对成年人民事行为能力的申请认定效力。对于不能辨认或者不能完全辨认自己行为的成年人，近亲属可以向人民法院申请认定该成年人为无民事行为能力人或者限制民事行为能力人；被人民法院认定为无民事行为能力人或者限制民事行为能力人的，经本人或近亲属申请，人民法院可以根据其智力、精神健康恢复的状况，认定该成年人恢复为限制民事行为能力人或者完全民事行为能力人（《民法典》第 24 条）。（3）监护效力。父母是未成年人的监护人，如父母已经死亡或是没有监护能力的，祖父母、外祖父母以及兄、姐为监护人；无民事行为能力或者限制民事行为能力的成年人，配偶、父母、子女、其他近亲属按照顺序担任其监护人（《民法典》第27条、第28条）。（4）对下落不明人的申请宣告效力。近亲属对下落不明的人，若达到法律规定期限的，可以向人民法院申请宣告失踪、宣告死亡。当失踪人或被宣告死亡的人重新出现时，经本人或者近亲属申请，人民法院应当撤销失踪宣告、死亡宣告（《民法典》第40条、第45条、第46条、第50条）。

参考案例

甲的父母离婚后，甲由母亲直接抚养，并与外祖父母共同生活。甲母在一次事故中死亡，当时甲只有12周岁。甲的外祖父乙以甲监护人的身份代理甲领取了其母亲的死亡赔偿金后，甲父丙要求直接抚养甲并作为甲的监护人管理甲的财产。因丙、乙对甲的抚养和监护不能达成协议，丙作为甲的法定代理人以甲的名义向人民法院提起诉讼，请求确认其对甲的抚养权。人民法院受理该案，在审理过程中，甲明确表示愿意继续同外祖父母一起生活，由外祖父母对自己行使抚养权和监护权。

分析：丙的请求应当得到人民法院的支持。甲的父母是甲第一顺序的抚养人和监护人。甲的父母离婚后，甲父丙虽然不直接抚养甲，但对甲仍有抚养的权利和义务以及监护资格。甲母死亡后，丙作为第一顺序的抚养权人和监护权人，有权直接对甲进行抚养和监护。甲的外祖父母作为甲第二顺序的抚养权人和监护权人，只有在丙死亡，或丙丧失监护权，或丙被剥夺监护权时，才可对甲进行直接抚养，履行对甲的监护职责。

三、在刑法上的效力

《刑法》涉及亲属效力的规定，主要有以下几个方面：（1）犯罪构成效力。《刑法》规定的虐待罪、遗弃罪，加害人与被害人之间必须具有亲属关系才能成立；如果没有亲属关系，则构成其他犯罪。（2）告诉效力。《刑法》规定，近亲属之间的虐待、遗弃或暴力干涉婚姻自由行为，虽情节严重已构成犯罪，除被害人重伤或死亡以外，只有被害人或其法定代理人告诉的，人民法院才予受理，即“不告不理”。而且即使告诉，在人民法院判决前，如被害人与加害人自行和解或原告撤诉的，人民法院也不予追究被告人的刑事责任。

四、在诉讼法上的效力

亲属关系在诉讼法上的效力，包括在刑事诉讼法、民事诉讼法、行政诉讼法中规定的亲属关系的效力，主要有以下几个方面：（1）回避效力。在刑事诉讼、民事诉讼、行政诉讼中，审判人员、检察人员、侦查人员、书记员、鉴定人和勘验人员如果是本案当事人的近亲属，应自行回避；如果不回避，诉讼当事人可以申请他们回避。（2）上诉和申诉效力。对一审人民法院作出的判决、裁定，当事人的近亲属经当事人同意可以提起上诉；对已经发生法律效力的判决、裁定不服的，可以提起申诉。（3）申请执行效力。民事案件、刑事附带民事案件的判决或裁定及调解协议中涉及财产内容的，义务人到期不履行义务，近亲属为法定监护人的，可以申请强制执行。（4）到庭作证义务免除效力。被告人的配偶、父母、子女作为证人时，虽没有正当理由也可不出庭作证，人民法院不能强制其到庭作证。

五、在劳动法上的效力

在劳动法上，亲属关系的效力主要有以下方面：（1）劳动者死亡后，其遗属依法享有遗属津贴；死者生前供养的直系血亲可享受领取一次性抚恤金或定期、不定期的生活困难补助费。（2）与配偶分居两地的在国家机关、人民团体和全民所有制事业单位工作满 1 年的职工，与父母两地分居的职工，享有探亲权，探亲期间享有一系列的福利待遇。

六、在国籍法上的效力

在国籍法上，亲属关系的效力主要有以下方面：（1）一定的亲属关系是取得中国国籍的前提条件。父母双方或一方是中国公民，本人出生在中国或外国，即具有中国国籍。但父母双方或一方为中国公民，本人在外国出生，且出生时就具有外国国籍的，则不具有中国国籍；父母无国籍或国籍不明，定居在中国的，本人出生在中国，具有中国国籍；与中国人有一定的亲属关系的外国人、无国籍人，或是与中国人有近亲属关系的外国人、无国籍人，可以申请加入中国国籍。（2）一定的亲属关系是申请退出中国国籍的前提条件。与外国人有一定的近亲属关系的中国人，可以申请退出中国国籍。

参考案例

甲与法籍丈夫乙在我国办理结婚登记手续后，决定移居法国。在申请加入法国国籍的过程中，甲申请退出中国国籍。但甲加入法国国籍的申请最终未获法国政府批准，甲成为无国籍人。甲基于父母是中国公民的身份，申请恢复中国国籍。

分析： 甲的恢复中国国籍的申请能够获得我国政府的批准。甲的父母都是中国公民，甲出生即取得中国国籍。甲与外国人乙结婚后，可以申请退出中国国籍。退出中国国籍又未获法国国籍成为无国籍人后，甲可以基于父母是中国公民的身份，申请恢复中国国籍。

【引例评析】

1. 自然血亲的父母子女关系能否解除，我国法律没有作出规定。但解除父母子女关系的协议，在性质上为民事法律行为，对该身份关系变动协议的效力认定，在法律规范没有明确规定的情况下，应当适用民法的基本原则。乙与生父签订协议解除父子关系、免除对父亲的赡养义务，违反了公序良俗原则，因此，甲、乙签订的解除父子关系的协议无效，不产生父子关系终止的效力，乙应当履行对甲的赡养义务。

2. 拟制血亲的父母子女关系，依据我国《民法典》第 1116 条的规定，当事人可以通过协议方式解除，但收养关系解除的效力自办理解除收养关系登记之日起发生。甲、丙虽达成了收养关系解除的协议，但未办理解除收养关系登记手续，因此，收养关系解除的效力没有发生，丙不得以养父女关系已经解除为由，拒绝履行对甲的赡养义务。

【本章小结】

1. 作为法律事实的亲属身份行为，不同于主体在亲属身份状态下行使权利、履行义务的身份关系行为。亲属身份因一定的法律事实即出生、婚姻和法律拟制形成之后，又作为法律事实，引起亲属法律关系的发生，在特定亲属之间形成法定的权利和义务关系。特定亲属基于身份行使权利和履行义务的行为，即为亲属身份关系行为。

2. 亲属关系会发生并存，在有亲属关系的两人之间同时存在两种以上不同的亲属关系时，应采用“一关系不为另一关系吸收或排斥”的原则，即并存的亲属关系各自独立存在，各保有其固有的效力。如一亲属关系消灭，不影响另一亲属关系的存在。但是，同时并存的一亲属关系所生的效力，需要停止另一亲属关系所生的效力，其法律的适用应遵循“从近从重”原则，即同时并存的亲属关系中，适用亲属关系近者、权利义务重者的法律规定，发生该种亲属的效力，同时停止亲属关系远者、权利和义务轻者的亲属效力。

3. 合法婚姻关系的男女双方互为配偶。配偶关系因婚姻关系确立而发生，完成结婚登记的时间即为婚姻关系确立的时间，也即配偶关系的形成时间。在司法实践中，应当注意被认定为事实婚姻关系的男女双方婚姻关系确立的时间。未办理结婚登记而被认定为事实婚姻关系的双方当事人间，产生夫妻间的权利和义务。因此，婚姻关系的发生时间应当从双方符合法律所规定的结婚实质要件时起算。另外，补办结婚登记的当事人间的婚姻关系的发生时间，也应从双方符合法律所规定的结婚实质要件时起算。

4. 一方死亡包括自然死亡和宣告死亡，是亲属关系终止的共同原因。

5. 经法律调整的亲属社会关系，成为亲属法律关系。亲属法律关系的主体间具有法定的权利和义务关系，这种法律后果在不同的法律部门有不同的效力。在具体案件适用法律时，要注意到亲属关系的不同效力。

【练习题】

一、名词解释

亲属　自然血亲　拟制血亲　直系血亲　旁系血亲　亲属的法律效力

二、思考题

1. 如何理解亲属的含义？
2. 亲属有哪些类型？
3. 亲系、亲等应如何把握？
4. 亲属关系的发生和终止原因是什么？
5. 亲属在法律上的效力主要有哪些？

三、案例分析题

1. 甲与乙均为“90后”青年，双方在符合结婚条件，但未办理结婚登记手续的情况下，按照民间仪式举行婚礼后，即以夫妻名义共同生活。共同生活期间，双方补办了结婚登记。甲婚后经常被其丈夫乙打骂，因不堪忍受乙的家庭暴力，甲向人民法院提起离婚诉讼。人民法院审理后认为，双方感情确已破裂，判决准予离婚，并对夫妻共有财产进行了分割。甲认为人民法院对财产的处理不公平，于是提起上诉。在二审审理期间，乙因意外事故死亡，二审人民法院遂裁定终结诉讼。

问题：

(1) 甲、乙补办结婚登记前的关系性质如何？

(2) 甲、乙补办结婚登记后的关系性质如何？

(3) 甲、乙的配偶关系是因何种原因而消灭的？

分析要点提示：

(1) 甲、乙未办理结婚登记即以夫妻名义同居生活，依据《婚姻家庭编解释

(一)》第 7 条的规定，应认定为同居关系。

(2) 甲、乙补办结婚登记后，双方的关系为配偶关系。依据《婚姻家庭编解释(一)》第 6 条的规定，补办结婚登记后，婚姻关系的效力从双方均符合法律规定的结婚实质要件时起算。甲、乙同居生活时已符合法律规定的结婚条件，基于补办结婚登记的溯及力，甲、乙自同居之日起婚姻关系成立，配偶关系形成。

(3) 我国实行二审终审制。一审人民法院作出准予离婚的判决后，在上诉期内甲提起上诉，一审判决不生效力，甲、乙婚姻关系仍然存续。二审期间，乙因意外事故死亡，甲、乙的婚姻关系因一方死亡而终止。

2. 甲的祖父与乙的祖母是兄妹关系。甲被其叔叔丙夫妇收养，并办理了收养登记手续；乙被丁夫妇收养，但未办理收养登记手续。

问题：

(1) 甲与丙之间发生何种亲属关系？

(2) 乙与丁之间发生何种亲属关系？

(3) 甲与乙之间的亲属关系及亲等如何？

分析要点提示：

(1) 甲被丙收养前，双方之间是自然血亲的三代以内旁系血亲关系；甲被丙收养后，双方之间形成拟制血亲的直系血亲关系，甲与丙之间存在双重亲属关系。根据“一种关系不为另一种关系吸收”的亲属法原则，甲与丙上述两种亲属关系独立存在；同时，根据“从近从重”的亲属效力确定规则，按照拟制直系血亲关系的效力确定双方的权利和义务，停止旁系血亲关系所产生的效力。

(2) 乙虽然被丁收养，但未办理收养登记手续，该收养关系不成立，乙与丁之间不产生法律拟制的直系血亲关系。

(3) 甲与乙有血缘同源之人，因此，双方为自然血亲的旁系血亲。按照世代计算法，甲与乙的最近血缘同源之人是甲的曾祖父母、乙的外曾祖父母。甲往上数至曾祖父母为四世代，外曾祖父母往下数至乙为四世代，两边世代数相等，因此，甲与乙为四代旁系血亲。

自测习题

第三章　结婚制度

【本章引例】

甲母与乙父为同胞兄妹，甲、乙两小无猜，成年后情投意合，决定结为夫妻。因当事人所在地奉行“舅表亲，亲上亲；打断骨，连着筋”的传统观念，所以双方父母也同意两人结婚。于是，甲、乙各持相关证件和证明材料，共同到甲常住户口所在地的婚姻登记机关申请结婚登记。婚姻登记员对其是否自愿结婚进行询问并审查了相关证件和证明材料后，为他们办理了结婚登记。婚后，为避免近亲结婚对子女健康产生不利影响，甲、乙商定不生育子女，乙到医院做了绝育手术。甲婚后独自外出务工，务工期间与丙产生了婚外情，并以夫妻名义公开同居生活。乙向人民法院提起诉讼，请求追究甲重婚罪的刑事责任，甲则以与乙系三代以内旁系血亲、双方婚姻无效为由，对抗乙的自诉请求。

请问：

1. 甲、乙骗取结婚登记的婚姻效力如何？

2. 婚姻登记机关对当事人出具的证件、证明材料的审查，是形式审查还是实质审查？

3. 乙做了绝育手术后，是否消除了与甲结婚的障碍？

4. 甲、乙婚姻无效的后果何时发生？

5. 甲能否以婚姻无效对抗乙的自诉请求？

【本章学习目标】

通过学习本章，你应该能够：

1. 掌握结婚的概念和特点。
2. 掌握结婚的条件。
3. 了解结婚的程序。
4. 掌握婚姻无效或被撤销的原因和法律后果。

第一节 结婚的条件

一、结婚的概念和特点

《民法典》在婚姻家庭编用专章（第二章）规定了“结婚”。结婚，亦称婚姻的成立，是男女双方确立夫妻关系的民事法律行为。

结婚具有以下主要特点：(1) 结婚行为的主体必须是男女双方当事人，同性不能成立婚姻。《民法典》虽然没有明确禁止同性婚姻，但由该法“结婚应当男女双方完全自愿”的规定可以看出，我国的法律并不承认同性婚姻，一男一女的异性结合是我国婚姻成立的法定条件。(2) 结婚行为的性质是民事法律行为而非事实行为。当事人只有符合法律规定的结婚条件并履行了结婚登记手续，以夫妻名义的结合才能产生婚姻的法律后果。(3) 结婚行为的效力是确立夫妻关系。男女双方因结婚形成了互为配偶的夫妻身份，开始享有法律规定的夫妻之间的权利和义务。夫妻法律关系形成后，未经法定程序，当事人一方或双方不能任意解除。

二、结婚的必备条件

依照《民法典》的规定，当事人结婚必须具备以下三个条件。

(一) 须有结婚合意

结婚合意是指当事人双方对于确立夫妻关系的意思表示完全一致。基于人格独立和意思自治原则，各国法律大多都把双方合意作为结婚的必备条件。《民法典》第 1046 条规定：“结婚应当男女双方完全自愿，禁止任何一方对另一方加以强迫，禁止任何组织或者个人加以干涉。”按此规定，结婚合意是结婚的首要条件，是婚姻自由原则在结婚制度中的具体体现。“结婚应当男女双方完全自愿”应当从三个方面进行理解：一是双方自愿而不是一方自愿；二是本人自愿而不是父母或其他第三人自愿；三是完全自愿而不是勉强同意。只有这样解释，才符合法律的本意。

结婚是婚姻当事人双方的民事法律行为，就法理而言，民法中有关以意思表示真实作为民事法律行为有效条件的规定，也是可以结合具体情况适用于结婚行为的。因此，如当事人结婚的意思表示存在瑕疵时，依照《民法典》的规定，因胁迫结婚的，受胁迫的一方可以向人民法院请求撤销婚姻（第 1052 条第 1 款）；一方患有重大疾病，在结婚登记前不如实告知的，另一方可以向人民法院请求撤销婚姻（第 1053 条第 1 款）。

参考案例

甲所在的北京某单位进行集资建房，规定登记结婚者方具备分房资格。甲系单身，为达到分房条件，甲决定与乙假结婚，并承诺事成之后付给乙补偿费。乙是“北漂”，生活拮据，需要钱改善生活条件。于是，甲、乙双方达成协议：甲与乙假结婚。甲领取集资房钥匙后 5 日内支付乙补偿费 10 万元；乙得到补偿费后 1 个月内，与甲办理离婚登记手续。甲与乙登记结婚后如愿分得了集资房，并依约定向乙支付了 10 万元补偿费，但乙提出甲须再支付 5 万元补偿费后再办离婚登记手续，甲不同意，双方发生了纠纷。

分析：甲与乙假结婚的行为，依照《民法典》的有关规定，应认定为有效婚姻。结婚是基于双方的完全自愿，是以永久共同生活为目的的男女两性的结合，双方当事人就建立婚姻关系达成合意是婚姻成立的必要条件之一。甲、乙登记结婚，虽不具有结婚的合意，而是假借结婚之名达到婚姻之外的目的，但因我国法律对假结婚的后果没有作出规定，甲、乙的婚姻又不具备无效和可撤销的情形，因此，双方通过婚姻登记机关办理的结婚登记具有法律效力，该婚姻有效。

（二）须达到法定婚龄

法定婚龄是法律规定的最低结婚年龄，即结婚年龄的下限。当事人达到法定婚龄才能结婚，未达法定婚龄结婚是违法的。《民法典》第 1047 条规定：“结婚年龄，男不得早于二十二周岁，女不得早于二十周岁。”

法律之所以规定达到法定婚龄后才能结婚，是因为婚姻是自然属性和社会属性的结合，结婚年龄相应地也要受到自然因素和社会因素的制约。自然因素，即人的身心发育程度。作为婚姻主体的人，只有在达到一定年龄时才具有适婚的生理上和心理上的条件，才能对婚事作出理性的判断和决定，才能在婚后承担起对配偶、子女、家庭和社会的责任。社会因素，即一定的生产方式和与之相适应的社会条件。历史传统、风俗习惯、人口状况和人口政策等，对婚龄均有不同程度的影响。

法定婚龄是法律规定的最低结婚年龄，属于强制性规范，当事人必须遵守。当事人达到法定婚龄并符合结婚的其他条件，要求结婚的，应依法准许。

（三）符合一夫一妻制

《民法典》在婚姻家庭编的“结婚”一章中对此未做专门规定，但因为该编“一般规定”一章中已有实行一夫一妻制、禁止重婚的规定，因此，符合一夫一妻制是结婚的必要条件，有配偶者在配偶死亡或离婚后才能再婚。

三、结婚的禁止条件

依据《民法典》第 1048 条的规定，当事人结婚的禁止条件为禁婚亲，即一定范围内的亲属禁止结婚，包括直系血亲和三代以内旁系血亲。

（一）禁止结婚的直系血亲

直系血亲包括自然血亲关系的直系血亲和法律拟制的直系血亲。自然血亲关系的直系血亲，包括父母与子女、祖父母与孙子女、外祖父母与外孙子女等生育自己和自己所生育的上下各代亲属禁止结婚，已成各国立法通例，我国立法也不例外。对于法律拟制的直系血亲之间能否结婚的问题，我国《民法典》没有明确规定，但第 1111 条和第 1072 条分别规定，养父母和养子女间的权利和义务及继父或继母和受其抚养、教育的继子女之间的权利和义务，适用父母子女关系的有关规定。因此，对直系血亲缔结婚姻关系的限制，也适用于拟制直系血亲之间。

（二）禁止结婚的三代以内旁系血亲

三代以内旁系血亲是指同源于祖父母、外祖父母的没有直接血缘联系的血亲。其范围包括：同源于父母的兄弟姐妹，包括同胞的兄弟姐妹和同父异母或同母异父的兄弟姐妹；同源于祖父母或外祖父母的不同辈分的伯叔与侄女、姑与侄子、舅与外甥女、姨与外甥；同源于祖父母和外祖父母的相同辈分的堂兄弟姐妹、姑表兄弟姐妹、舅表兄弟姐妹和姨表兄弟姐妹。《民法典》禁止结婚的三代以内旁系血亲仅限于有血缘同源之人的有自然血亲关系的三代以内旁系血亲，无血缘同源之人的法律拟制的三代以内旁系血亲间（如养兄妹），不属于禁止结婚的亲属。

参考案例

甲与妻乙系再婚。再婚时甲的儿子丙已经成年，乙与前夫所生女儿丁尚未成年，随乙与甲共同生活。在丁与甲、乙共同生活期间，甲征得乙和丁生父的同意，收养丁为养女，并办理了收养登记手续。丙经常到甲家探望父亲，与丁逐渐相识，丁对丙暗生情愫，丙对丁也心生爱意，于是两人建立了恋爱关系，但遭到了甲、乙的反对。丙、丁到婚姻登记机关申请结婚登记，婚姻登记机关以双方存在禁婚亲为由，拒绝为其办理结婚登记。

分析：甲与乙再婚后，收养了乙的女儿丁，双方之间形成拟制血亲的父女关系，该拟制血亲关系的效力直接及于丙，因此，丙与丁之间形成拟制血亲的养兄弟姐妹关系。《民法典》对禁止结婚的三代以内旁系血亲是否包括拟制血亲没有作出规定，但在解释上认为该规定仅限于有血缘同源之人的有自然血亲关系的三代以内旁系血亲，无血缘同源之人的法律拟制的三代以内旁系血亲，不属于禁止结婚的亲属。因此，婚姻登记机关不应拒绝为丙、丁办理结婚登记。

第二节　结婚的程序

一、结婚程序的概念和类型

结婚程序也称婚姻成立的程序，即结婚的形式要件，是法律规定的缔结婚姻所必须履行的法定手续。综观当代各国有关结婚程序的立法例，结婚程序主要有以下三种类型：一是登记制，要求当事人到国家规定的主管部门办理结婚登记。只要进行了婚姻登记，即使不举行结婚仪式，也具有婚姻效力。二是仪式制，要求结婚须举行一定的公开形式，以取得社会的承认。仪式告成后，婚姻合法成立。结婚在形式上一般要经过公告、异议和举行婚礼三个阶段。三是登记与仪式结合制，这种类型要求结婚既须登记，又须举行一定的仪式，两者缺一不可。这方面的具体规定，各国法律不尽相同，有的规定仪式在先、登记在后；有的规定先行登记，再举行仪式。

在我国，结婚程序采取登记制。婚姻登记包括结婚登记、离婚登记，其中结婚登记是数量最多、影响最大的一项经常性的工作。《民法典》第 1049 条规定：“要求结婚的男女双方应当亲自到婚姻登记机关申请结婚登记。符合本法规定的，予以登记，发给结婚证。完成结婚登记，即确立婚姻关系。未办理结婚登记的，应当补办登记。”婚姻登记中的具体事项，应按《婚姻登记条例》的规定办理。

实行结婚登记的目的，是坚持结婚的法定条件，保障婚姻合法成立的需要。这一制度有利于保障婚姻自由，防止重婚，也有利于保障男女双方和子女后代的健康，防止早婚、近亲婚。通过结婚登记对当事人是否符合结婚条件进行必要的审查，既符合当事人的利益，又符合社会公共利益。

在我国，结婚登记是唯一合法有效的程序。只有依法办理结婚登记，婚姻才具有法律效力。是否举行仪式则由当事人自行决定，对婚姻的效力无任何影响。

二、办理结婚登记的机关和具体程序

（一）办理结婚登记的机关

《婚姻登记条例》第 2 条第 1 款规定："内地居民办理婚姻登记的机关是县级人民政府民政部门或者省、自治区、直辖市人民政府按照便民原则确定的乡（镇）人民政府。"第 7 条第 1 款规定："内地居民结婚，男女双方应当亲自到婚姻登记机关共同申请结婚登记。"

根据以上规定可以看出，人民政府是婚姻登记的主管机关，婚姻登记属于行政职权的范围。结婚登记不适用地域管辖，不受当事人的常住户口所在地的限制，当事人可以在全国任何一个婚姻登记机关申请结婚登记。

（二）结婚登记的具体程序

结婚登记的全部程序，可以分为申请、审查和登记三个具体环节。

1. 申请

《婚姻登记条例》第 8 条第 1 款规定："申请结婚登记的内地居民应当出具下列证件和书面材料：（一）本人的居民身份证；（二）本人无配偶以及与对方当事人没有直系血亲和三代以内旁系血亲关系的签字声明。"

2. 审查

这是结婚登记工作的中心环节。婚姻登记机关应当核对结婚登记当事人出具的证件、书面材料，询问相关情况，并对当事人的身份信息以及婚姻状况信息进行联网核对，依法维护当事人的权益。依据我国《婚姻登记条例》第 23 条的规定，当事人应当对所出具证件和书面材料的真实性、合法性负责，出具虚假证件或者书面材料的，应当承担相应法律责任。可见，我国婚姻登记机关对当事人出具的证件、书面材料只进行形式审查。

3. 登记

婚姻登记实际上是国家对男女双方缔结婚姻的行为是否符合法律规定的实质要件进行审查、予以批准的行为。婚姻登记机关对当事人的结婚申请进行审查后，对符合结婚条件的，应当予以登记，发给结婚证；完成结婚登记，即确立婚姻关系。依照《婚姻登记条例》第 9 条的规定，办理结婚登记的当事人有下列情形之一的，婚姻登记机关不予登记：未到法定结婚年龄的；非男女双方完全自愿的；一方或者双方已有配偶的；属于直系血亲或者三代以内旁系血亲的。婚姻登记机关对当事人不符合结婚条件不予登记的，应当向当事人说明理由。

司法案例：提供虚假身份结婚登记是否有效

参考案例

甲与乙申请结婚登记。婚姻登记机关经过审查，认为双方符合结婚条件，当场予以登记，但因故没有发放结婚证。婚礼如期举行，当晚乙突发心肌梗死死亡。乙所在单位以甲与乙婚姻不成立为由要收回分给乙的住房，而甲则认为自己已与乙办理了结婚登记，作为乙的配偶，在丈夫死亡后有权以遗属的身份居住单位分配给乙的住房。

分析：甲与乙的婚姻关系成立。婚姻的成立分为两个部分：一是男女双方缔结婚姻关系的协议；二是婚姻登记机关的登记批准行为。婚姻登记机关对甲、乙的结婚申请进行审查后，在双方符合结婚条件的情况下，将其结婚事项记载于婚姻登记簿，即完成结婚登记，婚姻关系确立。结婚证书只是证明男女双方存在夫妻关系的法律文书，是否发放并不对婚姻关系的成立产生影响。

离婚的男女双方自愿恢复婚姻关系的，依据《民法典》第 1083 条的规定，应当到婚姻登记机关重新进行结婚登记。

（三）结婚证书

结婚证书是婚姻登记机关出具的证明夫妻关系成立的法律文书。依据我国《婚姻登记条例》第 21 条的规定，当事人需要补领结婚证的，可以持居民身份证或《婚姻登记条例》第 8 条第 2 款至第 4 款规定的有效身份证件向婚姻登记机关申请办理。婚姻登记机关对当事人的婚姻登记档案进行查证，确认属实的，应当为当事人补发结婚证。

三、与结婚有关的两个问题

（一）婚约问题

婚约是男女双方以将来结婚为目的而作出的事先约定。双方当事人成立婚约，称为订婚或定婚。

我国现行法律中未对婚约问题进行规定。因此，婚约关系只是一般的社会关系，并未纳入法律调整的范围，法律对婚约不予保护，婚约没有人身约束力。婚约成立后，一方不履行时，另一方不得依诉讼程序请求强制履行，人民法院不受理婚约履行之诉。但对因婚约解除引起的财产纠纷，一般认为属于人民法院受理民事案件的范围。对于这些财产纠纷，应根据不同的情况作出不同的处理。例如，依据《婚姻家庭编解释（一）》的规定，当事人双方未办理结婚登记手续，一方有权请求返还按照习俗给付的彩礼（第5条）；当事人于婚前约定将一方所有的房产赠与另一方或者共有，赠与方在赠与房产变更登记之前撤销赠与，另一方请求判令继续履行的，可以依据《民法典》第658条有关撤销赠与合同的规定处理（第32条）。

社会热点：给付彩礼的一方能否要求返还

参考案例

甲与乙经人介绍相识后，双方建立了恋爱关系，订立了婚约。订婚当日，甲付给乙聘金5万元，乙接受了聘金；登记结婚前，乙要求甲再付聘金2万元。因甲经济困难，无力支付该笔聘金，乙提出解除婚约。甲同意解除婚约，但要求乙返还聘金。乙则以聘金系甲自愿赠与，该赠与已发生法律效力为由，拒绝返还。甲向人民法院提起诉讼，请求乙返还聘金。

分析： 乙应当将聘金返还给甲。甲给付乙聘金在形式上表现为自愿赠与，实质上却是按照民间习俗给付的彩礼。乙接受彩礼后未与甲办理结婚登记手续，依据《婚姻家庭编解释（一）》第5条的规定，甲有权请求乙返还按照习俗给付的彩礼。

（二）登记结婚后一方成为对方家庭成员的问题

《民法典》第 1050 条规定："登记结婚后，按照男女双方约定，女方可以成为男方家庭的成员，男方可以成为女方家庭的成员。"这一规定虽然是男女双方并提，但就其立法精神而言，主要是提倡男方成为女方家庭的成员，即男到女家落户。

从我国历史上来看，在一切以男性为中心的宗法制度下，历来是男娶女嫁，妻从夫居的。出嫁女须归附于夫家，成为男方宗族的成员。虽然也有少数男子入赘女方家，但赘夫在家庭中和社会上备受歧视。入赘婚被认为是婚姻的反常形式，男女双方在婚姻中的地位和角色相互置换。对赘夫的歧视，实际上是男尊女卑、夫主妻从的宗法伦理观念的另一种表现。

提倡男方成为女方家庭的成员，符合男女平等的精神，有利于破除以男性为中心的宗法观念，有利于消除有女无儿户的思想顾虑和解决某些实际困难，有利于发扬新的生育风尚。登记结婚后，是女方成为男方家庭的成员，还是男方成为女方家庭的成员，应由当事人约定，任何人不得加以干涉。在这个问题上，一定要将男方成为女方家庭成员与旧式的入赘婚加以区别，妥善地保护男方在女方家庭中依法应享有的各项权益。

当然，法律中的规定是男方或女方都可以成为对方家庭的成员，并非必须成为对方家庭的成员。登记结婚后，双方也可以不加入任何一方的原有家庭，另行成立新的家庭。

第三节　无效婚姻和可撤销婚姻

一、无效婚姻

（一）婚姻无效的原因

无效婚姻即不具有法律效力的婚姻，是指男女两性违反了法律规定的结婚客观实质要件而不具有法律效力的违法结合。婚姻的成立必须具备法律规定的要件，因某些要件的欠缺而导致婚姻无效的，这些欠缺的要件就是婚姻无效的原因。

《民法典》第 1051 条规定："有下列情形之一的，婚姻无效：（一）重婚。（二）有禁止结婚的亲属关系。(三) 未到法定婚龄。”依此规定，违背了结婚实质要件的上述情形，均属于婚姻无效的原因，构成无效婚姻。

1. 重婚

重婚是指有配偶者又与他人再行结婚的行为，包括法律上的重婚和事实上的重婚。依照《民法典》和《婚姻家庭编解释（一）》的规定，重婚应包括以下情形：(1) 已登记结婚的一方又与第三人登记结婚。(2) 已登记结婚的一方又与第三人形成事实婚姻关系。(3) 事实婚姻关系的一方又与第三人登记结婚。(4) 事实婚姻关系的一方又与第三人形成事实婚姻关系。① 重婚行为严重违反了一夫一妻原则，其婚姻关系当然不应产生法律效力。

应当注意的是，重婚情形中前婚所称的事实婚姻关系，为狭义的事实婚姻，是指因被认定为事实婚姻而受法律保护的男女两性的结合；后婚所称的事实婚姻关系，为广义的事实婚姻，是指以夫妻名义共同生活、周围群众也认为是夫妻关系的男女两性的结合。

参考案例

甲男（23周岁）与乙女1993年元旦举行婚礼时，乙尚差2个月满20周岁，所以甲、乙两人未办理结婚登记手续，举行婚礼后即以夫妻名义共同生活，婚后生育一子丙。共同生活期间，双方时常因琐事争吵。某日，甲与乙又发生口角，甲离家出走，到外地务工。务工期间，甲与丁对外以夫妻名义共同生活，在共同生活期间办理了结婚登记手续并生育子女。某日，甲遭遇车祸身亡。乙、丁及各自生育的子女，均请求继承甲的遗产。因遗产继承发生纠纷，乙向人民法院提起诉讼。

分析：甲与乙1994年2月1日前未办理结婚登记手续即以夫妻名义共同生活，但双方在《婚姻登记管理条例》公布实施以前，已经符合结婚实质要件，依照《婚姻家庭编解释（一）》第7条的规定，甲、乙之间的关系按事实婚姻处理，产生夫妻之间的权利义务。甲在事实婚姻关系存续期间，又与丁登记结婚，构成法律上的重婚，人民法院在案件审理过程中查明该事实后，应当确认甲、丁的婚姻无效。甲死亡后，甲的妻子乙和儿子丙作为甲的第一顺序法定继承人，有权继承甲的遗产。甲与丁的婚姻无效，双方不具有夫妻间的权利和义务，丁对甲的遗产没有继承权，但丁与甲所生子女对甲的遗产有继承权。

---

① 在1994年2月1日民政部《婚姻登记管理条例》公布实施前，男女双方已经符合结婚实际要件的，按事实婚姻处理。据此，在我国司法实践中，事实婚姻关系仍存在构成重婚的可能。

2. 有禁止结婚的亲属关系

（1）直系血亲间的婚姻。《民法典》第1048条规定：“直系血亲或者三代以内的旁系血亲禁止结婚。”《民法典》禁止结婚的直系血亲，包括自然血亲的直系血亲和拟制血亲的直系血亲。

关于直系姻亲间的婚姻是否构成无效婚姻，各国的立法态度不尽相同。《民法典》规定的无效婚姻原因并不包括直系姻亲，因此，根据法律的规定，应当认为关于直系姻亲间的婚姻不属于无效婚姻。

参考案例

甲系乙儿子丙的妻子。在甲、丙婚姻关系存续期间，鳏居的乙即与甲、丙共同生活。丙意外死亡后，年过半百的乙承担了养家糊口的重担，对甲母子照顾周到，关爱有加，甲渐渐对乙产生了恋情，决定与乙结婚，但两人的感情被亲友视为不伦之情；甲、乙到婚姻登记机关申请结婚登记，婚姻登记机关以违背公序良俗原则为由，拒绝为其办理结婚登记手续。

分析：甲与丙婚姻关系存续期间，乙与甲之间的亲属关系为直系姻亲。丙死亡后，甲与乙继续维持姻亲关系，共同生活。在姻亲关系存续期间，甲、乙决定结为夫妻，双方具有的姻亲关系，依照《民法典》的规定，不属于禁止结婚的亲属范围，不构成婚姻登记机关不予办理结婚登记的理由。因此，婚姻登记机关在甲、乙具备婚姻登记条件的情况下，不得以双方存在直系姻亲关系为由，拒绝为其办理结婚登记手续。

（2）三代以内的旁系血亲间的婚姻。禁止结婚的三代以内旁系血亲，除自然旁系血亲外，并不包括法律拟制的三代以内旁系血亲，即法律拟制的三代以内旁系血亲之间可以结婚，此种婚姻不构成无效婚姻。

3. 未达到法定婚龄

当事人未达到法定婚龄结婚，因为心理尚未发育成熟，不能承担作为婚姻当事人的责任和对家庭其他成员的法律责任，不仅会对男女双方的身体和心理带来不利的影响，也会产生相应的社会问题，因此为法律所禁止，未达到法定婚龄者的婚姻为无效婚姻。

应当注意的是，当事人仅能以上述三种情形作为请求确认婚姻无效的理由。依据《婚姻家庭编解释（一）》第17条的规定，当事人以《民法典》第1051条规定的三种无效婚姻以外的情形请求确认婚姻无效的，人民法院应当判决驳回当事人的诉讼请求。

当事人以结婚登记程序存在瑕疵为由提起民事诉讼，主张撤销结婚登记的，告知其可以依法申请行政复议或者提起行政诉讼。

（二）确认婚姻无效的程序

无效婚姻是确认无效还是当然无效，各国法律的规定有所不同，《民法典》对无效婚姻采用确认无效主义。无效婚姻在确认无效之前已经进行了婚姻登记，在形式上被认为是有效的。未经法定程序被确认为无效婚姻之前，该婚姻仍处于有效状态，当事人受该婚姻的约束，一方如果与他人结婚，同样构成重婚。无效婚姻经过有关机关确认无效以后，因为婚姻被确认无效所具有的溯及力，使经登记而产生的婚姻效力被彻底否定，婚姻自始无效。

关于婚姻无效的确认机关，我国现行法采用的是单轨制，即只有人民法院才有权确认婚姻无效。关于人民法院审理确认婚姻无效案件，依照《婚姻家庭编解释（一）》的规定，应注意以下问题：

（1）人民法院受理请求确认婚姻无效案件后，原告申请撤诉的，不予准许；对婚姻效力的审理不适用调解，应当依法作出判决（第 11 条第 1 款、第 2 款）。

（2）申请确认婚姻无效的诉讼涉及财产分割和子女抚养的，人民法院可以调解。调解达成协议的，另行制作调解书；未达成调解协议的，应当一并作出判决（第 11 条第 3 款）。

（3）人民法院受理离婚案件后，经审理确属无效婚姻的，应当将婚姻无效的情形告知当事人，并依法作出确认婚姻无效的判决（第 12 条）。

（4）人民法院就同一婚姻关系分别受理了离婚和请求确认婚姻无效案件的，对于离婚案件的审理，应当待请求确认婚姻无效案件作出判决后进行（第 13 条）。

（5）夫妻一方或者双方死亡后，生存一方或者利害关系人请求确认婚姻无效的，人民法院应当受理（第 14 条）。

（6）利害关系人请求人民法院确认婚姻无效的，利害关系人为原告，婚姻关系当事人双方为被告；夫妻一方死亡的，生存一方为被告（第 15 条）。

（7）人民法院审理重婚导致的无效婚姻案件时，涉及财产处理的，应当准许合法婚姻当事人作为有独立请求权的第三人参加诉讼（第 16 条）。

（三）请求权人的范围

关于请求确认婚姻无效的主体，《民法典》并没有作出规定。依据《婚姻家庭编解释（一）》第 9 条的规定，有权请求确认婚姻无效的主体包括该婚姻当事人及利害关系人。其中，利害关系人包括以下几种：

（1）以重婚为由申请确认婚姻无效的，为当事人的近亲属及基层组织。近亲属包括配偶、父母、子女、兄弟姐妹、祖父母、外祖父母、孙子女、外孙子女；基层组织包括当事人所在单位、住所地居（村）民委员会、派出所、民政部门及妇联、工会等有关组织机构。就法理而言，重婚罪依公诉程序追究时，检察机关在实际上也处于请求权人的地位，因为追究重婚罪是以否认该婚姻的效力为前提的。

（2）以未达到法定婚龄为由申请确认婚姻无效的，为未达到法定婚龄者的近亲属。

（3）以有禁止结婚的亲属关系为由申请确认婚姻无效的，为当事人的近亲属。

（四）婚姻无效请求权的行使期限

一般情况下，当事人请求确认婚姻无效或人民法院确认婚姻无效没有期限，但申请人申请时，法定的无效婚姻情形已消失，当事人不得再提出申请。依据《婚姻家庭编解释（一）》第 10 条的规定，当事人向人民法院申请确认婚姻无效，法定的无效婚姻情形已经消失的，人民法院不予支持。也就是说，在申请婚姻无效时，法定的无效婚姻情形已经消失，如未达到法定婚龄者已达到法定婚龄，此时申请存在阻却事由，不应当得到支持。但是，依据《最高人民法院关于适用〈中华人民共和国民法典〉婚姻家庭编的解释（二）》［以下简称“《婚姻家庭编解释（二）》”］第 1 条的规定，当事人依据《民法典》第 1051 条第 1 项规定请求确认重婚的婚姻无效，提起诉讼时合法婚姻当事人已经离婚或者配偶已经死亡，被告以此为由抗辩后一婚姻自以上情形发生时转为有效的，人民法院不予支持。

参考案例

在甲与乙婚姻关系存续期间，甲隐瞒已婚事实，与异城女子丙对外以夫妻名义共同生活。甲被单位派驻丙所在城市后，利用虚假证件和证明材料，与丙登记结婚。乙得知后，为了保全家庭，忍气吞声，积郁成疾，几年后不幸病逝。丙得知乙的死因后愧疚不已，提出与甲离婚，甲不同意。丙以与甲重婚为由，请求人民法院确认其婚姻无效，甲则以前婚终止为由抗辩。

分析：甲在与乙婚姻关系存续期间，又与丙登记结婚，构成法律上的重婚。丙以重婚为由，申请人民法院确认其与甲的婚姻无效时，甲与乙的婚姻关系因乙死亡而终止，重婚状态消失。但重婚行为违反一夫一妻原则，民事上为无效民事法律行为，刑事上为犯罪行为，前婚即使在重婚期间因离婚或配偶死亡而终止，人民法院也不能依照《婚姻家庭编解释（一）》第 10 条的规定驳回原告请求确认婚姻无效的诉讼请求。只要后婚是在前婚存续期间形成的，不论前婚此后的存续状态如何，后婚都应当按照重婚处理。

司法案例：申请结婚时重婚情形消失的婚姻是否无效

二、可撤销婚姻

（一）婚姻可撤销的原因

可撤销婚姻是指当事人违反了结婚的主观实质要件即结婚意思表示存在瑕疵，享有请求权的人可以依法申请撤销的婚姻。依照《民法典》的规定，婚姻可撤销的原因包括下列两种情形。

1. 受胁迫结婚

《民法典》第 1052 条第 1 款规定："因胁迫结婚的，受胁迫的一方可以向人民法院请求撤销婚姻。"根据上述规定，当事人受胁迫是婚姻可撤销的原因。这里所说的受胁迫，是指行为人以给另一方当事人或者其近亲属的生命、身体健康、名誉、财产等方面造成损害为要挟，迫使另一方当事人违背真实意愿结婚的情况［《婚姻家庭编解释（一）》第 18 条第 1 款］。因受胁迫而同意结婚的，这种意思表示是不真实的，双方当事人之间缺乏有效的结婚合意，违反《民法典》第 1046 条有关"结婚应当男女双方完全自愿"的规定，因此应当允许当事人撤销。

2. 受欺诈结婚

《民法典》第 1053 条第 1 款规定："一方患有重大疾病的，应当在结婚登记前如实告知另一方；不如实告知的，另一方可以向人民法院请求撤销婚姻。"

对于重大疾病的范围，《民法典》并未作列举性规定。《中华人民共和国母婴保健法》第 8 条第 1 款规定："婚前医学检查包括对下列疾病的检查：（一）严重遗传性疾病；（二）指定传染病；（三）有关精神病；"第 9 条规定："经婚前医学检查，对患指定传染病在传染期内或者有关精神病在发病期内的，医师应当提出医学意见；准备结婚的男女双方应当暂缓结婚；"第 38 条第 2 款至第 4 款规定："指定传染病，是指《中华人民共和国传染病防治法》中规定的艾滋病、淋病、梅毒、麻风病以及医学上认为影响结婚和生育的其他传染病。严重遗传性疾病，是指由于遗传因素先天形成，患者全部或部分丧失自主生活能力，后代再现风险高，医学上认为不宜生育的遗传性疾病。有关精神病，是指精神分裂症、躁狂抑郁型精神病以及其他重型精神病。”根据以上规定，《民法典》第 1053 条所规定的“重大疾病”，解释上应当指上述疾病。

应当指出，依据《民法典》第 1053 条的规定，因受欺诈结婚作为婚姻撤销的原因时，仅限于一方结婚登记前隐瞒重大疾病的情形。如果结婚登记前一方如实告知另一方的，或者一方结婚登记前隐瞒、捏造其他事实使另一方同意结婚的，则不能作为婚姻撤销的原因。

（二）撤销婚姻的请求权人和请求权的行使期限

1. 撤销婚姻的请求权人

对于可撤销的婚姻，因受胁迫而请求撤销婚姻的，撤销权人只能是受胁迫一方的婚姻关系当事人本人［《婚姻家庭编解释（一）》第 18 条第 2 款］。一方患有重大疾病结婚登记前未如实告知的，撤销权人为不知情的另一方婚姻关系当事人本人。至于受胁迫或受欺诈一方是否行使撤销请求权，应由本人自行决定，其他任何人或组织均无该项请求权。

可撤销婚姻并非一律必须撤销。是否行使撤销权涉及请求权人的内心意思和心理活动，只能由请求权人对此作出决断。在某些情形下，请求权人的态度、愿望可能随时间的推移和本人的感受而发生变化。如果结婚当时没有结婚合意，但婚后双方均有保持婚姻关系的意思，请求权人不行使撤销请求权，他人也无权越俎代庖，请求撤销该婚姻。

2. 请求权的行使期限

根据《民法典》的规定，撤销婚姻请求权行使的法定期限为 1 年，具体为：因胁迫结婚的，受胁迫的一方请求撤销婚姻的，应当自胁迫行为终止之日起 1 年内提出；被非法限制人身自由的当事人请求撤销婚姻的，应当自恢复人身自由之日起 1 年内提出（第 1052 条第 2 款和第 3 款）。一方患有重大疾病在结婚登记前未如实告知，另一方请求撤销婚姻的，应当自知道或者应当知道撤销事由之日起 1 年内提出（第 1053 条第 2 款）。请求权人逾期不行使请求权的，人民法院不再受理撤销婚姻的请求。

依据《婚姻家庭编解释（一）》第 19 条的规定，《民法典》第 1052 条关于受胁迫的撤销权行使的“1 年”期间，不适用诉讼时效中止、中断或者延长的规定；受胁迫或者被非法限制人身自由的当事人请求撤销婚姻的，不适用《民法典》第 152 条第 2 款的规定。应当指出，《民法典》第 1053 条关于受欺诈人的撤销权的行使期间，应亦依据《婚姻家庭编解释（一）》第 19 条的规定处理。

参考案例

甲喜欢在其商店务工的乙，开始追求乙，不久双方建立了恋爱关系。但乙的父母认为甲品行不良，反对乙与甲保持恋爱关系。乙不愿违背父母的意见，向甲提出断绝恋爱关系，甲不同意，并以伤害乙父母身体相威胁，要求乙与其结婚，乙被迫与甲登记结婚。婚后，甲对乙较为关爱，夫妻感情一度融洽；甲对乙的父母也很关照，但乙的父母对甲的态度并没有改变，要求乙撤销与甲的婚姻，乙不同意。乙的父母以乙受胁迫结婚为由，请求人民法院撤销甲、乙的婚姻。人民法院以主体不适格为由，驳回了乙父母的申请。受此影响，甲、乙夫妻感情出现裂痕，并逐渐恶化。结婚 2 年后，乙申请人民法院撤销其与甲的婚姻。

分析： 甲以对乙父母身体造成伤害相威胁，要求乙与之结婚，乙因受胁迫违心与甲结婚，双方的婚姻构成可撤销婚姻，乙有撤销该婚姻的权利。依据《婚姻家庭编解释（一）》第 18 条第 2 款的规定，因受胁迫而请求撤销婚姻的，撤销权主体只能是受胁迫一方的婚姻关系当事人本人。因此，乙的父母不具备撤销权主体资格，人民法院驳回其诉讼请求是正确的。乙以受胁迫为由撤销婚姻的权利，应自胁迫行为终止之日起 1 年内提出。甲、乙结婚后，感情融洽，甲未再对乙实施胁迫行为，乙结婚 2 年后提出撤销婚姻的请求，其撤销权因为超过法定期限而消灭，甲与乙的婚姻为有效婚姻。乙欲终止与甲的婚姻关系，只能协议离婚或提起离婚诉讼。

（三）婚姻撤销的程序

《民法典》第 1052 条第 1 款规定：“因胁迫结婚的，受胁迫的一方可以向人民法院请求撤销婚姻。”第 1053 条第 1 款规定，一方患有重大疾病而在结婚登记前不如实告知的，另一方可以向人民法院请求撤销婚姻。根据以上规定，撤销婚姻的请求权人只能向人民法院起诉，由人民法院依诉讼程序处理。应当指出，人民法院审理婚姻当事人因受胁迫或者受欺诈而请求撤销婚姻的案件，应当适用简易程序或者普通程序。

三、婚姻无效和撤销的法律后果

违法婚姻被依法确认无效或被撤销，这一事实本身就是一种重要的法律后果。此外，还会发生与此相关的其他法律后果。正确适用法律规定处理这方面的各种具体问题，是有关婚姻效力纠纷的法律实务的重要内容。

《民法典》第1054条规定："无效的或者被撤销的婚姻自始没有法律约束力，当事人不具有夫妻的权利和义务。同居期间所得的财产，由当事人协议处理；协议不成的，由人民法院根据照顾无过错方的原则判决。对重婚导致的无效婚姻的财产处理，不得侵害合法婚姻当事人的财产权益。当事人所生的子女，适用本法关于父母子女的规定。婚姻无效或者被撤销的，无过错方有权请求损害赔偿。"按此规定，婚姻无效和撤销的法律后果，可从以下三个方面来加以说明。

（一）对当事人的后果

依据《婚姻家庭编解释（一）》第20条的规定，《民法典》第1054条所规定的"自始没有法律约束力"，是指无效婚姻或者可撤销婚姻在依法被确认无效或者被撤销时，才确定该婚姻自始不受法律保护。依照该规定，经确认无效或被撤销的婚姻自始无效，即自违法结合之日起便不具有婚姻的法律效力。由于当事人的配偶身份为法律所否定，无效婚姻、可撤销婚姻的双方当事人之间不具有基于婚姻而发生的夫妻之间的权利和义务。因此，当事人之间的人身关系和财产关系，均不适用法律有关夫妻关系的规定。

1. 人身关系方面

（1）无效婚姻、可撤销婚姻的当事人在姓名权以及从事生产、工作、学习和社会活动的自由权等问题上，不适用《民法典》第1056条、第1057条的规定。无效婚姻和被撤销婚姻的当事人不是合法的生育主体，双方如育有子女，属于非婚生子女。

（2）无效婚姻、可撤销婚姻的当事人不是合法的配偶，一方与另一方的血亲及其配偶之间，不发生姻亲关系。

（3）在监护、代理、收养、诉讼等问题上，不适用以夫妻身份为基础的法律关系的各种规定。

（4）人民法院根据当事人的请求，依法确认婚姻无效或者撤销婚姻的，应当收缴双方的结婚证书并将生效的判决书寄送当地婚姻登记管理机关［《婚姻家庭编解释（一）》第21条］。

参考案例

甲离婚后与表妹乙再婚，乙的未成年女儿丙随乙与甲共同生活，甲承担了丙大部分的抚养费和教育费，直到丙研究生毕业。丙毕业后参加工作，收入颇丰。不料甲遭遇交通事故致残，丧失劳动能力，生活困难，请求丙支付赡养费。但丙认为甲与乙的婚姻无效，其与甲不产生形成抚养关系的继父女关系，自己没有赡养甲的义务。甲向人民法院提起诉讼，请求判令丙向其支付赡养费。人民法院经过审理，确认甲与乙的婚姻无效；甲与丙之间不产生拟制血亲的继父女关系，丙对甲没有支付赡养费的义务。

分析：人民法院的判决是正确的。甲与乙为三代以内旁系血亲，其婚姻具备无效的情形。人民法院在审理甲与丙赡养费纠纷案件中发现甲与乙的婚姻具备无效婚姻情形时，虽甲的诉讼请求不是请求确认该婚姻无效，人民法院亦可根据有关事实主动否认该婚姻的效力，并在审理案件的判决中予以确认。甲与乙的婚姻被确认无效后，自始无效，甲因为与乙结婚而成为丙继父的身份消灭，甲因抚养丙而在双方之间产生拟制血亲关系的前提随之消灭，故丙对甲没有赡养费的支付义务。

2. 财产关系方面

（1）无效婚姻、可撤销婚姻的当事人，不适用《民法典》有关夫妻法定财产制的规定。同居期间所得的财产，除有证据证明为当事人一方所有的以外，按共同共有处理［《婚姻家庭编解释（一）》第 22 条］，但并非夫妻共同财产，不适用《民法典》第 1062 条的规定。

（2）无效婚姻、可撤销婚姻的当事人，就同居期间财产达成的夫妻约定财产制协议无效。当然，这种无效并不否认无效婚姻或可撤销婚姻的当事人在同居关系终止时对同居期间财产处理所订立的清算协议的效力。无效婚姻或可撤销婚姻的当事人同居期间所得的共同共有财产，可由当事人协议处理。当事人关于财产清算的协议符合民事法律行为的有效条件时，应当承认其具有法律效力，按照协议分割当事人同居期间的财产。因为这时双方当事人对财产处理问题所达成的协议，不是基于夫妻身份确立的，而是夫妻身份被强制取消后对同居期间财产的清算行为，其效力应依照一般民事法律行为的有效条件确定，而不受婚姻效力的影响。

参考案例

甲幼年被养父母收养，成年后隐瞒与乙系表兄妹的事实与乙登记结婚。登记结婚前双方签订夫妻财产协议，约定：婚姻关系存续期间一方继承或接受赠与所得的财产，归双方共有；其他各自所得的财产，归个人所有。婚姻关系存续期间，乙父去世，乙继承遗产 160 万元。乙得知与甲系表兄妹关系后，向人民法院提起诉讼，请求确认与甲的婚姻无效。庭审中，甲对乙继承所得遗产提出分割请求，乙不同意。人民法院判决确认甲、乙的婚姻无效，并驳回了甲分割乙继承所得财产的请求。

分析：人民法院的判决是正确的。甲隐瞒与乙的三代以内旁系血亲关系与之结婚，具备婚姻无效的情形，乙有权请求法院确认婚姻无效。甲、乙的婚姻被确认无效后，自始无效，双方共同生活期间为同居期间。依照《婚姻家庭编解释（一）》第22条的规定，同居期间所得的财产，按共同共有处理，但有证据证明为当事人一方所有的除外。乙在无效婚姻关系存续期间继承所得的财产，应当归乙个人所有。双方婚前订立的夫妻财产协议因婚姻无效而失去效力，因此，甲无权要求分割乙继承所得的财产。

（3）重婚导致的婚姻无效的财产处理，不得侵害合法婚姻当事人的财产权益。根据《民法典》第1054条的规定，同居期间所得的财产，由当事人协议处理；协议不成的，由人民法院根据照顾无过错方的原则判决。对重婚导致的无效婚姻的财产处理，不得侵害合法婚姻当事人的财产权益。这里所说的无过错方，是指对无效婚姻和可撤销婚姻的形成并无过错的当事人。在司法实践中，人民法院审理重婚导致的无效婚姻案件时，涉及财产处理的，应当准许合法婚姻当事人作为有独立请求权的第三人参加诉讼［《婚姻家庭编解释（一）》第16条］。

参考案例

甲与丙重婚关系存续期间，积累资产近800万元。丙得知甲与乙存在婚姻关系后，向人民法院请求宣告其与甲的婚姻无效，并以甲有过错为由，请求分得800万元共有财产中的80%，即640万元，甲表示同意。乙认为，甲自与丙共有财产中分得的财产，为自己与甲的夫妻共有财产，涉及自己的财产利益，请求作为第三人参加甲与丙的诉讼。

分析：乙有权参与甲与丙无效婚姻纠纷案件。甲在与乙婚姻关系存续期间与丙登记结婚，构成重婚。甲与丙同居期间财产分割时，丙作为无过错方应当予以照顾。同时，甲、丙共有财产中甲分得的数额，为甲婚姻关系存续期间所得财产，属于甲、乙夫妻共有财产。但在照顾丙的同时，不得侵害乙的利益。按照平等分配原则，甲应自与丙的共有财产中分得400万元，该400万元应属于甲、乙的夫妻共有财产。但按照甲、丙达成的协议，甲实际分得160万元。这样，甲、乙的夫妻共有财产数额就由400万元减少到160万元，显然侵害了乙的财产权益。

（4）无效婚姻、可撤销婚姻的当事人之间，不具有法定的扶养义务和受扶养的权利，因而也不适用夫妻一方有权向另一方追索扶养费的规定。至于当事人一方出于自愿扶养另一方的行为，与履行法定的扶养义务在性质上有严格的区别。

(5) 无效婚姻、可撤销婚姻的当事人，不得以配偶身份互为第一顺序的法定继承人。在一方的父或母死亡时，不适用《民法典》中关于“丧偶儿媳对公、婆，丧偶女婿对岳父母，尽了主要赡养义务的，作为第一顺序继承人”的规定。但一方死亡时，另一方可依据《民法典》第 1131 条的规定，作为继承人以外的依靠被继承人扶养的人，或者继承人以外的对被继承人扶养较多的人，分得适当的遗产。

(6) 当事人一方在遗嘱中以另一方为受遗赠人的，遗嘱的效力不受双方关系违法性的影响。当事人一方在遗嘱中以另一方为受遗赠人的，是遗嘱人依法对遗产所作出的处分，在不违反遗嘱有效条件的情形下，应当承认遗嘱具有法律效力。

(二) 对子女的后果

父母子女关系在性质上不同于婚姻关系。婚姻无效或可撤销的原因是欠缺婚姻成立的法定条件，父母子女关系则是以血缘联系为依据的。因此，在无效婚姻或可撤销婚姻中出生的子女与父母的关系，不受父母婚姻无效或被撤销的影响。由于无效的婚姻和被撤销的婚姻自始没有法律约束力，因此，当事人在同居期间所生的子女应为非婚生子女。依照《民法典》的规定，父母与婚生子女、父母与非婚生子女的权利义务是完全相同的。

(三) 无效婚姻或者被撤销婚姻中无过错方的损害赔偿请求权

婚姻被确认无效或者被撤销后，《民法典》赋予无过错方以损害赔偿请求权。当事人缔结婚姻关系的行为，虽为身份行为，但本质上仍属民事法律行为，应当适用《民法典》第 157 条的规定：“民事法律行为无效、被撤销或者确定不发生效力后，行为人因该行为取得的财产，应当予以返还；不能返还或者没有必要返还的，应当折价补偿。有过错的一方应当赔偿对方由此所受到的损失；各方都有过错的，应当各自承担相应的责任。法律另有规定的，依照其规定。”根据该规定，当事人对实施的身份民事法律行为的无效或者被撤销有过错时，应当根据其过错程度，对无过错方的损害承担损害赔偿责任。

四、事实婚姻与同居

(一) 事实婚姻

事实婚姻是法律婚姻的对称。事实婚姻有广义和狭义两种学说。狭义说认为，欠缺形式要件以夫妻名义共同生活的两性结合，发生在特定的时间以内且符合实质要件，赋予其合法效力时，才构成事实婚姻；广义说认为，凡欠缺结婚的要件，以夫妻名义共同生活的两性结合皆为事实婚姻。依狭义说，事实婚姻仅指欠缺结婚的法定形式要件（单一违法）的事实婚姻。而依广义说，事实婚姻包括仅欠缺结婚的法定形式要件的（单一违法）的事实婚姻和仅欠缺结婚的法定实质要件的（双重违法）的事实婚姻。《民法典》已经确立了无效婚姻制度和可撤销婚姻制度，欠缺结婚的法定实质要件的违法婚姻实际上已经被纳入了无效婚姻和可撤销婚姻的范畴。因此，依照我国现行法的立法精神和司法实践的做法，对事实婚姻作狭义界定是合理的。

《民法典》第1049条明确要求结婚的男女双方应当办理结婚登记手续，完成结婚登记即确立婚姻关系，同时规定“未办理结婚登记的，应当补办登记”。未按法律规定办理结婚登记而以夫妻名义共同生活的男女，依据《婚姻家庭编解释（一）》第7条的规定，符合下列条件时可被认定为事实婚姻关系：（1）1994年2月1日民政部《婚姻登记管理条例》公布实施以前，男女双方已经符合结婚实质要件的，按事实婚姻处理。（2）1994年2月1日民政部《婚姻登记管理条例》公布实施以后，男女双方符合结婚实质要件，根据法律规定补办结婚登记的，婚姻关系的效力从双方均符合法律所规定的结婚的实质要件时起算。未补办结婚登记的，应按同居关系处理。

（二）未婚同居

未婚同居关系，包括1994年2月1日前男女双方不符合结婚实质要件即以夫妻名义共同生活的同居和1994年2月1日后男女双方符合结婚实质要件但未补办结婚登记的同居。没有配偶的男女出于自愿而同居生活，如果仅仅是单纯的同居而没有财产或者子女抚养方面的纠纷，它就是一个社会问题而不属于法律调整的对象。但是如果因为财产或者未婚同居生育的子女抚养而发生纠纷，则属于法律调整的范围。对此，首先应当由双方协议解决，协议不成时可以提起诉讼，由人民法院按照相关法律规定处理。

1. 未婚同居关系的性质

没有配偶且没有婚姻障碍的男女以夫妻互待同居生活的，依照《民法典》的规定，应当补办结婚登记手续。补办结婚登记的，双方成立婚姻关系。可见，未婚同居关系可以补正而成立婚姻关系。

2. 未婚同居关系的处理

未办结婚登记而以夫妻名义同居生活的男女，当事人提起诉讼仅请求解除同居关系的，人民法院不予受理；已经受理的，裁定驳回起诉［《婚姻家庭编解释（一）》第3

条第 1 款]。如果男女双方符合结婚实质要件，人民法院应当告知其补办结婚登记。

3. 未婚同居者的地位

在我国，对同居关系，法律既不禁止，也不支持。但当事人因同居期间财产分割或者子女抚养纠纷提起诉讼的，人民法院应当受理 [《婚姻家庭编解释（一）》第 3 条第 2 款]。即同居者与子女间的关系及相互之间的财产关系，仍属于人民法院受理民事案件的范围。那么，子女抚养和财产问题应如何处理呢？在司法实践中，解除同居关系时，双方所生子女为非婚生子女，由哪一方抚养，双方协商；协商不成时，人民法院应根据子女的利益和双方的具体情况作出判决。双方均无配偶的同居关系析产纠纷案件中，对于同居期间所得的财产，有约定的，按照约定处理；没有约定且协商不成的，人民法院按照以下情形分别处理：（1）各自所得的工资、奖金、劳务报酬、知识产权收益，各自继承或者受赠的财产以及单独生产、经营、投资的收益等，归各自所有。（2）共同出资购置的财产或者共同生产、经营、投资的收益以及其他无法区分的财产，以各自出资比例为基础，综合考虑共同生活情况、有无共同子女、对财产的贡献大小等因素进行分割 [《婚姻家庭编解释（二）》第 4 条]。关于财产继承问题，依据《婚姻家庭编解释（一）》第 8 条的规定，男女双方未依据《民法典》第 1049 条规定办理结婚登记而以夫妻名义共同生活的，一方死亡，另一方以配偶身份主张享有继承权的，应当依据《婚姻家庭编解释（一）》第 7 条的原则处理，即构成事实婚姻的，另一方有权以配偶身份享有继承权。

司法案例：未婚同居产生何种法律后果

司法案例：恋人间为增进情谊支出的款项是何性质

参考案例

甲（女）在 18 周岁生日时，与乙（男，23 周岁）举行了婚礼，开始以夫妻名义共同生活。2 年后女儿丙出生。丙出生后不久，乙父母赞助了乙 40 万元用于购买住宅，乙购置房屋后登记在个人名下。5 年后乙用共同收入所得 30 万元购置公寓一套，用于投资；其时甲名下有存款 10 万元。几年后，因夫妻感情不和，甲向人民法院提起离婚诉讼，并要求抚养女儿和分割上述财产。

分析： 甲、乙未办理结婚登记手续即以夫妻名义同居生活，也未补办结婚登记，双方的关系为同居关系，甲无权提起离婚诉讼。同时，甲也无权提起解除同居关系诉讼，只能对同居期间财产分割和子女抚养问题提起诉讼。丙为非婚生女儿，但享有与婚生子女同等的法律地位，人民法院应当按照有利于未成年子女成长的原则确定丙的抚养归属。在甲与乙同居期间，乙接受父母赞助所购房屋，为乙接受赠与所得的财产，应当认定为乙个人财产；乙用共同收入购置的公寓及甲名下的存款，为甲、乙同居期间共同劳动所得的收入，为双方共有财产。

4. 补办结婚登记

依照《民法典》第 1049 条的规定，男女双方以夫妻名义同居生活而未办理结婚登记的，应当补办登记。男女双方补办结婚登记的，婚姻关系的效力从双方均符合民法典所规定的结婚的实质要件时起算［《婚姻家庭编解释（一）》第 6 条］。

（三）有配偶者与他人的同居

有配偶者与他人的同居，为非法同居，为我国法律所禁止。所谓有配偶者与他人同居，是指有配偶者与婚外异性，不以夫妻名义，持续、稳定地共同居住［《婚姻家庭编解释（一）》第 2 条］。在司法实践中，当事人请求解除的同居关系属于“有配偶者与他人同居的”，人民法院应当受理并依法予以解除。

参考案例

甲和乙于2000年举行结婚仪式后，未办理结婚登记即以夫妻名义共同生活，当时双方均符合法律规定的结婚条件。共同生活期间，因感情破裂，妻子乙向人民法院提起离婚诉讼。人民法院受理案件后，对两人的婚姻状况进行了审查，要求两人补办结婚手续，但甲不同意。人民法院遂以双方不存在婚姻关系为由，驳回了乙的起诉。

分析： 人民法院的做法是正确的。依据《婚姻家庭编解释（一）》第 7 条第 2 项的规定，1994 年 2 月 1 日民政部《婚姻登记管理条例》公布实施以后，男女双方符合结婚实质要件的，人民法院应当告知其补办结婚登记。未补办结婚登记的，依照本解释第 3 条的规定处理。乙提起离婚诉讼后，人民法院告知其补办结婚登记但甲不同意，人民法院应当依据《婚姻家庭编解释（一）》第 3 条第 1 款的规定，裁定驳回乙的起诉。

司法案例：以解除婚外同居关系为条件的赠与是否有效

【引例评析】

1. 甲、乙骗取结婚登记、取得结婚证后，婚姻关系成立。但该婚姻当事人甲、乙存在三代以内旁系血亲关系，为我国《民法典》第 1051 条规定的婚姻无效的情形，因此，双方的婚姻为无效婚姻。当事人及利害关系人有权提起诉讼，请求人民法院确认婚姻无效。

2. 我国婚姻登记机关对当事人出具的证件、证明材料进行的审查，是形式审查而不是实质审查。当事人对提供证件和证明材料的真实性和合法性负责，承受结婚登记确立婚姻关系的结果。

3. 甲、乙系表兄妹关系，亲属性质为三代以内的旁系血亲，属于我国法律禁止结婚的亲属关系。禁婚亲是法律的强制性规定，任何人不得以任何理由加以改变。因此，乙即使做了绝育手术不再生育后代，仍不能与甲结婚。

4. 甲、乙婚姻无效的后果自违法结合之日起发生。依照我国《民法典》和《婚姻家庭解释（一）》的规定，无效的或者被撤销的婚姻，经人民法院确认无效或撤销后，自始没有法律约束力。无效婚姻经过人民法院确认后，经过登记而产生的婚姻效力被彻底否定，婚姻自始无效。

5. 甲不能以婚姻无效对抗乙的自诉请求。依照我国《民法典》和《婚姻家庭编解释（一）》的规定，无效婚姻采用确认无效主义。无效婚姻在确认无效之前是经登记而成立的婚姻，未经法定程序被确认为无效婚姻之前，该婚姻处于有效状态，当事人受该婚姻的约束，一方在婚姻关系存续期间与他人以夫妻名义公开同居生活，构成重婚。

【本章小结】

1. 婚姻的成立是民事法律行为，而不是事实行为。男女双方以夫妻名义的共同生活关系，并不必然确立夫妻关系。要求结婚的男女双方必须具备法律规定的实质要件，并按照结婚登记程序履行结婚登记手续。完成结婚登记，即确立婚姻关系。

2. 结婚登记是婚姻的成立要件，而非有效要件。未婚男女未办理结婚登记而以夫妻名义同居生活的，婚姻不成立，不存在婚姻有效和无效的判断。在司法实践中，同居关系解除时的财产问题不应适用《民法典》第 1054 条的规定。

3. 婚姻成立的行为是民事法律行为，但婚姻无效和一般民事法律行为的无效有所不同。婚姻无效的情形应依照《民法典》有关婚姻无效的规定确定，不能完全适用《民法典》关于民事法律行为无效的规定；在效力上，无效婚姻需要经确认才能归于无效，在确认前，任何人不得主张为无效婚姻。同时，当事人申请时，如果无效婚姻的情形已不存在，则婚姻应为有效而非无效。因此，婚姻的无效具有相对性、不确定性和可逆性。一般民事法律行为的无效则当然无效、自始无效、绝对无效，并且其无效是不可逆的，不可能由无效再转变为有效。

4. 婚姻成立的行为是民事法律行为，但婚姻的撤销和其他民事法律行为的撤销有所不同。《民法典》对可撤销婚姻的情形作了特别规定，不能完全适用《民法典》关于民事法律行为撤销的规定。因胁迫结婚的，受胁迫的一方可以向人民法院请求撤销婚姻；一方结婚登记前隐瞒重大疾病使对方受欺诈而结婚的，受欺诈的另一方可请求撤销婚姻。但一方实施其他欺诈行为，另一方受欺诈而结婚的，受欺诈方不得请求撤销婚姻。

5. 事实婚姻因欠缺婚姻成立的形式要件，根据《民法典》的规定应属于违法婚姻。但司法实践有条件承认事实婚姻。1994 年 2 月 1 日民政部《婚姻登记管理条例》公布实施以前，男女双方已经符合结婚实质要件的，按事实婚姻处理；公布实施以后，男女双方已经符合结婚实质要件并补办结婚登记的，事实婚姻效力补正；未补办结婚登记的，按同居关系处理。

6. 未婚同居和非法同居有本质区别。我国法律虽不认可未婚同居的效力，但对未婚同居也不禁止。因此，当事人起诉请求解除同居关系的，人民法院不予受理。但当事人因同居期间的财产分割或者子女抚养纠纷提起诉讼的，人民法院应当受理。有配偶者与他人同居，则属于非法同居关系，我国法律明确禁止，因此，当事人请求解除该同居关系的，人民法院应当受理并依法予以解除。当事人因同居期间财产分割或者子女抚养纠纷提起诉讼的，人民法院应当受理。

7. 未办理结婚登记的，应当补办登记。补办结婚登记具有溯及力，补办登记后，婚姻关系的效力从双方均符合结婚的实质要件时起算。

8. 我国法律对婚约没有禁止性规定，但也不予保护，婚约没有人身约束力。婚约成立后一方不履行时，另一方不得依诉讼程序请求强制履行，人民法院不受理婚约履行之诉。对因婚约解除引起的财产纠纷，属于人民法院受理民事案件的范围。人民法院对于这些财产纠纷，应根据不同的情况作出不同的处理。

【练习题】

一、名词解释

结婚　禁婚亲　无效婚姻　可撤销婚姻　事实婚姻　婚约

二、思考题

1. 结婚的必备条件包括哪些？

2. 婚姻的无效与可撤销有何区别？

3. 婚姻被确认无效和被撤销后，会发生哪些法律后果？

4. 如何认定事实婚姻？

三、案例分析题

1. 邱春宝（自报名）持某村民委员会出具的“邱春宝系该村村民”的证明，与傅某一同向婚姻登记机关申请结婚登记，婚姻登记机关在邱春宝没有提交居民身份证的情况下，向傅某和邱春宝颁发了结婚证。后邱春宝因家庭纠纷离家出走后下落不明。10年后，傅某向人民法院起诉要求与邱春宝离婚。在诉讼过程中，公安机关证明本辖区无邱春宝常住户口登记，某村民委员会也出具证明证实该村无邱春宝这个人，傅某的起诉因“被告的身份不明确”而被人民法院驳回。

问题：

（1）婚姻登记机关向傅某和邱春宝颁发结婚证的行为是否合法？

（2）邱春宝的身份是否明确？

（3）人民法院以“被告的身份不明确”为由驳回傅某的起诉，是否正确？

分析要点提示：

（1）婚姻登记机关向傅某和邱春宝颁发结婚证的行为违法。依照《婚姻登记条例》的规定，办理结婚登记的我国居民应当出具本人的户口簿、身份证。婚姻登记机关在邱春宝没有提供身份证的情况下，为其办理结婚登记，发放结婚证，程序违法。

（2）邱春宝身份虚假不等于身份不明确。一个特定身份的人除姓名和外貌之外，其血液、生身父母、出生证明、档案材料等也是构成其特定身份的要素。自然人即使改变姓名、借用别人姓名甚至整容，都无法改变和否认其最原始的身份，这也是刑事案件中犯罪嫌疑人或被告人隐瞒真实姓名，司法机关又无法查证时，只要能够确认行为人就是犯罪嫌疑人或被告人，即可以无名氏作为其符号对其立案侦查、审查起诉、进行审判并判决的原因。

（3）人民法院以“被告的身份不明确”驳回傅某的起诉，是不正确的。当事人以虚假身份进行结婚登记，人民法院通过其留在婚姻登记机关的照片和签字、指纹等确定当事人的身份后，被告身份已经明确，一方起诉请求解除婚姻关系的，人民法院应当通过离婚程序解除婚姻关系；如果当事人下落不明、身份无法比对时，由于被告的身份不明确，当事人无法提起民事诉讼，可告知其通过行政诉讼撤销结婚登记行为，以达到撤销婚姻关系的效果。

2. 原告刘红玲未达法定婚龄而怀孕，便借用其姐姐刘路英的身份证与被告赵光武登记结婚。同年底，赵光武外出打工，从此再未与原告联系。两年后，原告向当地人民法院起诉，要求与赵光武离婚，孩子由自己抚养，并要求人民法院向民政部门发出司法建议，建议民政部门撤销其婚姻登记。人民法院经审理认为，原告刘红玲因未达法定婚龄，冒用其姐姐刘路英的身份证与被告赵光武登记结婚，其行为是错误的。但原告刘红玲与被告赵光武具有结婚的合意和行为，且双方以夫妻身份共同生活；刘路英与赵光武没有结婚合意，也没有以夫妻身份共同生活的事实。因此，刘红玲与被告赵光武的婚姻关系成立，刘路英与赵光武的婚姻关系不成立。现原告刘红玲与被告赵光武均已达法定婚龄，其婚姻无效的情形已经消失，应当认定其婚姻有效。因被告赵光武下落不明已两年有余，夫妻双方关系名存实亡，故对原告刘红玲的离婚请求予以支持。遂判决如下：原告刘红玲与被告赵光武的婚姻有效；刘路英与赵光武的婚姻关系不成立；原告刘红玲与被告赵光武离婚；孩子由原告刘红玲负责监护。

问题：

（1）冒用他人身份证缔结的婚姻，当事人身份如何确定？

（2）冒用他人身份证缔结的婚姻，婚姻效力如何？

（3）身份被他人冒用缔结婚姻后，对被冒用者如何救济？

分析要点提示：

（1）冒用他人身份证结婚，如果结婚行为是由本人实施的，结婚证上的照片是本人的，结婚后的生活也是本人和对方共同进行的，婚姻当事人应当认定为冒用人和登记的对方当事人。被冒用身份者与对方虽然形式上办理了结婚登记，但双方没有结婚合意，也没有实施结婚登记的行为，更没有共同生活，不是婚姻的当事人。

（2）冒用他人身份证结婚，如果双方当事人本人的条件及相互关系均符合法律规定的结婚实质要件，双方的婚姻应当认定为有效婚姻。在具备法定的无效或者可撤销事由时，当事人可以请求确认婚姻无效或者撤销婚姻。

（3）被冒用身份者与对方的结婚登记，人民法院应以没有婚姻合意为由，确认婚姻不成立，并向婚姻登记机关出具司法建议，建议婚姻登记机关对婚姻登记簿上记载事项进行变更，消除被冒用者的已婚记录，维护被冒用者的婚姻利益。

3. 两年前，甲（男）从广东务工回家后经人介绍认识了乙（女），双方彼此印象甚好。在乙父母的催促下，两家开始准备有关婚嫁事宜。甲提出要办理结婚登记，可是乙只有19周岁。两家择吉日举办了婚宴并对外宣布两人结婚。此后，两人开始共同生活。乙到法定婚龄后，两人补办了结婚登记。

问题：

（1）甲和乙之间的关系是事实婚姻吗？

（2）乙年满20周岁后，若两人协商去领取结婚证，需要提供婚检证明吗？

（3）两人补办结婚登记后，若乙发现甲此前已与丙办理了结婚登记，甲的哪一个婚姻是无效婚姻？婚姻登记机关有权对该无效婚姻直接予以撤销吗？

（4）当丙发现甲和乙同居的事实后，认为甲隐瞒其婚姻状况与自己登记结婚，属民法上的欺诈行为，能否请求撤销其与甲的婚姻关系？

分析要点提示：

（1）甲和乙之间的关系不是事实婚姻。甲、乙以夫妻名义的同居生活发生在1994年2月1日民政部《婚姻登记管理条例》实施以后，双方的关系是同居关系，不作为事实婚姻予以认定。

（2）乙满20周岁后，双方领取结婚证，需要出具本人的户口簿、身份证，本人无配偶以及与对方当事人没有直系血亲关系和三代以内旁系血亲的签字声明，到婚姻登记机关申请结婚登记。2003年10月1日《婚姻登记条例》实施后，婚检由强制变更为自愿，因此，甲、乙申请结婚登记时，不需要提供婚检证明。

（3）甲、丙结婚登记在先，该婚姻为前婚；甲、乙补办的结婚登记在后，为后婚。因为甲、乙的登记结婚行为发生在甲、丙婚姻关系存续期间，因此，甲与乙的婚姻构成重婚，为无效婚姻。对该无效婚姻，婚姻登记机关无撤销权。

（4）甲与丙登记结婚时隐瞒和乙同居的事实，构成民法上的欺诈。但丙不能以受欺诈为由请求人民法院撤销与甲的婚姻关系。因为《民法典》规定的因受欺诈可撤销婚姻事由仅限于一方隐瞒重大疾病，其他受欺诈情形，并没有纳入可撤销婚姻的原因中。

4.《婚姻登记管理条例》实施前一年，甲与乙举行了婚礼，因乙未满 20 周岁（19 周岁），所以两人未办理结婚登记手续，婚礼后两人开始以夫妻名义共同生活。甲与乙因经常发生口角，甲外出打工，与乙分居两地，两人长期互不往来。两年后，甲短信通知乙解除双方的事实婚姻，后与丙登记结婚。

问题：

（1）甲与乙的婚姻关系是事实婚姻关系吗？

（2）甲单方解除与乙的婚姻的意思表示具有法律效力吗？

（3）甲与丙登记结婚的行为具有法律效力吗？

分析要点提示：

（1）甲与乙未办理结婚登记手续即以夫妻名义共同生活，但在 1994 年 2 月 1 日前，已符合法律规定的结婚实质条件，依据《婚姻家庭编解释（一）》第 7 条的规定，双方关系自符合结婚实质要件之日起为事实婚姻关系。事实婚姻关系存续期间，视为婚姻关系存续期间，事实婚姻的双方当事人具有法律规定的夫妻之间的权利和义务。

（2）甲与乙之间以夫妻名义共同生活，因违反婚姻成立的形式要件，该婚姻为违法婚姻。但该违法婚姻因为具备事实婚姻的认定条件，被纳入与合法婚姻关系同等的保护地位之后，当事人不得随意解除，必须按照法律规定通过离婚诉讼程序解除。因此，甲单方解除与乙婚姻关系的行为无效。

（3）甲与乙事实婚姻关系存续期间，与丙登记结婚，甲与丙的婚姻构成重婚，不具有法律效力。

自测习题

第四章　夫妻关系

【本章引例】

甲和乙经人介绍相识后登记结婚。甲婚前首付10万元按揭购买房屋A一套，作为婚姻住所，婚后双方共同还贷，产权登记在甲的名下；甲婚前投资设立某有限责任公司，婚后分得红利200万元。乙婚后购买首饰及名贵衣服、包等个人专有用品价值近50万元；婚姻关系存续期间，乙的父母全资购买房屋B一套，产权登记在乙的名下。后夫妻两人因感情不和，决定分居，并签订分居协议，协议约定：登记在甲名下的夫妻共有房屋C归乙所有。分居期间，乙父死亡，乙根据父亲生前所立遗嘱，继承遗产房屋D一套，乙父在遗嘱中明确乙继承的房屋D的所有权归乙个人所有。

请问：

1. 房屋A、B、C、D的所有权归属应当如何确定？
2. 甲以个人财产投资所得200万元分红款的归属如何确定？
3. 乙婚后购买的个人专有用品的所有权归属如何确定？

【本章学习目标】

通过学习本章，你应该能够：

1. 了解夫妻在家庭中的法律地位。
2. 掌握夫妻人身关系的内容。
3. 了解夫妻财产制的类型。
4. 掌握我国的夫妻财产制。

第一节　夫妻关系的概念和立法例

《民法典》在婚姻家庭编中用专章（第三章）规定了“家庭关系”，包括夫妻关系、父母子女关系和其他近亲属关系。男女结婚，即产生夫妻关系，这是婚姻效力的最主要体现。婚姻的效力可以分为及于当事人的直接效力和及于第三人的间接效力。婚姻的直接效力是指婚姻产生的夫妻间的权利和义务关系，婚姻的间接效力是指因婚姻成立引起的其他亲属间的权利和义务关系。

一、夫妻关系的概念

夫妻关系是指男女因结婚而形成的相互间具有权利和义务内容的社会关系。夫妻双方所具有的特定身份决定了夫妻关系与其他两性关系的本质区别，即夫妻关系必须是男女两性合法的结合。男女双方符合法律规定的结婚条件，并履行了法定的结婚手续，才能结为夫妻，形成夫妻关系。男女两性间其他形式的结合，如重婚、非法同居、未婚同居等，都不是夫妻关系。

夫妻关系的内容十分广泛，如果仅就法律关系而言，夫妻关系主要是指夫妻双方在人身和财产方面享有的权利与承担的义务。夫妻关系是一切亲属关系的本源，在《民法典》规定的各种家庭关系中，夫妻关系处于核心地位，在家庭中起着承上启下、养老育幼的特殊作用。因此，法律对夫妻之间的权利和义务必然要加以具体规定。

二、夫妻关系的立法例

（一）夫妻关系立法例的类型

夫妻双方在家庭中的地位是与男女两性的社会地位相一致的。夫妻关系的性质和内容，归根结底决定于一定的社会经济基础。随着社会经济基础及与之相适应的婚姻家庭制度的变化，夫妻在家庭中的地位也发生变化。从立法例上说，夫妻关系主要有以下三种类型。

1. 夫妻一体主义

夫妻一体主义又称夫妻同体主义，是指夫妻因婚姻成立而合为一体，双方的人格互相吸收。从表面看，夫妻一体主义中夫妻的地位是平等的，但实际上，夫妻一体只是妻的人格被夫所吸收，妻处于夫权的支配之下，故夫妻一体主义不过是夫权主义的别名。

2. 夫妻别体主义

夫妻别体主义又称夫妻分立主义，是指夫妻婚后仍各自是独立的主体，各有独立的人格，夫妻双方虽受婚姻效力的约束，仍各有法律行为能力和财产权利。这种立法主义最早产生于后期罗马法，在“无夫权婚姻”中妻子不需要绝对服从丈夫，双方财产分别所有。第二次世界大战以后，随着社会的发展，许多国家对有关夫妻地位的法律做了修改，使夫妻双方的法律地位在形式上逐渐趋于平等。

3. 夫妻共同体主义

目前一些国家法律规定，婚姻成立的法律效力为婚姻共同体的成立。其中，既有共同体的共同利益的保护，又有夫妻个体独立的人身利益的保护。夫妻双方既不是完全别体的，也不是完全合一的。

（二）我国法律对夫妻法律地位的规定

《民法典》第1055条规定：“夫妻在婚姻家庭中地位平等。”这是男女平等原则的具体表现，是对夫妻法律地位的原则性规定。《民法典》对夫妻关系的其他规定，都体现了这一原则的精神。

夫妻在家庭中地位平等的内容，体现为夫妻在人身关系和财产关系两个方面的权利和义务都是完全平等的。法律不允许夫妻任何一方只享受权利而不承担义务，或者只承担义务而不享有权利。

夫妻在婚姻家庭中地位平等，既是确定夫妻间权利和义务的总原则，也是处理夫妻间权利和义务纠纷的基本依据。对于夫妻间的权利和义务纠纷，《民法典》有具体规定的，应按具体规定处理；无具体规定的，则应按照夫妻在家庭中地位平等原则的精神予以处理。

第二节 夫妻人身关系

夫妻人身关系和其他民事法律中的人身关系一样，是与主体不可分离的，是不以直接的经济利益为内容而以特定的精神利益为内容的社会关系。但夫妻人身关系又不同于其他民事法律中的人身关系，它是以夫妻身份为必要前提，只能存在于具有配偶身份的男女之间。《民法典》及有关法律中规定了夫妻人身关系，明确了夫妻之间基于配偶身份应当存在的特定权利和义务关系。

一、夫妻独立姓名权和婚姻姓氏权

姓名权是自然人决定、使用和依照法律规定改变自己姓名的权利。姓名权是人格权的重要组成部分，是一项重要的人身权利。姓名虽然只是用来表示个人的特定符号，但有无姓名权却是有无独立人格的重要标志。自然人的姓名权表现为人格权，但大多数国家都将婚姻姓氏权作为配偶身份权的基本内容。

依据《民法典》第1056条的规定，夫妻双方都有各自使用自己姓名的权利。这意味着，夫妻双方作为独立的民事主体，无论民族、宗教信仰、年龄、职业、财产状况如何，都有各自使用自己姓名的权利，不因婚姻成立而发生变化。

随着男女平等在法律上的实现，夫妻独立姓名权得到确认。在这一前提下，子女的姓氏也由随父姓转变为可以选择父姓或母姓。依据《民法典》第1015条的规定，除特殊情形外，自然人的姓氏应当随父姓或者母姓。

参考案例

肖某（男）与黄某（女）在为女儿办理户口登记时，要求将女儿的姓氏登记为萧姓，遭到派出所的拒绝，理由是：新生儿的父亲姓肖，母亲姓黄，而父母却要把新生儿的姓氏登记成萧姓，不符合法律规定。

分析：《民法典》第1015条第1款规定："自然人应当随父姓或者母姓，但是有下列情形之一的，可以在父姓和母姓之外选取姓氏：（一）选取其他直系长辈血亲的姓氏；（二）因由法定扶养人以外的人扶养而选取扶养人姓氏；（三）有不违背公序良俗的其他正当理由。"依照上述规定，如果不存在上述三种特殊情形，派出所拒绝为肖某与黄某的新生儿办理户口登记是合理的。

二、夫妻人身自由权

人身自由权本是自然人的人格权，但反映在夫妻关系上的夫妻人身自由权则是夫妻家庭地位平等的重要标志，是夫妻身份地位的象征，因此，我国立法中将其作为夫妻身份权的内容。对此，《民法典》第1057条规定："夫妻双方都有参加生产、工作、学习和社会活动的自由，一方不得对另一方加以限制或者干涉。"这一规定，既是夫妻地位平等的标志，又为夫妻平等地行使权利和承担义务提供了法律保障。

（一）夫妻双方都有参加生产、工作的自由

这里的生产、工作泛指一切合法的社会性劳动，主要是指获得报酬的社会性劳动，也包括义务性的社会性劳动，如义工等。我国宪法、劳动法等法律中都有保障公民劳动就业的规定，公民享有劳动就业的合法权益，这一权利不能因婚姻的建立而被剥夺。

（二）夫妻双方都有参加学习的自由

学习泛指为提高个人能力和素质而接受各种方式的教育、训练和通过各种渠道进行自我提高。它既包括正规的在校学习，也包括业余学习；既包括接受系统的教育，也包括职业或者技能培训；既包括集体性、系统性的学习，也包括个人自学。公民整体素质的提高，有赖于公民的受教育程度。而夫妻受教育的程度，尤其是母亲受教育的程度，直接影响着对子女的教育水平，因此，夫妻双方参加学习的自由应当得到法律和对方的尊重。

（三）夫妻双方都有参加社会活动的自由

所谓社会活动，是指参政、议政活动，科学、技术、文化、艺术等文化活动，各种群众组织、社会团体的活动，以及多种形式的公益活动等。参加社会活动是我国公民依法享有的民主权利。这一规定同等地适用于夫妻双方，但就其针对性来说，主要是为了保障已婚妇女享有参加社会活动的自由权利。妇女法律上的权利确认之后，必须得到丈夫的尊重和协助才能具体实现。

应当注意的是，夫妻双方都必须正当行使上述人身自由权，不得滥用权利损害他方和家庭的利益。任何一方在行使该项权利时，都必须同时履行法律规定的自己对婚姻家庭承担的义务。如果夫妻任何一方不当行使该项权利，对方有权提出意见，进行必要的劝阻。但由于我国法律对于限制或干涉已婚妇女自由的行为，并未规定相应的责任和制裁，因而缺乏强制性保障措施和法律救济手段。

三、夫妻同居的权利义务

同居是指夫妻共同居住、共同生活。同居权是夫妻一方要求与另一方共同生活的权利；同居义务是指夫妻任何一方都有与对方共同生活的义务。

《民法典》没有明文规定夫妻同居的权利和义务，但第1042条规定有“禁止有配偶者与他人同居”，第1079条规定有“因感情不和分居满二年”确无和好的可能，可以认定夫妻感情确已破裂，应准予离婚。这些规定实际上承认了夫妻有同居的权利和

义务。

参考案例

一位八旬的老翁杨某与一位29岁的离异女子胡某在婚姻登记机关登记结婚。共同生活2年后，妻子突然不再与杨某同房。于是，杨某以“索回合法婚姻的同居权”为由向人民法院提起诉讼。人民法院经审理认为，原告对被告拥有配偶权，而配偶权的核心内容是夫妻之间的同居权，即丈夫在夫妻关系存续期间，对妻子的性要求受法律保护，人民法院支持原告的诉讼主张；但同时又认为，我国法律保护女性的性自由权利，原告在行使自己婚姻同居权时，不得侵害被告胡某的性权利。在上述原则基础上，法官促使原告与被告达成和解，被告同意与丈夫同居。

分析：本案中，人民法院主持达成的调解协议合法有效。配偶一方对他方享有同居权，对方有同居的义务。因此，当一方无正当理由不履行同居义务时，另一方可提起夫妻同居之诉，要求对方履行同居义务。但是，同居义务不能强制履行，因为同居权是身份权，性自由权是人格权，当一方的身份权与对方的人格权发生冲突时，人格权的保护优先于身份权。

司法案例：夫妻间空床费协议是否有效

四、夫妻忠实义务

《民法典》第1043条中有“夫妻应当互相忠实”的法律规定，这就肯定了夫妻间的忠实义务。但对于违反忠实义务的制裁还限于比较严重的重婚、有配偶者与他人同居等严重行为，造成离婚的，无过错方有权请求损害赔偿。除此以外，不能就一般的违反忠实义务的行为提起诉讼。同时，当事人对一方严重违反忠实义务的行为造成损害请求赔偿的，应当在离婚时提出。当事人仅以《民法典》第1043条为依据提起诉讼的，人民法院不予受理；已经受理的，裁定驳回起诉［《婚姻家庭编解释（一）》第4条］。

参考案例

甲与前妻离婚后，通过征婚与同是离异的乙相识并登记结婚。由于双方均系再婚，为慎重起见，夫妻俩签署了一份“夫妻忠诚协议”。协议约定了双方互敬互爱，还特别强调了“违约责任”：若一方在婚姻期间由于道德品质的问题，出现背叛另一方的不道德行为（婚外情），要赔偿对方名誉损失及精神损失费 30 万元。婚姻关系存续期间，乙发现了甲和一名年轻女子的婚外恋情，甲的不忠行为导致婚姻关系破裂，甲向人民法院提出离婚诉讼，乙则以甲违反“夫妻忠诚协议”为由提起反诉，要求人民法院判令甲支付违约金 30 万元。经审理，人民法院认定该夫妻间订立的“夫妻忠诚协议”合法有效，判令甲向乙支付 30 万元人民币。

分析：夫妻忠诚协议是指婚姻当事人约定夫妻双方在婚姻关系存续期间应当履行忠诚义务，违反忠诚义务的一方应承担违约责任的协议。在司法实践中，曾有判决对夫妻忠诚协议的效力予以认可，如重庆市中级人民法院判决认可了“空床费协议”的效力。在理论上，关于夫妻忠诚协议的效力是否具有法律效力，存在两种截然对立的观点，争议的焦点在于法律规定的夫妻应当相互忠实是道德义务还是法律义务、夫妻忠诚协议是道德行为还是法律行为。

社会热点：夫妻忠诚协议的效力如何认定

司法案例：夫妻忠诚协议是否有效

五、夫妻婚姻住所决定权

所谓婚姻住所，是指夫妻婚后共同居住和共同生活的场所。婚姻住所决定权，是指选择、决定夫妻婚后共同生活住所的权利。《民法典》第 1050 条规定：“登记结婚后，按照男女双方约定，女方可以成为男方家庭的成员，男方可以成为女方家庭的成员。”该规定赋予了夫妻双方平等的婚姻住所决定权。

司法案例：配偶对婚姻住所有何权利

六、夫妻生育的权利义务

《妇女权益保障法》第 32 条规定：“妇女依法享有生育子女的权利，也有不生育子女的自由。”可见，生育是夫妻双方的一项重要权利。

在夫妻人身关系上，生育权利包含以下内容：第一，夫妻有生育子女的权利。在婚姻关系存续期间，夫妻有权依照法律规定生育子女。第二，夫妻有不生育的自由。结婚后夫妻有生育子女的权利，任何一方都享有不生育的自由。双方就生育问题不能协商一致的，可构成离婚理由。依据《婚姻家庭编解释（一）》第 23 条的规定，夫以妻擅自中止妊娠侵犯其生育权为由请求损害赔偿的，人民法院不予支持；夫妻双方因是否生育发生纠纷，致使感情确已破裂，一方请求离婚的，人民法院经调解无效，应依据《民法典》第 1079 条第 3 款第 5 项的规定处理。

参考案例

甲、乙结婚后，商定采用丁克家庭模式。婚姻关系存续期间，乙不慎怀孕，决定流产，但甲却想改变原有约定，要求乙生下孩子。甲与乙未能就生育问题达成一致，乙擅自到医院做了人工流产手术。甲以乙侵害其生育权为由，向人民法院提起诉讼，请求乙对其精神损害进行赔偿。

分析：《妇女权益保障法》第 32 条明确规定了妇女依法享有生育子女的权利，也有不生育子女的自由。因此，乙擅自到医院接受人工流产手术，不构成对甲生育权的侵害，甲无权请求精神损害赔偿。甲在其生育权不能通过与乙的婚姻实现之时，可采用排除权利实现障碍的方法即解除婚姻的方法，另外创造条件去实现生育权，以解决生育权的冲突。

七、夫妻互相尊重、互相协助、相互关爱的义务

《民法典》第 1043 条第 2 款规定：“夫妻应当互相忠实，互相尊重，互相关爱；家庭成员应当敬老爱幼，互相帮助，维护平等、和睦、文明的婚姻家庭关系”。这肯定了夫妻间互相尊重、互相协助、互相关爱的义务，有利于指导公民处理夫妻关系，减少现实中夫妻一方遇难时另一方见死不救等行为的发生。

参考案例

某日凌晨，结婚仅两个月的新婚夫妻小龚与小佳发生激烈争吵，年仅 23 岁的妻子小佳自杀身亡。小佳的父母向人民法院提起诉讼，请求小龚赔偿死亡赔偿金和精神损害赔偿金 20 万元。人民法院审理认为，小龚本应对小佳的言行引起注意和警觉，及时采取行动。然而，小龚并未采取理所当然和力所能及的救助行为，其不作为与小佳的死亡存在一定的因果关系，应当承担相应的民事赔偿责任。另外，作为具有完全民事行为能力人的小佳，与小龚争吵后随意轻生，自身亦负有相应责任。因此，人民法院作出判决，判决被告赔偿原告 8 万元死亡赔偿金和 2 万元精神抚慰金。

分析：人民法院的判决是正确的。《民法典》第 1043 条第 2 款规定："夫妻应当互相忠实，互相尊重，互相关爱；家庭成员应当敬老爱幼，互相帮助，维护平等、和睦、文明的婚姻家庭关系。"这里夫妻之间的互相帮助，是夫妻之间扶养义务的内容之一，即夫妻之间的扶养义务，除扶养费支付、生活照料和精神慰藉外，还包括危难时的救助。小佳为完全民事行为能力人，对其自杀行为造成的死亡后果负主要责任；小龚对小佳负有危难时的救助义务，但他却无动于衷，他的不作为与小佳的死亡存在一定的因果关系，应当承担相应的民事赔偿责任。

八、夫妻日常家事代理权

夫妻日常家事代理权又称夫妻相互代理权，是指夫或妻因日常家庭事务与第三人为一定民事法律行为时互为代理人，互有代理权。对此，《民法典》第 1060 条规定："夫妻一方因家庭日常生活需要而实施的民事法律行为，对夫妻双方发生效力，但是夫妻一方与相对人另有约定的除外。夫妻之间对一方可以实施的民事法律行为范围的限制，不得对抗善意相对人。"

参考案例

甲妻乙之弟丙准备结婚。因为父母早年去世，乙、丙相依为命，姐弟情深，乙决定将登记在自己名下的一辆轿车送给丙作为结婚礼物。但甲认为他们已经承担了丙大学期间的费用和买房的首付，结婚礼物随俗就好。对此夫妻双方意见不一，乙坚持将轿车过户到丙的名下。丙因为筹备婚礼急需资金，便将该轿车出卖给丁。甲以乙、丙为被告，丁为第三人，向人民法院提起诉讼，请求确认乙、丙之间的赠与合同无效，丙将轿车出卖给丁为无权处分，要求丁返还轿车。

分析： 甲要求返还轿车的请求不能成立。一般认为，家庭日常生活需要包括通常必要的一切事项，诸如一家之食物、衣着等之购买，医疗、子女教育的支出，家具、日常用品之购置，家政、家庭教师之雇用，亲友的馈赠、报纸杂志之订购等。乙将轿车赠与丙作为结婚礼物，显然超出日常家事代理权的范围，构成对甲共有财产权利的侵犯，为无权处分行为，甲可主张无效，但不得对抗善意第三人。而丙无偿取得轿车所有权，虽不符合善意取得的条件，但丙受赠该轿车后，又将轿车出卖给丁，丁基于丙占有并登记为车辆所有人的事实，购买该轿车，符合善意取得的条件，取得轿车所有权。甲无权要求丁返还轿车，但可以向乙主张损害赔偿。

第三节　夫妻财产关系

一、夫妻财产制的概念和类型

（一）夫妻财产制的概念

夫妻财产制又称婚姻财产制，是指规定夫妻财产关系的法律制度。夫妻财产制的内容包括：各种夫妻财产制的设立、变更与废止；夫妻婚前财产和婚后所得财产的归属、管理、使用、收益、处分；家庭生活费用的负担；婚姻终止时夫妻财产的清算和分割等问题。夫妻财产制的核心是夫妻婚前财产和婚后所得财产的所有权归属问题。

（二）夫妻财产制的类型

夫妻财产制具有一定的地域性和时代性，可以从不同的角度进行不同的分类。

1. 按夫妻财产制的发生根据，可分为法定财产制与约定财产制

法定财产制是指夫妻婚前或婚后均未就夫妻财产关系作出约定，或所作约定无效时，以法律规定而直接适用的夫妻财产制。由于各国政治、经济、文化及民族传统习惯不同，不同时代、不同国家规定的直接适用的法定财产制形式也不尽相同。目前，各国采用的法定财产制主要有分别财产制、共同财产制、剩余共同财产制等形式。

约定财产制是指由婚姻当事人以约定的方式，选择决定夫妻财产制形式的法律制度。许多国家的立法都规定了约定财产制，它具有优先于法定财产制适用的效力。

2. 按夫妻财产制的适用情况，可分为普通财产制与非常财产制

普通财产制是指在通常情况下，依婚姻当事人双方的约定或依法律的直接规定而适用的财产制，包括约定财产制和法定财产制。

非常财产制是指在特殊情况下，出现法定事由时，依照法律之规定或经夫妻一方（或夫妻之债权人）的申请由法院宣告，撤销原依法定或约定设立的共同财产制，改设为分别财产制。非常财产制又依据产生程序的不同，分为当然的非常财产制和宣告的非常财产制。

3. 按财产制所涉及的夫妻财产的范围，可分为特有财产制与共同财产制

特有财产制是指在夫妻婚后实行共同财产制时，基于法律规定或夫妻约定，由夫妻各自保留一定个人所有财产的制度。夫妻个人特有财产制，是对共同财产范围的缩小与限制。从各国规定看，夫妻特有财产可分为法定的特有财产和约定的特有财产两种。法定的特有财产是依照法律规定所确认的婚后夫妻双方各自保留的个人财产。在实行一般共同制时，夫妻特有财产的范围包括夫妻婚前个人财产；在实行婚后所得共同制时，夫妻特有财产的范围不包括夫妻婚前个人财产。约定的特有财产是夫妻双方以契约形式约定一定的财产，为夫妻一方个人所有的财产。

总之，特有财产为夫妻婚后分别保留的个人财产，独立于夫妻共同财产之外，实质属于部分的分别财产，故其效力适用分别财产制的规定，即夫妻各方对其特有财产享有独立的占有、使用、收益及处分等权利，他人不得干涉。但对家庭生活费用之负担，在夫妻共同财产不足以负担时，夫妻以各自的特有财产分担。

二、夫妻财产制的具体类型

（一）共同财产制

共同财产制是指婚后除特有财产外，夫妻的全部财产或部分财产归双方共同所有。依共有的范围不同，共同财产制又分为一般共同制、动产及所得共同制、所得共同制、劳动所得共同制等形式。一般共同制是指夫妻婚前、婚后的一切财产（包括动产和不动产）均为夫妻共有的财产制；动产及所得共同制是指夫妻婚前的动产及婚后所得的财产为夫妻共有的财产制；所得共同制是指夫妻在婚姻关系存续期间所得的财产为夫妻共有的财产制；劳动所得共同制是指夫妻婚后的劳动所得为夫妻共同共有，非劳动所得的财产，如继承、受赠所得等，则归各自所有的财产制。

（二）分别财产制

分别财产制是指夫妻婚前、婚后所得的财产均归各自所有，各自独立行使管理、使用、收益和处分权。

分别财产制使夫妻婚前和婚后各自所得的财产均为各自所有，不因结婚而发生财

产上的共有，各自保持经济独立。它尊重夫妻个人意愿，便于夫妻一方独立行使财产权，一定意义上是有利于社会经济发展的。但也要看到，当代社会中男女两性的经济地位事实上仍存在差距，妇女的就业机会和经济收入大多不如男子。同时，女方承担的家庭义务往往多于男方，这也往往影响其经济收入。在此情况下，以分别财产制作为法定财产制，往往会形成事实上的夫妻不平等。

（三）剩余共同财产制

剩余共同财产制是指夫妻对于自己的婚前财产及婚后所得财产，各自保留其所有权、管理权、使用收益权及有限制的处分权，夫妻财产制终止时，以夫妻双方增值财产（夫妻各自最终财产与原有财产的差额）为剩余财产，由夫妻双方共享。这种财产制在一定程度上兼有共同财产制和分别财产制的优点，在保障夫妻地位平等、维护婚姻共同生活和谐的同时，也有利于维护第三人利益和交易安全。

（四）统一财产制

统一财产制是指婚后除特有财产外，将妻子的婚前财产估定价额，转归丈夫所有，妻子则保留在婚姻关系终止时，对此项财产原物或价金的返还请求权。这种财产制为早期资本主义国家法律所采用。因其将对婚前财产的所有权转变为婚姻终止时对丈夫的债权，使妻子处于不利地位，有悖男女平等原则，故现代国家已很少采用。

（五）联合财产制

联合财产制又称管理共同制，是指夫妻的婚前财产和婚后所得财产仍归各自所有，但除特有财产外，将夫妻财产联合在一起，由夫管理。夫对妻的原有财产有占有、使用、管理、收益权，必要时有处分权，而以负担婚姻生活费用为代偿；婚姻关系终止时，妻的财产由其本人收回或其继承人继承。这种财产制源于中世纪日耳曼法，被近现代一些资本主义国家所沿用并发展，它虽比统一财产制有明显进步，但夫妻在财产关系上仍处于不平等地位，有悖男女平等原则，故现代曾采用这种财产制的一些国家如德国、日本、瑞士等，已废止此制改行新制。

三、我国现行的夫妻财产制

《民法典》对夫妻财产法律关系规定了三个方面的内容，即夫妻财产制、夫妻扶养义务、夫妻继承权。夫妻财产制是夫妻财产法律关系的一种。我国现行夫妻财产制在总体上是法定财产制与约定财产制相结合，在法定财产制中实行共同财产制与个人特有财产制相结合。

（一）夫妻法定财产制

《民法典》规定的法定财产制是夫妻共同财产制与夫妻个人特有财产制相结合的形式。这两种制度分别从不同的角度规定了夫妻共同财产和个人特有财产的范围。在夫妻对其财产没有约定或约定不明、约定无效时，适用法定财产制。

1. 夫妻共同财产制

依据《民法典》第 1062 条第 1 款的规定，夫妻在婚姻关系存续期间所得的下列财产，归夫妻共同所有：工资、奖金、劳务报酬；生产、经营、投资的收益；知识产权的收益；继承或者受赠的财产（但第 1063 条第 3 项规定的除外）；其他应当归共同所有的财产。结合《民法典》第 1063 条的规定，我国实行的是除特有财产外的婚后所得共同制。

（1）夫妻共同财产的概念和范围。

夫妻共同财产是指夫妻在婚姻关系存续期间所得的财产，除特有财产外，均属夫妻共同所有。“婚姻关系存续期间”，是指婚姻关系的效力发生期间，即从完成结婚登记起到离婚法律文书生效之日或一方死亡之日止。“所得财产”是指在婚姻关系存续期间取得物权或其他权利的财产，这里的“所得”应是权利的所得，而非占有的所得。依据《民法典》第 1062 条第 1 款的规定，在婚姻关系存续期间所得的财产主要包括以下几类：

一是工资、奖金和劳务报酬。工资、奖金是我国普遍实行的劳动报酬形式，主要是指夫妻一方或双方的劳动报酬所得。除工资、奖金外，其他形式的补贴、福利或一定范围内的实物分配等劳动报酬也应该属于夫妻共同所有。

参考案例

甲是足球队运动员，与妻子乙登记结婚后，甲多次参加各种比赛，共得奖金若干。因离多聚少，甲、乙感情破裂，双方自愿离婚。乙要求分割甲所得奖金，被甲拒绝，于是乙向人民法院提起离婚诉讼。

分析： 乙无权分割甲所得奖金。一般认为，工资是指按照国家统计局规定应统计在职工工资总额中的各种劳动报酬，包括标准工资、有规定标准的各种奖金、津贴和补助。具有严格人身性质的奖金如自然科学奖、社会科学奖、体育竞赛奖等，完全是因为个人在某些方面作出突出贡献而获得的奖励，是获奖者个人的荣誉象征，具有特定的人身性质，应视为个人所有的财产，不属于夫妻共同财产，因此，乙对甲比赛获得的奖金无权请求分割。

二是生产、经营、投资的收益。这里的“生产、经营、投资收益”，既包括农民的生产劳动收入，也包括工业、服务业、信息业等行业的生产、经营收益，还包括股票、基金、理财产品等投资收益。凡是在婚后从事生产、经营和投资活动的收益，无论是一方个人财产投入取得，还是夫妻共同财产投入所得，都应作为生产、经营和投资的收益，归夫妻共同所有。

参考案例

甲婚前投资设立了A公司，并担任A公司董事长参与经营活动。与妻子乙结婚5年间，甲自A公司共取得分红300万元。另甲婚前购买B公司股票1万股，婚后该股票卖出获利80万元，婚前购买5套小户型住宅用于出租经营，婚后共获租金收入20万元。乙对以上收益主张共有权，但甲认为上述财产为个人财产，拒绝了乙的共有请求。

分析：甲自A公司所得分红款300万元，虽为个人财产投资获得的收益，但该收益的性质为生产收益，所得时间发生在婚姻关系存续期间，应属于夫妻共有财产。甲婚前购买股票所得收益80万元，是股票市场价值规律自然运行的结果，为甲个人财产在婚后的自然增值，为甲个人财产；所得租金收益20万元，为甲婚前个人财产产生的收益，但该收益为经营收益，而非传统民法上的孳息，应当属于夫妻共有财产。

三是知识产权的收益。知识产权是人们对其智力成果依法所享有的专有权利，主要包括著作权、专利权、商标权、发明权、发现权、商业秘密权等。所谓“知识产权的收益”，是指婚姻关系存续期间，实际取得或者已经明确可以取得的财产性收益[《婚姻家庭编解释（一）》第24条]。

参考案例

甲为某企业工程师，婚前获发明专利一项。甲与妻乙离婚诉讼期间，丙看到了甲专利产品的市场前景，决定购买甲的专利技术。甲与丙签订了专利转让合同，合同约定：专利转让费人民币200万元，专利转让登记手续办理后10日内由丙支付到甲指定账户。甲与乙离婚判决生效后，丙依约将200万元支付给甲，乙得知后请求将该200万元作为夫妻共同财产重新分割。

分析：甲婚前取得了专利权中的人身权，但未实现专利权中的财产权。甲与乙离婚诉讼期间，为双方婚姻关系存续期间，甲与丙签订专利权转让合同，明确专利转让费的数额及支付方式，属于明确可以取得的知识产权的财产性收益，属于夫妻共同财产。该知识产权收益在离婚时未予分割，离婚后作为夫妻共同财产，乙有权请求重新分割。

四是继承或受赠的财产。继承的财产是指依照《民法典》的规定所继承的财产，即以遗产清偿被继承人所欠的税款和债务后所剩余的财产。受赠的财产包括基于赠与合同和遗赠所取得的财产。但是，并非所有因继承或受赠的财产都是共同财产，遗嘱或赠与合同中确定只归一方所有的财产属于该方所有。

参考案例

在甲与妻子乙婚姻关系存续期间，甲父丙与甲签订了赠与合同，合同约定：丙将其所有的房屋赠与甲。甲取得房屋所有权后，该房屋仍由丙居住使用，直至丙死亡为止。甲、乙因夫妻感情不合，分居生活。分居期间，乙母死亡。乙母生前留有遗嘱，其存款 120 万元由乙继承，并明确该 120 万元的遗产所有权只归乙个人所有。因夫妻感情破裂，甲向人民法院提起离婚诉讼，乙同意离婚，但双方对上述财产分割存在争议。

分析：丙与甲签订赠与合同，受赠人虽为甲，但丙没有在赠与合同中明确该受赠财产只归甲所有，因此，甲根据赠与合同取得的财产，属于婚姻关系存续期间一方受赠的财产，属于夫妻共同财产。乙继承所得的 120 万元财产，乙母在遗嘱中明确遗产所有权只归乙，排除了甲基于配偶身份对该遗产的共有权，因此属于乙的个人财产。

应当注意的是，关于父母为双方购置房屋出资的归属，依据《婚姻家庭编解释（一）》第 29 条的规定，当事人结婚前，父母为双方购置房屋出资的，该出资应当认定为对自己子女个人的赠与，但父母明确表示赠与双方的除外。当事人结婚后，父母为双方购置房屋出资的，依照约定处理；没有约定或者约定不明确的，依据《民法典》第 1062 条第 1 款第 4 项规定的原则处理。

五是其他应当归共同所有的财产。依据《婚姻家庭编解释（一）》的规定，婚姻关系存续期间，下列财产属于“其他应当归共同所有的财产”：一方以个人财产投资取得的收益；男女双方实际取得或者应当取得的住房补贴、住房公积金；男女双方实际取得或者应当取得的基本养老金、破产安置补偿费（第 25 条）。此外，夫妻一方个人财产在婚后产生的收益，除孳息和自然增值外，应认定为夫妻共同财产（第 26 条）；由一方婚前承租、婚后用共同财产购买的房屋，登记在一方名下的，应当认定为夫妻共同财产（第 27 条）。

（2）夫妻共同财产权的行使。

夫妻共同财产权在权利性质上属于共同共有权，因而夫妻对全部共同财产，应不分份额平等地享有权利和承担义务。在共有关系存续期间，各共有人不得请求分割共有物；部分共有人未经全体共有人一致同意而擅自处分共有物的，一般应认定无效。《民法典》第1062条第2款特别规定：“夫妻对共同财产，有平等的处理权。”这一款规定应当理解为：第一，夫或妻在处理夫妻共同财产上的权利是平等的，因家庭日常生活而处理夫妻共同财产的，任何一方均有权决定；第二，夫或妻非因家庭日常生活需要对夫妻共同财产作出重要处理决定，夫妻双方应当平等协商，取得一致意见。他人有理由相信其为夫妻双方共同意思表示的，另一方不得以不同意或不知道为由对抗善意第三人。由此给配偶造成的损失，应由擅自处分财产的配偶一方予以赔偿。依据《婚姻家庭编解释（一）》第28条的规定，一方未经另一方同意出售夫妻共同所有的房屋，第三人善意购买、支付合理对价并已办理不动产登记，另一方主张追回该房屋的，人民法院不予支持。夫妻一方擅自处分共同所有的房屋造成另一方损失，离婚时另一方请求赔偿损失的，人民法院应予支持。依据《婚姻家庭编解释（二）》第9条的规定，夫妻一方转让用夫妻共同财产出资但登记在自己名下的有限责任公司股权，另一方以未经其同意侵害夫妻共同财产利益为由请求确认股权转让合同无效的，人民法院不予支持，但有证据证明转让人与受让人恶意串通损害另一方合法权益的除外。

夫妻对共同财产平等地享有权利、平等地承担义务。夫妻共同生活费用应以夫妻共同财产负担，若共同财产不足以负担时，由夫妻双方以个人财产负担。夫妻为家庭日常生活需要等所负债务，属于夫妻共同债务，应当以夫妻共同财产清偿，夫妻双方应承担连带责任。

司法案例：夫妻一方将共同财产赠与他人，配偶能否请求返还

司法案例：丈夫在抖音上打赏女主播35万元，妻子可否请求返还

参考案例

甲与妻子乙以夫妻共同财产购买了深圳某小区房屋一套，产权登记在甲的名下。因乙不同意卖房，甲便利用乙到外地培训之机，将房屋以每平方米5.5万元的市场价格出卖给丙。甲收到丙支付的房款后，将房屋产权过户到丙的名下。乙培训结束回到深圳，在房屋价格升至每平方米6万元时，乙向甲提出将房屋卖出，甲告知房屋已出卖给丙。乙以甲未经其同意擅自处分共有财产为由，向人民法院提起诉讼，请求确认甲与丙之间的房屋买卖合同无效。

分析：甲对夫妻共有房屋的处分，属于非因家庭日常生活需要处分夫妻财产的行为，应当征得乙的同意。甲未经乙同意擅自出卖夫妻共有房屋，其处分行为对乙无效。但丙作为第三人，对甲处分的房屋善意购买、支付合理对价并办理了产权登记手续，其取得的甲无权处分房屋的所有权，受善意取得制度的保护。乙以未经其同意为由，请求确认甲与丙之间的买卖合同无效，人民法院不予支持。甲擅自处分共有房屋给乙造成的损失，乙在离婚时，可依据《婚姻家庭编解释（一）》第 28 条的规定，请求甲赔偿损失。

（3）夫妻共同财产制的终止。

夫妻共同财产制因夫妻一方死亡而终止，也可因离婚或其他原因如改采其他夫妻财产制而终止。夫妻共同财产制终止意味着夫妻共同财产关系消灭，从而发生夫妻共同财产的分割。因一方死亡而终止夫妻共同财产制时，夫妻共同财产的分割，依据《民法典》第 1153 条的规定处理，即“夫妻共同所有的财产，除有约定的外，遗产分割时，应当先将共同所有的财产的一半分出为配偶所有，其余的为被继承人的遗产”。因离婚而终止夫妻财产制时，夫妻共同财产的分割，按照《民法典》的规定处理。

婚姻关系存续期间，夫妻一方请求分割共同财产的，人民法院一般不予支持，但依据《民法典》第 1066 条的规定，有下列情形之一的，夫妻一方可以向人民法院请求分割共同财产：（1）一方有隐藏、转移、变卖、毁损、挥霍夫妻共同财产或者伪造夫妻共同债务等严重损害夫妻共同财产利益的行为。例如，夫妻一方未经另一方同意，在网络直播平台用夫妻共同财产打赏，数额明显超出其家庭一般消费水平，严重损害夫妻共同财产利益的，可以认定为“挥霍”；另一方请求在婚姻关系存续期间分割夫妻共同财产，或者在离婚分割夫妻共同财产时请求对打赏一方少分或者不分的，人民法院应予支持［《婚姻家庭编解释（二）》第 6 条］。再如，夫妻一方为重婚、与他人同居以及其他违反夫妻忠实义务等目的，将夫妻共同财产赠与他人或者以明显不合理的价格处分夫妻共同财产，另一方主张该民事法律行为违背公序良俗无效的，人民法院应予支持并依照《民法典》第 157 条有关民事法律行为无效后果的规定处理。夫妻一方存在上述情形，另一方以该方存在转移、变卖夫妻共同财产行为，严重损害夫妻共同财产利益为由，请求在婚姻关系存续期间分割夫妻共同财产，或者请求在离婚分割夫妻共同财产时对该方少分或不分的，人民法院应予支持［《婚姻家庭编解释（二）》第 7 条］。（2）一方负有法定扶养义务的人患重大疾病需要医治，另一方不同意支付相关医疗费用。

2. 夫妻个人特有财产制

夫妻特有财产是指夫妻在婚后实行共同财产制时，依照法律的规定或夫妻双方的约定，夫妻保有个人财产所有权的财产。依据《民法典》第 1063 条中的规定，下列财产为夫妻一方的个人财产：（1）一方的婚前财产；（2）一方因受到人身损害获得的赔偿和补偿；（3）遗嘱或者赠与合同中确定只归一方的财产；（4）一方专用的生活用品；（5）其他应当归一方的财产。可见，《民法典》第 1063 条中的“夫妻一方的个人财产”是指法定的夫妻特有财产。

法定的夫妻特有财产是指夫妻一方婚前个人享有所有权的财产和婚姻关系存续期间取得的并依法应当归夫妻一方所有的财产。法定的夫妻特有财产属于夫妻个人财产的范畴，依法受法律保护。

（1）法定夫妻特有财产的范围。

依据《民法典》第 1063 条的规定，夫妻特有财产由以下财产组成：

第一，夫妻一方所有的婚前财产。这是指结婚以前夫妻一方就已经享有所有权的财产，既包括夫妻单独享有所有权的财产，也包括夫妻一方与他人共同享有所有权的财产；既包括婚前个人劳动所得的财产，也包括通过继承、受赠以及通过其他合法途径获得的财产；既包括现金、有价证券，也包括购置的物品等。

第二，一方因受到人身损害获得的赔偿和补偿。依据《民法典》第 1179 条的规定，侵害他人造成人身损害的，应当赔偿医疗费、护理费、交通费、营养费、住院伙食补助费等为治疗和康复支出的合理费用，以及因误工减少的收入。造成残疾的，还应当赔偿辅助器具费和残疾赔偿金。自然人的身体健康权属于人格权的一种，与自然人个人的人身具有密不可分性，因此，一旦自然人的身体健康权受到侵害，受害者本人有权要求侵害行为人承担民事赔偿责任，依法获得相应的医疗费、残疾人补助费等费用。由于这类费用是自然人因个人身体健康受到侵害所依法获得的补偿，当然归受到伤害的自然人个人所享有。在婚姻关系存续期间，夫妻一方的身体健康受到伤害，依法获得的医疗费、残疾生活补助费等费用，同样也只能归受伤害的人所有。但是，该规范为任意性规范，夫妻双方可以通过约定加以排除。如果夫妻约定一方因受到人身损害获得的赔偿和补偿为夫妻共同财产，该约定合法有效。

参考案例

甲在与妻子乙婚姻关系存续期间，为救落水儿童丙身体受到了伤害，丙的父母向甲支付了20万元的人身损害补偿费。甲与乙签订协议，约定甲获得的20万元人身损害补偿费归甲、乙双方共有。后甲与乙关系恶化，乙向人民法院提起离婚诉讼，同时要求分割包括20万元在内的夫妻共有财产。甲同意离婚，但不认可协议的效力。

分析：《民法典》第1063条关于个人特有财产的规定，其规范性质为任意性规范而非强制性规范，当事人可以通过约定加以排除。婚姻关系存续期间，甲、乙签订协议，约定甲个人所有的人身损害补偿费20万元归双方共有，协议性质为夫妻约定财产制协议。甲、乙签订协议时意思表示真实，不违反法律和行政法规的强制性规定，合法有效，乙按照协议取得该20万元的共有权，有权请求分割。

第三，遗嘱或者赠与合同中指明归一方所有的财产。《民法典》第1133条第2款和第3款规定："自然人可以立遗嘱将个人财产指定由法定继承人中的一人或者数人继承。自然人可以立遗嘱将个人财产赠与国家、集体或者法定继承人以外的组织、个人。"可见，自然人在生前可以按照个人意愿依法以遗嘱方式处分其个人财产，指定遗嘱继承人或受遗赠人。指定的遗嘱继承人或受遗赠人根据遗嘱取得的遗产，为婚姻关系存续期间继承或接受遗赠所得财产，推定为夫妻共同财产。但是，如果被继承人在遗嘱中指明遗嘱继承人或受遗赠人按照遗嘱取得的遗产归继承人或受遗赠人个人所有，则该财产不是夫妻共同财产。基于此遗嘱内容的法律效力，夫或妻一方便享有所继承或受遗赠的财产的单独所有权。

《民法典》第657条规定："赠与合同是赠与人将自己的财产无偿给予受赠人，受赠人表示接受赠与的合同。"由于赠与合同是赠与人与特定的受赠人之间达成的协议，所赠与财产的所有权只能转移给特定的受赠人。受赠人根据赠与合同取得的财产，为婚姻关系存续期间接受赠与所得的财产，推定为夫妻共同财产。但是，如果当事人在赠与合同中明确约定受赠人接受赠与所得的财产，是受赠人个人所有的财产，不是受赠人与配偶的夫妻共同财产，该约定合法有效。根据该约定，夫或妻一方接受赠与所得的财产，属于夫或妻一方个人所有的财产。

参考案例

甲与妻子乙结婚后，甲的父母出资为甲购买了房屋一套，产权登记在甲的名下。乙要求在产权证上将自己作为共有人进行登记，甲不同意，双方产生矛盾，乙赌气搬回父母家居住。在娘家居住期间，乙的父母出资为乙购买了轿车一辆，车主登记为乙。

因为双方都坚持己见，互不妥协，乙提出离婚，并要求分割甲名下的房屋。甲认为名下房屋是其个人财产，乙无权分割；乙名下轿车为夫妻共有财产，要求分割。

分析：甲购买的房屋系父母出资，该出资为甲在婚姻关系存续期间接受赠与所得的财产。甲的父母并没有与甲明确约定该出资为对甲个人的赠与，依据《婚姻家庭编解释（一）》第29条的规定，该出资属于甲婚姻关系存续期间接受赠与所得财产，归甲、乙共同共有。既然该出资为甲、乙共同共有，则以该出资所购买的房屋虽然产权登记在甲一方名下亦应为夫妻共同财产，乙有权分割。乙的父母出资为乙购买的轿车，虽登记在乙名下，但乙的父母并没有与乙明确约定该出资为对乙个人的赠与，因此，依据《民法典》第1062条的规定，该轿车属于婚姻关系存续期间接受赠与所得财产，属于夫妻共有财产，甲有权分割。

第四，一方专用的生活用品。一方专用的生活用品是指婚后以夫妻共同财产购置的供夫或妻个人使用的生活消费品，如衣物、饰物等。由于这类财产在使用价值方面具有特殊性，不是夫妻双方通用或者共用的生活用品，因此应属于夫或妻一方个人所有。婚后购置的图书资料以及摩托车、拖拉机、汽车等生活、生产资料，虽然属于个人使用，但是不属于一方专用的生活用品。

参考案例

甲的妻子乙对名牌服饰情有独钟，婚后其工资除必要的生活用度外，几乎全部用于购买服饰，房贷压力全部落在甲的肩上。甲不堪重负，乙的购买热情却有增无减，甲无奈提出离婚，并主张乙所购买服饰为共同财产，乙应对其进行价值补偿。

分析：夫妻一方在婚姻关系存续期间购置的专用生活用品，不论其价值大小，依据《民法典》第1063条的规定，均应当认定为使用者的个人财产，对方无权分割。乙在婚姻关系存续期间以夫妻共同财产购买的服饰，非夫妻双方通用或共用的生活用品，属于乙专用的生活用品，为乙个人所有财产，甲无权要求分割。

第五，其他应当归一方所有的财产。“其他应当归一方所有的财产”，是指依照其他有关规定而归属于特定行为人本人享有所有权的财产。这类财产主要包括：军人的伤亡保险金、伤残补助金、医药生活补助费［《婚姻家庭编解释（一）》第30条］；军人复员费、自主择业费中夫妻共同所有之外的部分［《婚姻家庭编解释（一）》第71条］；夫妻一方因参与体育竞赛活动取得优胜而荣获的奖杯、奖牌，这类物品记载着优胜者的荣誉权，其财产所有权应当归享有该项荣誉权的夫妻一方。

在认定夫妻个人特有财产时，应注意以下问题：首先，《民法典》第 1063 条规定为夫妻一方所有的个人财产，不因婚姻关系的延续或共同使用关系而转化为夫妻共同财产，但当事人另有约定的除外［《婚姻家庭编解释（一）》第 31 条］。其次，夫妻一方将婚前个人财产投入婚姻家庭生活之用，并已被消耗完或毁损、灭失的，不得主张用夫妻共同财产加以补偿或抵偿。

（2）夫妻对特有财产的权利义务。

夫妻特有财产是夫妻婚后依法或依约定保留的个人所有财产，故夫妻一方的特有财产，其效力等同于婚前个人财产，夫妻一方可依自己的意愿独立行使占有、使用、收益和处分的权利，无须征得对方的同意；同时，对婚姻关系存续期间夫妻一方所负的个人债务以及特有财产所生债务等，均应由其特有财产承担清偿责任。

司法案例：夫妻共同借款是否为夫妻共同财产

司法案例：夫妻双方分居期间一方所得财产如何确定归属

（二）夫妻约定财产制

约定财产制是指婚姻当事人以约定的方式，选择决定夫妻财产制形式的法律制度。《民法典》第 1065 条规定："男女双方可以约定婚姻关系存续期间所得的财产以及婚前财产归各自所有、共同所有或部分各自所有、部分共同所有。约定应当采用书面形式。没有约定或约定不明确的，适用本法第一千零六十二条、第一千零六十三条的规定。夫妻对婚姻关系存续期间所得的财产以及婚前财产的约定，对双方具有法律约束力。夫妻对婚姻关系存续期间所得的财产约定归各自所有，夫或者妻一方对外所负的债务，相对人知道该约定的，以夫或妻一方的个人财产清偿。"可见，我国实行法定财产制和约定财产制相结合的夫妻财产制，且约定财产制优先于法定财产制。对于夫妻财产关系，如夫妻有约定的，应按约定处理；如无约定或约定无效，则适用法定财产制。

1. 夫妻约定财产制的适用条件

夫妻对财产的约定为民事法律行为，因此，应当具备民事法律行为的有效条件。

第一，约定主体必须适格。一方面，当事人在进行夫妻财产约定时应当具有完全民事行为能力；另一方面，夫妻财产约定的双方必须具有合法的夫妻关系。未婚同居者、婚外同居者等非夫妻关系的两性对财产关系的约定，不属于夫妻财产约定。婚姻被确认无效或者撤销的，双方登记结婚前或者同居期间订立的夫妻约定财产制协议，因夫妻身份消灭而附随无效。

第二，约定必须夫妻双方完全自愿。如果一方以胁迫、欺诈手段或乘人之危，使另一方作出违反自己真实意愿的约定，另一方有权请求撤销。

第三，约定的内容必须合法。夫妻对财产的约定不能损害国家、集体和他人的利益，不能将国家财产、集体财产或家庭其他成员的财产约定为夫妻共同所有或一方所有，不能借夫妻财产约定逃避对第三人的债务，不能通过财产约定免除法定的抚养、扶养、赡养义务。

2. 夫妻约定财产制的内容

依据《民法典》第 1065 条的规定，夫妻约定财产的范围，既包括夫或妻一方的婚前个人财产，也包括夫妻双方在婚姻关系存续期间所得的财产。关于约定的类型，我国法律允许当事人在一般共同制、部分共同制和分别财产制三种方式中选择一种类型作为双方约定的夫妻财产制。一般共同制即婚前财产和婚姻关系存续期间所得的财产，均归夫妻双方共同所有；部分共同制即婚前财产和婚姻关系存续期间所得的财产中，只将部分财产设为夫妻共同所有，由双方约定属共同所有的财产和一方个人所有的财产的范围；分别财产制即婚前财产和婚姻关系存续期间所得的财产归各自所有。

应当指出，婚前或者婚姻关系存续期间，当事人约定将一方所有的房产赠与另一方或者由双方共有的，则不属于夫妻约定财产制的内容，不适用关于夫妻约定财产制的规定。赠与方在赠与房产变更登记之前撤销赠与，另一方请求判令继续履行的，人民法院可以依据《民法典》第 658 条有关赠与合同撤销的规定处理［《婚姻家庭编解释(一)》第 32 条］。

参考案例

甲婚前购置房屋 A、B，并办理了产权登记手续。甲与妻子乙再婚后，与乙签订夫妻财产协议，约定房屋 A 归乙所有，房屋 B 归双方共有，但均未办理过户登记手续。后因甲与前妻所生子女的抚养问题，双方产生矛盾，乙提起离婚诉讼，并要求甲按照协议履行房屋 A、B 的过户义务。甲同意离婚，但拒绝办理过户手续，要求撤销赠与。

分析：甲婚前购置的房屋 A、B 为甲婚前取得所有权的财产，在性质上为夫妻一方个人财产。婚姻关系存续期间，甲与乙签订协议，约定甲所有的房屋 A 归乙所有，房屋B归甲、乙共有，系当事人约定将一方所有的房产赠与另一方或者共有的行为。依据《婚姻家庭编解释（一）》第32条的规定，甲在赠与房产变更登记之前撤销赠与的，人民法院可以依据《民法典》第658条的规定，支持甲撤销赠与的请求。

3. 夫妻约定财产制的时间和方式

《民法典》没有规定夫妻约定财产制协议应在何时订立，根据立法精神可以理解为当事人可以选择婚前订立，也可以选择婚后订立，但婚前订立的协议只能在婚姻关系成立时生效。对于夫妻约定财产制的约定方式，我国《民法典》第1065条第1款要求采用书面形式。

4. 夫妻约定财产制的效力

夫妻之间有关夫妻财产制的约定，对双方当事人具有约束力，非经双方同意，任何一方不得擅自变更和解除。夫妻约定财产制协议，双方均应如约履行。夫妻离婚时，对夫妻共同财产的认定和分割发生争议的，如果有夫妻约定财产制协议的，应当按照协议的约定内容加以处理。

夫妻在共同生活过程中，难免与第三人产生债权债务关系。为了维护交易的安全，防止婚姻当事人利用夫妻约定财产制规避法律和损害第三人的合法利益，《民法典》第1065条第3款特别规定："夫妻对婚姻关系存续期间所得的财产约定归各自所有，夫或者妻一方对外所负的债务，相对人知道该约定的，以夫或者妻一方的个人财产清偿。"按照反面解释原则，如果相对人不知道夫妻财产约定的，则该约定不能对抗相对人。"相对人知道该约定的"，夫妻一方对此负有举证责任 [《婚姻家庭编解释（一）》第37条]。

司法案例：夫妻约定财产制协议能否发生物权变动的效力

第四节　夫妻的扶养义务和遗产继承权

一、夫妻的扶养义务

（一）扶养的性质和类型

扶养是一定亲属间成立的私法上的法定义务，与国家的扶助和社会的扶助有本质的区别，是以一定的亲属关系为前提的。非亲属之间依据合同而负担供养义务属于一般债权债务关系，而不属于亲属之间的扶养。亲属之间互相负担扶养义务，对于保障未成年人、老年人合法权益具有重要的意义。在一方需要扶养时，另一方应自觉地履行扶养义务。《民法典》依据亲属的辈分不同，将扶养分为长辈对晚辈的抚养、晚辈对长辈的赡养、配偶之间和兄弟姐妹之间的扶养三种。

依照《民法典》的规定，夫妻之间的扶养义务、父母子女之间的抚养义务是无条件的，要求扶养义务人履行的是作出较大自我牺牲的生活保持义务；祖父母（外祖父母）与孙子女（外孙子女）之间、兄弟姐妹之间的扶养义务是有条件的，扶养人履行的是不要求作出较大的自我牺牲的生活扶助义务。

《民法典》对“扶养”一词采用狭义的解释，是指夫妻之间和兄弟姐妹之间在生活上相互供养的责任。父母对子女，祖父母、外祖父母对孙子女、外孙子女的供养责任，称为抚养；子女对父母、孙子女或外孙子女对祖父母或外祖父母的供养责任，称为赡养。与《民法典》不同，《刑法》中的“扶养”一词采用广义的解释，《刑法》第 261 条中所说的“负有扶养义务而拒绝扶养”，其泛指夫妻、父母子女、祖孙、兄弟姐妹间的扶养、抚养和赡养义务。

（二）夫妻有相互扶养的义务

《民法典》第 1059 条规定：“夫妻有相互扶养的义务。需要扶养的一方，在另一方不履行扶养义务时，有要求其给付扶养费的权利。”在理解夫妻间的扶养义务时，应当注意以下问题：

第一，夫妻之间的扶养权利和义务，是夫妻身份关系所导致的必然结果。夫妻一方向对方所负的扶养义务，从接受者的角度来看，就是接受扶养的权利。夫妻之间的扶养权利和义务是彼此平等的，任何一方不得只强调自己应享有接受扶养的权利而拒绝承担扶养对方的义务。

第二，夫妻之间接受扶养的权利和履行扶养对方的义务是以夫妻合法身份关系的存在为前提条件的，不论婚姻的实际情形如何，无论当事人的情感好坏，这种扶养权利和义务始于婚姻缔结之日，消灭于婚姻终止之时。

第三，夫妻之间的扶养义务的内容包括夫妻之间相互为对方提供经济上的供养、生活上的扶助、精神上的慰藉和危难时的救助，以此维系婚姻家庭生活的正常进行。

第四，夫妻之间的扶助义务属于民法上的强制性义务，夫妻之间不得以约定形式改变此种法定义务。在夫妻实行分别财产制的情形下，夫妻之间的扶养义务也不得因此而免除。

参考案例

甲与乙婚前签订分别财产制协议，约定：婚前财产及婚姻关系存续期间所得财产归各自所有；共同生活费用、子女抚育费用双方分担；医药费、父母赡养费等各自负担。婚姻关系存续期间，妻乙不幸罹患肺癌，需要巨额的医药费用支出。乙耗尽个人积蓄后，无力支付后续治疗费用，请求甲履行扶养义务，支付所需医疗费，甲则以夫妻约定财产制协议对抗乙的请求。

分析：夫妻之间的扶养义务，在性质上属于强制性义务，当事人不得以约定的方式加以排除。甲与乙婚前订立分别财产制协议，婚姻成立后该协议关于财产归属、共同生活费用负担的约定生效，但有关扶养义务的约定，虽为双方真实的意思表示，但违反法律的强制性规定，不能作为甲不履行扶养义务的抗辩理由。

（三）违反夫妻间扶养义务的法律后果

当夫妻一方没有固定收入和缺乏生活来源，或者无独立生活能力或生活困难，或因患病、年老等原因需要扶养，另一方不履行扶养义务时，需要扶养的一方有权要求对方给付扶养费，以维持其生活。

扶养人拒绝需要扶养一方的扶养请求的，需要扶养的一方有权向人民法院提起追索扶养费的民事诉讼，通过民事诉讼程序强制有扶养义务的夫妻一方履行扶养义务。

在司法实践中，夫妻一方不履行扶养义务，同时又以与需要扶养方分居满 2 年、感情破裂为由，提起离婚诉讼的，需要扶养方如果同意离婚，可以请求扶养方支付婚姻关系解除前未支付的扶养费，同时请求扶养方提供离婚时的经济帮助；如果需要扶养方不同意离婚，则应驳回扶养方的诉讼请求。如果扶养方坚持离婚，夫妻感情确已破裂，则不能以不履行扶养义务为由而剥夺其离婚自由的权利。但在判决解除婚姻关系时，应当同时判令扶养方支付离婚前未支付的扶养费，同时对需要扶养方提供离婚时的经济帮助。

夫妻一方不履行法定的扶养义务，情节恶劣、后果严重，致使需要扶养的一方陷入生活无着的境地，构成遗弃罪的，在承担支付扶养费的民事责任的同时，还应当承担刑事责任。

司法案例：配偶一方违反扶养义务应如何救济

二、夫妻的遗产继承权

夫妻的遗产继承权是婚姻效力的表现之一，是夫妻之间权利义务不可缺少的内容。所谓夫妻相互继承权，是指夫和妻基于配偶身份而依法享有的相互继承对方遗产的权利。对此，《民法典》第 1061 条规定："夫妻有相互继承遗产的权利。"在继承法上，夫妻（配偶）为第一顺序继承人（《民法典》第 1127 条）。

【引例评析】

1. 房屋 A 为甲婚前签订不动产买卖合同并支付首付款购买、婚后用夫妻共同财产还贷，产权登记在甲的名下，依据《婚姻家庭编解释（一）》第 78 条的规定，房屋 A 的产权归属应当由甲、乙双方协商决定。协商不成的，人民法院可以判决该不动产所有权归甲，尚未归还的贷款为甲的个人债务。双方婚后共同还贷支付的款项及其相对应财产增值部分，离婚时应依据《民法典》第 1087 条第 1 款规定的原则确定夫妻共有财产在增值部分的比例，由甲对乙进行价值补偿。房屋 B 为乙父母全资购买的，产权虽登记在乙的名下，但乙父母与乙没有约定该购房款是对乙一方的赠与，依据《婚姻家庭编解释（一）》第 29 条第 2 款的规定，应认定是婚姻关系存续期间乙接受赠与所得的财产。在婚姻关系存续期间接受赠与所得财产，依据《民法典》第 1062 条的规定，推定为夫妻共同财产。与此相应，该出资购买的房屋 B 也应当是夫妻共同财产。因此，房屋 B 的产权应归属于甲、乙。

房屋 C 是婚姻关系存续期间双方共同购置的财产，虽登记在甲的名下，但为甲、乙双方共同所有的财产。在婚姻关系存续期间，双方签订分居协议书，约定该房屋产权由共有财产变更为乙个人所有财产。依据《民法典》第 1065 条的规定，该分居协议在性质上为夫妻财产制协议，协议书中对房屋 C 的处分合法有效。夫妻约定财产制协议所致的物权变动，作为《民法典》第 209 条不动产物权变动登记生效的除外情形，自协议生效时即发生不动产权利归属于乙的效果。房屋 D 为乙在婚姻关系存续期间接受继承所得财产，但被继承人在遗嘱中明确该遗产的所有权只归乙所有，从而排除了甲对乙继承所得的该房屋的共有权。因此，依据《民法典》第 1063 条的规定，房屋 D 归乙所有。

2. 甲以个人财产投资所得的 200 万元分红款，为婚姻关系存续期间所得的生产、经营性收益，依据《民法典》第 1062 条的规定，属于夫妻共同财产。

3. 乙婚后购买的首饰及衣服、包等个人用品，属于个人专有生活用品，依据《民法典》第 1063 条的规定，属于特有财产的范围，无论价格高低，均归乙个人所有。

【本章小结】

1. 夫妻人格权和其他民事主体的人格权受法律的同等保护。婚姻关系存续期间，一方对他方人格权造成侵害，应当承担侵犯人格权的民事责任；但行为人实施了《民法典》规定的承担离婚损害赔偿责任行为的，受害人在离婚的前提下有权主张离婚损害赔偿。

2. 夫妻的身份关系具有特殊性，是以配偶身份为前提的，因此，夫妻身份权也可称为配偶权。夫妻身份权的内容主要包括夫妻婚姻姓名权、夫妻人身自由权、夫妻忠实义务、夫妻生育权、夫妻同居义务、夫妻生育的权利义务、夫妻扶养义务、夫妻家事代理权、夫妻婚姻住所决定权等。一方违反法律规定，侵害对方的配偶权造成侵害的，应当依法承担相应的民事责任。

3. 夫妻双方有同居的义务，且夫妻双方同为权利和义务主体，一方有要求对方与之同居的权利，同时也应负与对方同居的义务，但一方不能强制对方履行同居义务。因为从法理上讲，配偶有同居的义务，但同时享有性自由的权利。性自由权作为人格权，对其保护应优先于作为身份权的同居义务。也就是说，在夫妻一方的人格权和其同居义务发生冲突时，应当优先保护人格权。对身份权的侵害，可通过其他方式救济，但法律不能强制其履行。

4. 夫妻间有忠实义务。对于违反忠实义务的重婚、与他人同居等行为，造成离婚的，无过错方有权请求损害赔偿。夫妻一方不起诉离婚，仅以对方违反忠实义务提起诉讼请求承担侵权责任的，人民法院不予受理；已经受理的，裁定驳回起诉。

5. 夫或妻在处理共同财产上的权利是平等的，因家庭日常生活需要而处理夫妻共同财产的，任何一方均有权决定；非因家庭日常生活需要对夫妻共同财产作出重要处理决定的，夫妻双方应当平等协商，取得一致意见。他人有理由相信其为夫妻双方共同意思表示的，另一方不得以不同意或不知道为由对抗善意第三人；由此给配偶造成的损失，应由擅自处分财产的配偶一方予以赔偿。

【练习题】

一、名词解释

配偶权　日常家事代理权　夫妻财产制　共同财产制　特有财产制　约定财产制

二、思考题

1. 婚姻的效力是什么？

2. 配偶之间有哪些身份上的权利和义务？

3. 何谓夫妻财产制？其核心是什么？

4. 夫妻财产制有哪些类型？

5. 如何理解我国现行的夫妻财产制？

6. 夫妻对共有财产的平等处理权与市场交易安全的关系如何协调？

7. 约定财产制的成立应具备什么要件？

8. 约定财产制的效力如何体现？

9. 夫妻特有财产制与夫妻共同财产制的关系是什么？

三、案例分析题

1. 甲（男）和乙（女）登记结婚后，双方商定不生育子女。甲的父母抱孙心切，多次劝甲、乙尽快生孩子，并承诺如乙在两年内怀孕生子，奖励其100万元。甲被父母说服后，劝乙改变态度。乙考虑再三，接受了甲父母的意见。于是，甲父母向乙账户汇入100万元。后乙怀孕，但因孕期反应较大，又恰逢所在外企中层领导调整，担心怀孕生子影响升迁，乙不顾甲的反对擅自终止妊娠。乙如愿升任中层领导，但与甲的夫妻感情恶化，甲以乙侵害其生育权为由，向人民法院提起诉讼，要求乙承担损害赔偿责任。甲的父母也对乙提起诉讼，要求乙返还接受赠与所得的100万元。

问题：

（1）乙未经甲同意擅自终止妊娠，是否侵犯了甲的生育权？

（2）对于甲父母撤销赠与的请求，人民法院能否支持？

分析要点提示：

（1）依据《妇女权益保障法》第32条的规定，妇女依法享有生育子女的权利，也有不生育子女的自由。同时，生育权虽是夫妻享有的权利，但不是夫妻共同享有，而是分别享有。因此，乙享有生育或不生育的决定权，终止妊娠是其行使不生育权的方式。虽未经甲同意，但不构成对甲生育权的侵害。依照《婚姻家庭编解释（一）》第23条的规定，甲以乙擅自终止妊娠侵犯其生育权为由请求损害赔偿的，人民法院不予支持。

（2）甲父母请求乙返还生育奖励金的请求，能够得到人民法院的支持。甲父母与乙之间的赠与合同，在性质上属于附条件的民事法律行为，“乙不能在两年内怀孕生子”是赠与合同所附的解除条件。因乙终止妊娠，因而上述所附条件不能成就，赠与合同终止，受赠人乙根据该赠与合同取得的财产应当返还赠与人。

2. 甲与乙是夫妻。婚后，甲因工作需要，购置了大量的外文专业工具书，花费近20万元。通过多年潜心研究甲获得了省级自然科学奖，奖金为50万元。因不满甲对自己和孩子漠不关心，乙长期积郁的情绪爆发，决定与甲离婚，甲表示同意。想到与甲十几年的夫妻关系就要结束，乙不免有些伤感，信步走在街道上，看到一福利彩票站，就随手购买了一张5注共计10元的福利彩票。双方办理离婚登记后第三日开奖，乙中奖80万元。

问题：

(1) 甲在婚姻关系存续期间购置的专业书籍，是否为夫妻共同财产？

(2) 甲在婚姻关系存续期间获得的50万元自然科学奖金，是否为夫妻共同财产？

(3) 乙离婚前购买福利彩票离婚后开奖所得的80万元奖金，是否为夫妻共同财产？

分析要点提示：

(1) 甲在婚姻关系存续期间购置的专业书籍，属于夫妻共同财产。专业书籍为个人在社会中所从事的作为主要生活来源的工作所需要的专用物。该物虽与个人专用生活用品一样具有专有性，但《民法典》并未将其纳入使用人个人财产范围，因此，根据婚姻关系存续期间所得财产为夫妻共有的推定规则，该专业书籍属于夫妻共同财产。但分割时应当根据物尽其用的原则，将该财产判归需要的夫妻一方，另一方享有价值补偿权。

(2) 甲在婚姻关系存续期间获得的50万元自然科学奖金，属于甲的个人财产。自然科学奖具有严格的人身性质，完全是因为个人在某些方面作出突出贡献而获得的奖励，是获奖者个人的荣誉象征，具有特定的人身性质，不应包含在《民法典》第1062条规定的奖金范围内，应认定为甲个人所有的财产。

(3) 乙离婚前购买福利彩票离婚后开奖所得的80万元奖金，属于夫妻共同财产。“彩票中奖”所得，既不是奖金，也不是劳动所得，且带有很大的偶然性，因此，购买彩票的行为应为一种投资行为。乙离婚前购买彩票的投资款是夫妻共同财产，离婚后该投资产生的收益，是夫妻共同财产产生的收益，依据《民法典》第1062条的规定，应当认定为婚姻关系存续期间的投资所产生的收益，属于夫妻共同财产。

3. 甲与乙登记结婚后，双方约定以甲婚前所有的房屋作为婚姻住所。婚姻关系存续期间，甲未征得乙同意，将该房屋出卖给丙，并办理了产权变更登记。乙向人民法院提起诉讼，以甲侵害其婚姻住所权为由，请求确认甲与丙之间的房屋买卖合同无效，要求丙归还房屋。

问题：

（1）乙对甲个人所有的房屋是否享有民事权利？

（2）乙的请求能否得到人民法院的支持？

分析要点提示：

（1）甲、乙对婚姻住所享有决定权。甲、乙商定以甲个人所有的房屋作为婚姻住所后，乙取得了对甲所有房屋的居住权利。只要乙与甲的婚姻关系存续，乙对婚姻住所的居住权利就一直存在，任何人包括甲不得侵害。

（2）甲、乙的婚姻住所为甲个人所有的房屋，依照《民法典》的规定，甲对该特有财产享有处分权，不受配偶和其他共同居住人的限制。因此，甲将房屋处分给丙的行为合法有效，乙不得以其对房屋的居住权利对抗丙对房屋的所有权。

自测习题

第五章　亲子关系

【本章引例】

甲进入某大学接受本科教育时尚未满16周岁。父母乙、丙没有稳定的工作，收入较低，难以承担甲大学期间的全部费用，就告知甲他们只能为其提供学费，生活费用需甲自行解决。于是，甲一进入大学就开始兼职多份工作，赚取生活费，备尝艰辛。大学期间和工作之后，甲没有回家探望父母，结婚时也没有通知父母参加婚礼。乙、丙没料到当年的举动对甲造成这样大的伤害，他们极力修复与甲的感情，但甲冷漠应对。无奈之下，乙、丙向人民法院提起诉讼，要求甲履行赡养费支付义务，并定期探望父母。

请问：

1. 甲进入大学后，其父母对其是否有抚养义务？
2. 乙、丙是否有要求甲支付赡养费的权利？
3. 乙、丙是否有要求甲探望的权利？
4. 甲拒不履行生效判决确定的探望义务时，人民法院能否强制甲探望父母？

【本章学习目标】

通过本章学习，你应该能够：

1. 了解亲子关系的种类。
2. 掌握父母子女间的权利和义务。

第一节 亲子关系的概念和种类

一、亲子关系的概念

《民法典》在婚姻家庭编的“家庭关系”一章中专节（第二节）规定了父母子女关系，即亲子关系。在亲子关系中，“亲”指父母，“子”指子女。父母子女在血缘联系上是最近的直系血亲，是核心家庭成员，因此，亲子关系是家庭关系的重要组成部分。

我国古代奉行家族主义，亲子关系法长期实行“家本位”制度。“父为子纲”是天经地义的，子女受家长和其他尊亲属的支配，对父母须绝对服从。唐代以后，根据各个朝代法令的规定分析，亲子关系法还兼有“亲本位”的性质。发展至近现代，1930年国民党政府颁布的《中华民国民法亲属编》在形式上完成了中国亲属法从古代型向现代型的过渡，有关亲子关系的立法以保护子女权益为原则。

中华人民共和国成立后，1950年《婚姻法》对父母子女的关系设专章规定，以全法1/6的篇幅规定了以保护子女利益为原则、父母子女之间平等的相互扶养的权利义务关系。1980年《婚姻法》又以全法1/5的篇幅重申了1950年《婚姻法》的有关规定，而且增加了关于子女姓氏问题、抚养请求权及父母对子女的管教、保护方面的规定。2001年《婚姻法》修改时，关于亲子关系的规定又在原有规定的基础上，增加了禁止家庭暴力和离婚父母中不直接抚养子女方对子女的探视权的规定，使以保护未成年人权益为原则、父母子女间平等的亲子关系在法律上得到了进一步的体现。《民法典》关于亲子关系的规定，增加了亲子关系的确认或者否认制度；在父母离婚对未成年子女的直接抚养问题上，增加了最有利于未成年子女的原则，父母子女间平等的亲子关系在法律上得到了更大程度的体现。

二、亲子关系的种类

在《民法典》中，父母子女关系可分为以下两大类：

一是自然血亲的父母子女关系。自然血亲的父母子女关系是基于子女出生这一自然事实而发生的父母子女关系，因此，这种血亲关系是客观存在的，不能人为地解除，只能因一方死亡而消灭。即使在子女被他人收养的情况下，也只是消除了父母子女间的权利义务关系，而不能消除双方的自然血亲关系。根据子女出生时父母是否具有合法婚姻关系，自然血亲的父母子女关系又分为父母与婚生子女关系和父母与非婚生子女关系。

二是法律拟制血亲的父母子女关系。法律拟制血亲的父母子女间本无自然血亲应具有的血缘关系，但法律上确认其与自然血亲有同等的权利义务，因此又称准血亲关系。在我国，此类血亲关系包括养父母与养子女关系、继父母与形成抚养关系的继子女关系。养父母与养子女关系是因收养行为而产生的，而继父母与形成抚养关系的继子女关系是因父或母再婚而产生的。法律拟制的父母子女关系是依法产生的，因此，在一定条件下，双方的血亲关系可以依法解除。

第二节　父母与婚生子女

一、婚生子女的概念

关于婚生子女的含义，虽然各国法律的规定有所不同，但大多认为因婚姻关系受孕或者出生的子女为婚生子女。例如，在英美法系国家中，英国法所称的婚生子女是指处于婚姻关系中的父母所生子女。美国法律在认定子女出生时，如果其父母有婚姻关系，则该子女为父母的婚生子女。在大陆法系国家中，《法国民法典》第312条规定："婚姻期间受孕或出生的子女，（母之）夫为其父。"《日本民法典》第772条规定："妻于婚姻中怀胎的子女，推定为夫的子女；自婚姻成立之日起二百日后，或自婚姻解除或撤销之日起三百日内所生子女，推定为于婚姻中怀胎的子女。"

《民法典》虽然使用了婚生子女的称谓，但未对婚生子女的概念作出规定，婚生子女的推定制度的规定也不明确。我们认为，婚生子女可以界定为：于婚姻关系存续期间受胎或出生的子女为婚生子女。

二、婚生子女的推定与否认

（一）婚生子女的推定

婚生子女的推定是指对子女婚生身份或者丈夫为子女生父的一种法律上的推定。一般情况下，婚生子女可直接根据生母怀胎、分娩的事实和生父母婚姻关系存在的客观状况加以确认。但是，要证明子女的血缘来自具有合法配偶身份的男女双方比较困难。在何种情况下，子女应当被视为婚生子女，就是婚生子女的推定标准。

在设立婚生子女推定制度的国家中，各国关于婚生子女的推定标准的规定差别较大，主要有两种立法例：一种是受胎论，即在婚姻关系存续期间受孕而出生的子女是夫妻双方的子女，推定为婚生子女；二是出生论，即推定婚姻关系存续期间出生的以及在婚姻关系存续期间受孕而出生的子女是夫妻双方的子女。两者比较，受胎论似乎更加精确，但从子女，尤其是婚前怀孕而出生于父母结婚之后的子女的利益考虑，出生论更有利于慎重地处理家庭关系，保护未成年人的利益。①

《民法典》中对婚生子女推定标准没有规定，实践中一般认为，有婚姻关系的夫妻双方在婚姻关系存续期间，妻受胎所生子女或婚姻关系存续期间受胎在婚姻关系终止后所生子女，推定为婚生子女。

司法案例：婚生子女推定规则应如何适用

（二）婚生子女的否认

婚生子女的否认是对婚生子女推定的限制，是指有关当事人依照法律规定否认推定的婚生子女为自己亲生子女的一项制度。

婚生子女的推定旨在确定子女是婚生子女。既然是一种推定，就存在推定与事实不符的问题，即推定为婚生子女者实际上并不是真正的婚生子女。在现实生活中，也确实有受婚生推定的子女实际上是婚外性关系所生子女的情况。因此，为了保障当事人的合法权益，体现法律的公平性，各国法律在规定婚生子女推定制度的同时，还规定了婚生子女的否认制度。考察各国婚生子女的否认制度，尽管具体内容不尽相同，但均涉及以下几个方面的问题。

1. 婚生子女否认的原因

关于婚生子女否认的原因，多数国家采取概括主义，凡提供的证据能够推翻子女为婚生的即可。一般可分为两种情况：一是夫妻在妻受胎期间没有同居的事实；二是夫有生理缺陷或没有生育能力。

---

① 陈苇．外国婚姻家庭法比较研究．北京：群众出版社，2006：322.

2. 婚生子女否认权的主体

关于婚生子女否认权的主体，各国民法规定不尽一致。有的规定为单一主体，即否认权的享有者只能是夫一人；有的规定为二元主体，即否认权的享有者是夫或子女；有的规定为三元主体，即否认权的享有者包括夫、妻和子女。

3. 婚生子女否认权的时效限制

在大多数国家的法律中，婚生子女否认的请求权是有时效限制的，其目的在于促使当事人及时行使权利，尽快确定子女的法律地位。但是，各国规定的时效期限长短不一。有的规定为 1 个月，如美国路易斯安那州；有的规定为 90 天，如比利时；有的规定为 6 个月，如法国；有的规定为 1 年，如日本；还有的规定请求撤销父亲身份的期限为 2 年，如德国。

司法案例：亲子关系否认之诉如何选择

4. 受欺诈人抚养费的返还

婚生子女否认的请求一经法院查实认可并作出裁决，子女就丧失婚生资格，母之夫对该子女无法律上的抚养义务，其与该子女在否认确定前的抚养关系，属于欺诈性抚养关系。对于欺诈性抚养，各国立法均确认受欺诈人对于婚姻关系存续期间支出的费用有返还抚养费的请求权。

《民法典》第 1073 条第 1 款对婚生子女的否认作出了规定："对亲子关系有异议且有正当理由的，父或者母可以向人民法院提起诉讼，请求确认或者否认亲子关系。"根据该规定，父或母如否认子女为婚生子女，可向人民法院提起确认之诉，对婚生子女的否认权没有时效的限制。依据《婚姻家庭编解释（一）》第 39 条第 1 款的规定，父或者母向人民法院起诉请求否认亲子关系，并已提供必要证据予以证明，另一方没有相反证据又拒绝做亲子鉴定的，人民法院可以认定否认亲子关系一方的主张成立。对受欺诈人支出的抚养费应如何处理，《民法典》和《婚姻家庭编解释（一）》未作出规定。我们认为，对于欺诈性抚养关系，应当认为给付目的嗣后不存在，受欺诈人可行使不当得利请求权，离婚前后支出的抚养费用应当返还给受欺诈人。

社会热点：欺诈性抚养

司法案例：受欺诈抚养他人子女有无赔偿请求权

参考案例

甲与妻子乙登记结婚后，生育一女丙。在丙 2 周岁时，甲与乙因感情不和离婚，丙由乙抚养，甲每月支付抚养费 1 000 元。后甲无意中发现丙非亲生女儿，乙拒不承认。于是，甲向人民法院提起诉讼，请求否认丙为其婚生子女，并要求乙及丙生父赔偿其支付的抚养费共计人民币 10 万元。庭审中，乙否认丙非甲亲生，但拒绝做亲子鉴定。

分析：甲向人民法院提起诉讼，请求确认与丙的亲子关系不存在，并已提供必要证据予以证明，乙没有相反证据又拒绝做亲子鉴定，人民法院可以推定甲请求否认亲子关系的主张成立。甲与丙的亲子身份被否认后，甲对丙的抚养属于欺诈性抚养，支出的抚养费用是丙的生父母应当减少而没有减少的损失，属于不当得利的范围，应当返还给甲，甲有权请求丙的生父母履行返还义务。

第三节　父母与非婚生子女

一、非婚生子女的法律地位

非婚生子女是指没有婚姻关系的男女所生的子女。非婚生子女包括：未婚男女所生子女、已婚男女与第三人所生子女、无效婚姻和被撤销婚姻当事人所生子女、妇女被强奸后所生的子女等。

在我国，非婚生子女与婚生子女具有同等法律地位。《民法典》第 1071 条规定："非婚生子女享有与婚生子女同等的权利，任何组织或者个人不得加以危害和歧视。不直接抚养非婚生子女的生父或者生母，应当负担未成年子女或者不能独立生活的成年子女的抚养费。"

二、非婚生子女的准正和认领

非婚生子女的法律地位如何，或者说非婚生子女与事实上的父母间关系如何，是世界各国法律上和社会实践中不可回避的一个重要问题。为了确定非婚生子女的法律地位，保护其合法权益，当今世界绝大多数国家都建立了确认非婚生子女法律地位的制度即认领制度，有些国家还设立了准正制度。

非婚生子女的准正是指非婚生子女因生父母结婚而取得婚生子女资格的制度。在罗马法上，为了保护非婚生子女的利益，法律规定父对于结婚前所生子女，因与其母结婚而取得家父权，该子女视为婚生。大陆法系国家如法国、瑞士、日本等均继受罗马法原则设有非婚生子女的准正制度，但各国准正的要件和方式略有不同。《民法典》无非婚生子女的准正制度。在现实生活中，非婚生子女的生父母结婚，该子女一般被视为婚生子女。

非婚生子女的认领是指非婚生子女的生父承认非婚生子女是自己的子女。非婚生子女的认领，一般是在无法准正的情况下发生的。认领分为两种形式：第一，自愿认领。自愿认领又称任意认领，是指生父承认非婚生子女是自己所生并自愿承担抚养责任，无须他人或法律的强制。第二，强制认领。强制认领亦称亲之寻认，是指非婚生子女对于应认领而不为认领之生父，向法院请求确定生父子女关系存在的行为。强制认领的原因主要有两个方面：一是未婚所生子女，经生母指认的生父不承认该子女与其有血缘关系；二是已婚所生子女，经生母指认该子女的生父为其丈夫以外的第三人而遭否认时，生母可向法院提起确认生父之诉。

三、我国非婚生子女的认领及法律地位

为保护非婚生子女的利益，《民法典》第1071条规定，非婚生子女与婚生子女的地位完全相同，法律有关父母子女间的权利和义务，同样适用于非婚生父母子女之间。

《民法典》未建立非婚生子女的认领制度。在现行的法律制度下，关于非婚生子女地位婚生化的做法是：基于分娩的事实，非婚生子女与生母之间的关系一般无须加以特别的证明，非婚生子女按生母的婚生子女对待。非婚生子女与生父之间的关系，一般有两种情况：一是由生父自愿表示认领；二是强制认领。经生母指认该子女的生父为其丈夫以外的第三人而遭否认时，生母可向人民法院提起确认生父之诉。《民法典》第1073条规定："对亲子关系有异议且有正当理由的，父或者母可以向人民法院提起诉讼，请求确认或者否认亲子关系。对亲子关系有异议且有正当理由的，成年子女可以向人民法院提起诉讼，请求确认亲子关系。"当事人一方起诉请求确认亲子关系，并提供必要证据予以证明，另一方没有相反证据又拒绝做亲子鉴定的，人民法院可以认

定确认亲子关系一方的主张成立［《婚姻家庭编解释（一）》第 39 条第 2 款］。

生父的身份通过认领被确认后，即和生母一样负有对非婚生子女的抚养义务。对于不履行抚养义务的生父母，非婚生子女有要求付给抚养费的权利。关于非婚生子女的抚养归属，不满 2 周岁的非婚生子女一般由生母抚养；已满 2 周岁的非婚生子女，如生父要求领回自行抚养，可由生父母双方协商解决，协商不成的，可请求人民法院作出判决。未与非婚生子女共同生活的父母一方，享有探望非婚生子女的权利，另一方有协助的义务。

参考案例

甲与乙非婚同居，同居期间乙怀孕，甲要求乙终止妊娠，乙不同意。女儿丙出生后，甲提出与乙结婚，被乙拒绝。乙带丙离开甲独自生活，甲要求认领丙，承担对丙的抚养义务，也被乙拒绝。甲向人民法院提起诉讼，请求确认其与丙的父女关系。乙否认甲为丙之生父，但拒绝做亲子鉴定。

分析：甲自愿认领丙被乙拒绝时，有权提起确认之诉。甲提起诉讼请求确认与丙的亲子关系，并提供与乙同居生活等证据予以证明后，乙否认甲为丙生父的事实，但没有相反证据又拒绝做亲子鉴定，人民法院可以认定甲确认亲子关系的主张成立。甲的生父身份被确认后，对非婚生子女丙有抚养的权利和义务。

第四节　继父母与继子女

一、继子女的概念

继子女是指夫与前妻或妻与前夫所生的子女；继父母是指父之后妻或母之后夫。继父母与继子女关系产生的原因有两种：一是由于父母一方死亡，他方再行结婚；二是由于父母离婚，父或母再行结婚。子女对父母的再婚配偶称为继父母，夫或妻对其再婚配偶的子女称为继子女。可见，继父母子女关系是由于父或母再婚而形成的姻亲关系。

继父母子女关系可分为三种情形：第一，父或母再婚时，继子女成年并已独立生活；第二，父或母再婚后，未成年的或未独立生活的继子女未与继父母共同生活或未受其抚养教育；第三，父或母再婚后，未成年的或未独立生活的继子女与继父母长期共同生活，继父或继母对其进行抚养教育。

二、继父母与继子女的法律地位

《民法典》第 1072 条规定："继父母与继子女间，不得虐待或者歧视。继父或者继母和受其抚养教育的继子女间的权利义务关系，适用本法关于父母子女关系的规定。"

（一）未形成抚养关系的继父母与继子女

未形成抚养教育关系的继父母与继子女之间属于姻亲关系，他们之间只是一种亲属称谓上的父母子女关系。继父母因未对继子女进行抚养教育，继子女不享有受继父或继母抚养的权利；继子女因未受继父母的抚养教育，继父或继母不享有受继子女赡养的权利。

（二）形成抚养关系的继父母与继子女

形成抚养教育关系的继父母与继子女之间属于法律上的拟制血亲，他们之间具有与自然血亲的父母子女相同的权利和义务。与此同时，该继子女与没有和他共同生活的生父或生母的关系仍然存在，他们之间自然血亲的父母子女关系并不因未在一起共同生活而消除。这样，此类继子女就具有了双重法律地位：一方面与生父母保持着父母子女间的权利和义务，另一方面与抚养教育自己的继父或继母形成拟制血亲父母子女间的权利和义务。所以，继子女享有双重权利，负有双重义务。

（三）形成收养关系的继父母与继子女

继父或继母经继子女的生父母同意，可以收养继子女。通过收养行为，继父或继母与继子女间的关系转化为养父母子女关系。继子女被继父或继母收养后，双方的关系适用《民法典》有关养父母子女关系的规定。该子女与不直接抚养自己的生父或生母间的权利义务关系消灭，与收养自己的养父或养母的权利义务关系形成。

三、继父母子女间形成抚养关系的认定

《民法典》在确立继父母与继子女姻亲地位的基础上，基于未成年继子女受继父或者继母抚养教育的事实，确认继父母子女间具有拟制血亲关系，但对继父母与继子女之间形成抚养教育关系的认定标准未予规定，理论上关于继父母子女之间是否已经形成抚养关系的判断标准有不同的认识。一种观点认为，应以继父母是否负担了继子女全部或部分的生活费和教育费为标准；另一种观点认为，继父母与未成年继子女共同

生活，对继子女进行了教育和生活上的照料，即使未负担抚养费用，也应认为形成了抚养关系；还有一种观点认为，只要继父母子女共同生活，即可认定他们之间形成了事实上的抚养关系。依据《婚姻家庭编解释（二）》第 18 条的规定，继子女受继父或者继母抚养教育的事实，人民法院应当以共同生活时间长短为基础，综合考虑共同生活期间继父母是否实际进行生活照料、是否履行家庭教育职责、是否承担抚养费等因素予以认定。

参考案例

甲与前妻离婚后，与乙再婚，乙的女儿丙和甲的儿子丁均未成年。丙父死亡，随母乙与甲共同生活，丁随父甲与乙共同生活。丙的抚养费由甲承担，丁的抚养费由甲与前妻共同承担，乙对丁进行日常生活上的照料。一家人其乐融融、和睦相处近十年。然而天有不测风云，一日甲与乙外出途中遭遇车祸，双双死亡，丙与丁均未成年。对甲和乙的遗产如何继承，丙和丁发生了纠纷。

分析：甲与乙登记结婚后，确立配偶关系。丙与甲、丁与乙形成血亲配偶类型的姻亲关系。甲对丙履行抚养费的支付义务长达近十年，形成抚养关系；乙对丁长期进行日常生活上的照料，同样也应当认定形成抚养关系。抚养关系形成后，甲与丙、乙与丁相互间由姻亲关系转化为拟制血亲的继父母子女关系，适用《民法典》关于父母子女关系的法律规定。因此，丙对生母乙、继父甲的遗产享有继承权，丁对生父甲、继母乙的遗产享有继承权。

四、继父母子女关系的解除

继父或继母与继子女之间关系的基础是姻亲关系。在姻亲关系之下，如果继子女的生父与继母或生母与继父的婚姻关系终止，继父或继母与继子女之间的姻亲关系即行解除。但在继父或继母与继子女已经形成抚养关系的情况下，双方的关系则转化为拟制血亲关系，其地位与自然血亲的父母子女关系相同。在生父与继母或生母与继父离婚、生父或生母死亡时，继父或继母与继子女已经形成的拟制血亲关系继续存在，不能因婚姻的终止而自然解除。因此，在生父与继母或生母与继父离婚、生父或生母死亡时，继父或继母对形成抚养关系的未成年继子女仍有抚养教育的权利和义务；受继父或继母抚养长大的继子女，对无劳动能力、生活困难的继父母有赡养的义务。

但是，继父或继母与继子女关系间权利义务产生的亲属基础毕竟是姻亲关系，因此，对拟制血亲的继父或继母与继子女间的关系，允许基于一定的特殊原因解除：生父与继母或生母与继父离婚时，对曾受其抚养教育的继子女，继母或继父不同意继续抚养的，继母或继父与继子女间拟制血亲关系解除，已经形成的权利义务关系终止。生父与继母或生母与继父离婚，继子女成年，继父或继母与成年继子女关系恶化，可协议或诉讼解除。

继父母子女关系解除后，未形成抚养教育关系的继父母与继子女间的姻亲关系消除，继父母与继子女的称谓关系也不再存在。已形成抚养教育关系的继父母子女关系解除后，双方之间拟制血亲关系消除，他们之间父母子女的权利和义务也不复存在。依据《婚姻家庭编解释（二）》第 19 条的规定，生父与继母或者生母与继父离婚后，当事人主张继父或者继母和曾受其抚养教育的继子女之间的权利义务关系不再适用《民法典》关于父母子女关系规定的，人民法院应予支持，但继父或者继母与继子女存在依法成立的收养关系或者继子女仍与继父或者继母共同生活的除外。继父母子女关系解除后，缺乏劳动能力又缺乏生活来源的继父或者继母请求曾受其抚养教育的成年继子女给付生活费的，人民法院可以综合考虑抚养教育情况、成年继子女负担能力等因素，依法予以支持，但是继父或者继母曾存在虐待、遗弃继子女等情况的除外。

参考案例

甲与乙再婚时，甲的儿子丙尚未成年，乙对丙进行了抚养教育。丙成年工作后，经常回家探望甲、乙。甲死亡后，因甲的遗产继承问题，乙与丙产生了矛盾，丙断绝了与乙的往来。乙向人民法院提起诉讼，要求丙支付赡养费，丙则以与乙之间的继母子关系已因甲的死亡而自然解除为由，拒绝乙的赡养请求。

分析：丙对乙有赡养的义务。乙与甲结婚时丙尚未成年，乙对丙进行了抚养教育，双方形成了有抚养关系的继父母子女关系，其地位与自然血亲的父母子女关系相同。在甲死亡后，丙与乙已经形成的拟制血亲关系继续存在，不因甲、乙婚姻的终止而自然解除。因此，受继母乙抚养长大的丙，对无劳动能力、生活困难的继母乙有支付赡养费的义务。

第五节　父母与人工生育的子女

一、人工生育子女的概念

人工生育子女是指根据生物遗传工程理论，采用人工方法取出精子或卵子，然后用人工方法将精子或卵子胚胎注入妇女子宫内，使其受孕所生育的子女。

在现代科学技术条件下，人工生育主要有以下几种。

（一）同质人工授精

同质人工授精是指采用不同形式使丈夫的精子和妻子的卵子经医疗技术手段，实施人工授精，由妻子怀孕、分娩生育子女。

（二）异质人工授精

异质人工授精是指用丈夫以外的第三人提供的精子（供精）与妻子的卵子，或用丈夫的精子与妻子以外的第三人提供的卵子（供卵），或同时使用供精和供卵实施人工授精，由妻子怀孕分娩生育子女。在异质人工授精的情况下，对子女而言，实际上有两个父亲或母亲：一个是供精者或供卵者，为子女生物学上的父亲或母亲；另一个是生母之夫或生父之妻，为社会学意义上的父亲或母亲。

司法案例：异质人工授精所生子女具有何种法律地位

（三）代理母亲

代理母亲即代理怀孕或代替怀孕，俗称“借腹生子”，是指用现代医疗技术将丈夫的精子注入自愿代理妻子怀孕者的体内受精，或将人工培养成功的受精卵或胚胎植入自愿代理妻子怀孕者的体内怀孕，等生育后由妻子以亲生母亲的身份抚养子女。代理母亲生育的子女也有同质和异质之分，但共同特点是由妻子以外的妇女代理怀孕分娩。在我国，依据《人类辅助生殖技术管理办法》第 3 条第 2 款的规定，医疗机构和医务人员不得实施任何形式的代孕技术，这意味着我国立法对有偿代孕和无偿代孕一律持否定态度。

参考案例

甲与妻子乙的独生女儿离家上大学后，甲与乙倍感寂寞，正值两孩政策施行，夫妻有意再育一子。但乙年过半百，已失去生育能力，甲便提出“借腹生子”，乙表示同意。甲与其情人丙协商，用自己的精子与捐赠者的卵子结合，由丙怀孕分娩，所生孩子由丙抚养。丙代孕生子丁后，甲却将丁交由乙抚养。丙因此与甲、乙发生抚养权纠纷，丙主张对丁的抚养权。

分析：丙对丁没有抚养的权利。2001年，我国出台了《人类辅助生殖技术管理办法》，该办法规定禁止以任何形式买卖配子、合子、胚胎，禁止医疗机构和医务人员实施任何形式的代孕技术。丙代孕为甲生子丁，该代孕行为违法，甲与丙之间的代孕合同无效。丙与其所生丁没有血缘关系，既不是丁生物学上的母亲，也不是丁法律上的母亲，丙作为代孕母亲主张丁的抚养权没有法律依据。

二、人工生育子女的法律地位

目前，世界上大多数国家对人工生育子女尚无明确的法律规定，少数已立法的国家，其规定的内容也不尽相同。但是，对于在婚姻关系存续期间，因夫妻双方同意而进行人工生育的子女与该夫妻形成亲子关系，由接受人工生育的夫妇承担法律责任的规定，已基本形成共识。

《民法典》对人工生育子女的法律地位问题没有作出规定。《婚姻家庭编解释（一）》第40条规定："婚姻关系存续期间，夫妻双方一致同意进行人工授精，所生子女应视为婚生子女，父母子女间的权利义务关系适用民法典的有关规定。"据此，只要夫妻双方协议一致同意进行人工授精的，不论所生子女是否与父母具有血缘关系，均应视为夫妻双方的婚生子女。

司法案例：代孕是否合法及如何认定亲子关系

司法案例：代孕胚胎植入后，委托方能否反悔

参考案例

甲与乙婚姻关系存续期间，因甲有生育障碍，甲、乙一致同意采用人工授精的方式生育子女。乙通过异质体外受精怀孕生子丙。乙怀孕3个多月时，患有癌症的丈夫甲去世了。甲生前立下遗嘱，不承认丙为其子，明确乙和丙对其遗产无继承权，所有房产转到其父母名下。

分析：甲订立的遗嘱剥夺了丙的必留份，该部分遗嘱无效。依据《婚姻家庭编解释（一）》第40条的规定，在婚姻关系存续期间，夫妻双方一致同意进行人工授精，所生子女应视为婚生子女，适用法律关于父母子女间的权利义务关系规定。据此，只要夫妻双方协议一致同意进行人工授精的，不论所生子女是否与父母具有血缘关系，

均应视为夫妻双方的婚生子女。甲、乙一致同意乙异质人工授精，乙怀孕后所生儿子丙，虽与甲没有血缘关系，但视为甲的婚生子女，对甲的遗产有继承权。丙没有劳动能力，也没有生活来源，甲在遗嘱中没有为丙保留必留份，剥夺了丙的遗产继承权，因此，遗嘱部分无效。

第六节　父母与子女间的权利和义务

《民法典》关于父母子女间权利和义务的规定，不仅适用于父母与婚生子女之间，同时也适用于父母与非婚生子女之间、养父母与养子女之间以及继父或继母与受其抚养教育的继子女之间。

一、父母对子女的义务

依据《民法典》第 26 条第 1 款的规定，父母对未成年子女负有抚养、教育和保护的义务。

（一）父母对子女有抚养的义务

《民法典》第 1067 条第 1 款规定：“父母不履行抚养义务的，未成年子女或者不能独立生活的成年子女，有要求父母给付抚养费的权利。”抚养是指父母对子女经济上的供养和生活上的照料。抚养费包括生活费、教育费、医疗费等费用［《婚姻家庭编解释（一）》第 42 条］。父母对未成年子女的抚养义务不因离婚而免除。抚养费的给付期限，一般至子女 18 周岁为止。16 周岁以上不满 18 周岁，以其劳动收入为主要生活来源，并能维持当地一般生活水平的，父母可以停止给付抚养费［《婚姻家庭编解释（一）》第 53 条］。《民法典》第 1067 条规定的“不能独立生活的成年子女”，是指尚在校接受高中及其以下学历教育，或者丧失、部分丧失劳动能力等非因主观原因而无法维持正常生活的成年子女［《婚姻家庭编解释（一）》第 41 条］。

婚姻关系存续期间，父母双方或者一方拒不履行抚养子女义务，未成年子女或者不能独立生活的成年子女请求支付抚养费的，人民法院应予支持［《婚姻家庭编解释（一）》第 43 条］。父母不得因子女变更姓氏而拒付子女抚养费。父或者母擅自将子女姓氏改为继母或继父姓氏而引起纠纷的，应当责令恢复原姓氏［《婚姻家庭编解释（一）》第 59 条］。父母双方或者一方拒不履行抚养义务、恶意遗弃未成年子女，情节严重构成犯罪的，应当依法追究刑事责任。

司法案例：生父对非婚生子女有无抚养义务

司法案例：夫妻抚养费协议有无效力

参考案例

甲与妻子乙协议离婚，双方约定婚生子丙由乙抚养，甲每月支付 2 000 元的抚养费。乙离婚后与丁再婚，丁对丙视如己出，疼爱有加，令乙十分感动。征得丙的同意，乙将丙的姓改为继父姓，并到户籍登记机关办理了变更登记。甲得知后，非常生气，拒绝支付丙抚养费。丙向人民法院提起诉讼，要求甲支付抚养费，甲则要求将丙的姓氏改回原姓氏。

分析：甲作为生父对丙有抚养的权利和义务，丙有要求甲给付抚养费的权利，这一权利不因父母离婚而发生变化。姓名权法律关系与抚养权法律关系，是两个不同的法律关系，甲不能以丙擅自变更姓氏作为不履行抚养费支付义务的理由。但是，丙姓氏的确定，是甲、乙双方共同的意思表示，乙未征得甲的同意单方变更丙的姓氏，甲有权依据《婚姻家庭编解释（一）》第 59 条的规定，请求人民法院责令乙将丙的姓氏改回原姓氏。

（二）父母对子女有教育的义务

根据《民法典》第 1068 条的规定，父母有教育未成年子女的权利和义务。教育是指父母在思想品德上对子女的关怀和培养。父母对子女的教育包括两个方面的内容：一是父母应当尊重未成年人受教育的权利，必须使适龄的未成年人按照规定接受义务教育，不得使在校接受义务教育的未成年人失学、辍学；二是父母应当以健康的思想、品行和适当的方法教育未成年人，引导未成年人进行有益身心健康的活动，预防和制止未成年人吸烟、饮酒、赌博、流浪乞讨或者欺凌他人以及沉迷网络，接触危害或者可能影响其身心健康的图书、报刊、电影、广播电视节目、音像制品、电子出版物和网络信息等。

父母对子女有教育的义务，父母不履行对子女的教育义务，使在校接受义务教育的未成年人辍学，侵害未成年子女的合法权益的，任何组织和个人都有权予以劝阻、制止或者向有关部门提出检举或者控告。

司法案例：父母承担成年子女教育费的约定是否有效

参考案例

甲从初中一年级开始逃学，并与社会不良少年纠缠在一起，欺凌低年级同学。班主任通知其父母乙、丙后，乙、丙在对甲进行说服教育的同时，采取了每天护送甲上学和放学的措施，但收效不大，甲仍寻找各种机会摆脱父母看管。父亲乙见说服教育无效，便施以棍棒教育，甲仍屡教不改，祸事不断。乙、丙恼怒之下，将甲赶出了家门，甲辍学后浪迹社会。甲所在学校向人民法院提起诉讼，请求乙、丙履行教育义务，将甲送回学校接受义务教育。

分析：使适龄的未成年人按照规定接受义务教育，不得使在校接受义务教育的未成年人辍学，是父母和其他监护人的家庭义务，也是父母对子女教育义务的内容。乙、丙作为父母，不履行对甲的教育义务，使在校接受义务教育的未成年人甲辍学，任何组织和个人都有权予以劝阻、制止或者向有关部门提出检举或者控告。因此，甲所在学校有权作为原告向人民法院提起诉讼，请求判令乙、丙履行教育义务。

（三）父母对子女有保护的权利和义务

《民法典》第1068条规定，父母有保护未成年子女的权利和义务。保护是指父母应保护未成年子女的人身安全和合法权益，防止和排除来自自然的损害以及他人的不法侵害。依据《婚姻家庭编解释（二）》第12条的规定，父母一方或者其近亲属等抢夺、藏匿未成年子女，另一方向人民法院申请人身安全保护令或者参照适用《民法典》第997条规定申请人格权侵害禁令的，人民法院依法予以支持（第1款）。抢夺、藏匿未成年子女一方以另一方存在赌博、吸毒、家庭暴力等严重侵害未成年子女合法权益情形，主张其抢夺、藏匿行为有合理事由的，人民法院应当告知其依法通过撤销监护人资格、中止探望或者变更抚养关系等途径解决。当事人对其上述主张未提供证据证明且未在合理期限内提出相关请求的，人民法院依照前款规定处理（第2款）。《婚姻家庭编解释（二）》第13条规定，夫妻分居期间，一方或者其近亲属等抢夺、藏匿未成年子女，致使另一方无法履行监护职责，另一方请求行为人承担民事责任的，人民法院可以参照适用《民法典》第1084条关于离婚后子女抚养的有关规定，暂时确定未成年子女的抚养事宜，并明确暂时直接抚养未成年子女一方有协助另一方履行监护职责的义务。

父母是未成年子女的法定监护人和法定代理人，当未成年子女的人身或财产遭受他人侵害时，父母有权以法定代理人的身份提起诉讼，请求排除侵害、赔偿损失。当未成年子女脱离家庭或监护人时，父母有权要求归还子女。在发生拐骗子女的行为时，父母有权请求司法机关追究拐骗者的刑事责任。在未成年子女给他人造成损害时，父母应当依法承担民事责任。

二、子女对父母的义务

依据《民法典》第26条第2款的规定，成年子女对父母负有赡养、扶助和保护的义务。《民法典》第1067条第2款规定："成年子女不履行赡养义务的，缺乏劳动能力或者生活困难的父母，有要求成年子女给付赡养费的权利。"

赡养是指子女对父母的供养，即在物质上和经济上为父母提供必要的生活条件；扶助是指子女对父母在精神上和生活上的关心、帮助和照料。赡养人不得以放弃继承权或者其他理由，拒绝履行赡养义务。依照法律的有关规定，子女对父母赡养扶助的具体内容为：赡养人应当履行对老年人经济上供养、生活上照顾和精神上慰藉的义务，照顾老年人的特殊需要；赡养人对患病的老年人应当提供医疗费用和护理；赡养人应当妥善安排老年人住房，不得强迫老年人迁居条件低劣的房屋；赡养人有义务耕种老年人承包的田地，照管老年人的林木和牲畜等，收益归老年人所有。

赡养费包括基本生活费用、医疗费用、生活不能自理时的护理费用。在父母有劳动能力、经济生活也不困难的情况下，父母是否有要求子女付给赡养费的权利？这涉及对《民法典》第1067条第2款"成年子女不履行赡养义务的，缺乏劳动能力或者生活困难的父母，有要求成年子女给付赡养费的权利"的理解问题。根据该规定的文义解释，赡养费的请求权主体，是缺乏劳动能力或者生活困难的父母；根据该规定的反面解释，如果父母不缺乏劳动能力或者生活不困难，则不具备请求成年子女给付赡养费的权利主体资格。司法实践中，对于有生活来源的父母提出的给付赡养费的诉讼请求，人民法院往往以不具备生活困难的条件为由不予支持。但是，赡养费的支付是成年子女对父母履行赡养义务的一项内容，而不是全部内容，也不是唯一内容。在父母有劳动能力、经济生活依靠自身的力量能够得到满足的情况下，子女虽不承担赡养费的支付义务，但应承担精神赡养义务，应经常性地到父母住处探视或者与父母进行远程交流。

司法案例：子女能否强迫父母接受探望

法律规定子女对父母的赡养义务，是以子女成年和父母缺乏劳动能力或生活困难为条件，因此，除非父母对子女有严重的犯罪行为，否则即使父母在子女未成年时对其有遗弃、虐待行为，也不能剥夺父母要求成年子女赡养的权利。

成年子女除对父母负有赡养义务外，还负有扶助和保护义务。

另外，《民法典》第1069条还规定："子女应当尊重父母的婚姻权利，不得干涉父母离婚、再婚以及婚后的生活。子女对父母的赡养义务，不因父母的婚姻关系变化而终止。"

司法案例：继子女对继父母的赡养义务能否协议免除

司法案例：父或母再婚能否免除子女的赡养义务

参考案例

甲父乙在甲幼小时抛妻别子，与丙私奔。在甲成年后，丙见乙年老体衰，便离开乙与自己女儿共同生活。乙因退休金不能满足日常生活需要，要求甲履行赡养义务，甲以乙未对其履行抚养义务为由，拒绝赡养乙。乙与丁再婚后，因丁没有收入来源，乙的退休金维持夫妻双方生活更加困难，乙再次要求甲支付赡养费，甲以自己对丁没有赡养义务为由拒绝。乙向人民法院提起诉讼，要求甲支付赡养费。

分析：甲父乙对甲有遗弃行为，但该行为不是乙丧失赡养权的法定事由，因此，甲应当承担对乙赡养的义务。乙有再婚的权利，其再婚权利与再婚者的经济状况无关。乙再婚后，对妻子丁有扶养义务。乙因履行对丁的扶养义务导致生活更加困难，虽加重了甲的赡养负担，但因乙具备《民法典》规定的"缺乏劳动能力或者生活困难的父母"的条件，有要求甲支付赡养费的权利。

三、父母子女之间有相互继承遗产的权利

《民法典》第1070条规定："父母和子女有相互继承遗产的权利。"依据《民法典》第1127条的规定，父母、子女互为第一顺序的法定继承人。

司法案例：受精胚胎能否继承

【引例评析】

1. 依照《民法典》及《婚姻家庭编解释（一）》的有关规定，父母对子女抚养费支付义务，一般到子女成年时为止。已满16周岁不满18周岁的未成年人，以自己的劳动收入为主要生活来源的，视为完全民事行为能力人，父母对其也无支付抚养费的义务。父母对成年子女无抚养费的支付义务，除非已经成年的子女尚在校接受高中及以下学历教育，或者因丧失或未完全丧失劳动能力等非因主观原因而无法维持正常生活。由此可见，父母对未成年子女的抚养费支付义务，是以子女是否成年为标准；对成年子女的抚养费支付义务，是以子女接受教育的程度或非因主观原因而无法维持正常生活为标准。甲进入大学未满18周岁之前，父母应履行对其支付抚养费的义务；甲满18周岁以后，在接受大学教育期间，有能力和机会通过勤工俭学获得收入维持正常生活，父母对其不再有支付抚养费的义务。

2. 乙、丙有要求甲支付赡养费的权利。依据《民法典》第1067条第2款的规定，成年子女对缺乏劳动能力或者生活困难的父母，有给付赡养费的义务。甲的父母没有稳定工作，收入低，生活困难，甲已成年，有经济能力，应当向父母履行支付赡养费的义务。

3. 甲的父母有要求甲探望的权利，甲有探望父母的义务。依照《老年人权益保障法》的有关规定，赡养人应当履行对老年人经济上供养、生活上照顾和精神上慰藉的义务，照顾老年人的特殊需要。因此，子女对父母的赡养义务内容，包括赡养费的支付、日常生活的照料和精神上的慰藉。精神上慰藉义务的履行方式，就是常回家看望父母或经常与父母通话交流。

4. 甲拒不履行生效判决确定的探望义务时，人民法院不能强制甲探望父母，但可以以拒不履行人民法院生效的判决和裁定为由，对其采取拘留等强制措施；情节严重的，可以追究甲拒不执行生效判决和裁定的刑事责任。

【本章小结】

1. 亲子关系属于民事法律关系，亲子间身份关系的产生必须依据一定的法律事实。自然血亲的亲子关系，无论是父母与婚生子女的关系还是父母与非婚生子女的关系，均基于子女出生这一事实。法律拟制的亲子关系中，养父母与养子女关系的产生是基于收养的民事法律行为，继父或继母与继子女亲子关系的形成是基于继父或继母对继子女进行抚养教育的事实。亲子身份关系合法确立后，当事人之间便形成了父母子女的法律关系，相互之间产生父母子女的权利和义务。

2. 在亲子关系中，父母对子女的关系是权利和义务的统一。从父母对子女的权利角度理解，该种权利并非为父母的利益而创设，而是为未成年子女的利益而创设，因此为义务性的权利；从父母对子女的义务角度理解，父母对未成年子女的抚养是其法定义务，该义务必须履行，不得放弃。

3. 亲子关系中的财产关系，附随于亲子关系中的人身关系。父母对子女的抚养和子女对父母的赡养，以及父母子女间相互继承遗产的权利，均基于双方之间的亲子身份关系。婚生子女身份被否定后，其与母亲的丈夫间不存在亲子关系，双方的财产关系也随之消灭；非婚生子女被认领前，其与母亲指认为父的人之间亲子关系不能确认，双方的财产关系也不存在；养父母与养子女间的关系形成，必须符合法律规定的条件和程序，否则不发生养父母子女间的财产关系；继父或继母与形成抚养关系的继子女间产生亲子关系，不形成抚养关系则不产生亲子关系，也不发生相互间的抚养、赡养和继承关系。

4. 在我国，婚生子女的否定和非婚生子女的认领，可以亲子鉴定的结论作为证据加以确定。当然，亲子鉴定的结论仅作为鉴定亲子关系的证据之一，需要与其他证据相印证，综合分析，以对亲子关系作出正确的判断。

【练习题】

一、名词解释

亲子关系　婚生子女的推定　婚生子女的否定　非婚生子女的认领　非婚生子女的准正　抚养　赡养

二、思考题

1. 如何推定婚生子女的法律地位？
2. 非婚生子女如何认领？
3. 继父或继母与继子女形成抚养关系的条件是什么？
4. 父母子女之间的权利义务有哪些？

三、案例分析题

1. 甲、乙系父子，甲再婚后与乙父子关系长期不和。乙欲购房结婚，要求甲提供资金支持，被甲拒绝。乙提出与甲签订协议，约定：甲不负责出资给乙购买结婚用房，乙不负责为甲养老送终。协议签订后，双方互不往来。乙结婚生子，生活渐入佳境。甲遭遇车祸后丧失劳动能力，生活不能自理，但甲经济上并不困难。甲要求乙履行赡养义务，照料自己的生活，乙则以有约定为由拒绝。

问题：

（1）乙对甲的赡养义务能否以协议方式免除？

（2）甲是否有要求乙支付赡养费的权利？

分析要点提示：

（1）子女对父母的赡养义务是法定义务，并且属于强制性义务，当事人不得以约定方式加以排除。乙成年后，甲对其已无抚养的义务，更无负担其结婚费用的义务。乙因甲未向其提供婚房购置资金支持，即与甲订立协议，免除其对甲的赡养义务，该民事法律行为因违背公序良俗而无效，对甲、乙双方不发生法律效力，乙不得以该协议对抗甲支付赡养费的请求。

（2）子女对父母的赡养义务内容，包括经济上的帮助、生活上的照料和精神上的慰藉。甲遭遇车祸后生活不能自理，乙作为儿子应当履行生活照料义务。乙如果不能亲自照料甲的生活，应当出资雇用护理人员照料。

2. 甲 35 周岁时与乙结婚。乙系再婚，并带一子丙（6 周岁）与甲共同生活，两人婚后未再生育。甲视丙为己出。甲、乙两人虽然婚后收入状况一般，但坚持让丙读完大学。在丙大学毕业后，生母乙去世。此后，甲与丙仍一起共同生活，直至丙结婚后独立生活。丙结婚后，生父丁与丙取得了联系，双方开始亲情往来，在一定程度上忽略了甲。因感生活孤独，甲便欲再娶，但丙坚决不同意。甲执意再婚后，两人的争吵不断升级，丙经常打骂甲，甲不堪忍受，遂要求解除与丙的继父子关系，双方签订了解除协议。继父子关系解除后，随着甲年龄增长，生活困难，要求丙给付生活费，丙拒绝。

问题：

（1）甲、丙签订的协议，能产生继父子关系解除的效力吗？

（2）甲在与丙的继父子关系解除后，有权要求丙给付生活费吗？

（3）丙在与甲的继父子关系存续期间，有赡养生父丁的义务吗？

（4）甲在与丙的继父子关系解除后，能否请求丙偿付其支出的抚育费？

分析要点提示：

（1）甲、丙签订的协议，能产生继父子关系终止的效力。甲与丙抚养关系的形成，是基于甲对丙进行抚养的事实行为，我国法律对继父母子女之间权利和义务的产生和终止，没有应当办理登记手续的规定。因此，双方拟制血亲关系的解除，双方意思表示一致的，可以通过协议解除；一方不同意解除的，可以通过诉讼方式解除。

（2）甲在与丙的继父子关系解除后，丙与甲之间的父母子女权利义务消灭，丙对甲没有赡养的义务。尽管丙在未成年时接受了甲的抚养，成年后应当履行赡养义务，但因为继父子关系的解除，丙的赡养义务应归于消灭。但依据《婚姻家庭编解释（二）》第19条的规定，继父子关系解除后，继父生活困难的，受继父抚养长大的继子女对继父母应当承担生活费的支付义务。

（3）丙对丁有赡养的义务。丙与甲形成抚养关系以后，在与甲产生父母子女权利义务关系的同时，与生父丁之间的权利义务关系继续存在，因此，丙具有双重的权利和义务主体身份。

（4）甲在与丙的继父子关系解除后，甲无权请求丙偿付其支出的抚养费。我国《民法典》规定了因养子女过错导致收养关系解除时，养父母有权要求养子女支付收养期间支出的抚养费的规定，但没有规定继父母有此权利。因此，甲请求丙偿付其抚养期间支出的抚养费，没有法律依据。但从法理上讲，继子女成年后因虐待继父母而导致继父母子女关系解除的，继父母也应当享有与养父母同等的请求继子女偿付支出的抚养费的权利。对此问题，有赖于未来立法作出规定。

3. 甲、乙夫妇退休后身体健康，退休金丰厚，本应幸福快乐的退休生活却因儿子丙的离婚而蒙上了阴影。丙结婚生子丁后与甲、乙共同生活，甲、乙帮助照看孩子。丙因与妻子感情不和，决定离婚，丁由丙妻抚养。甲、乙舍不得孙子离开，坚决不同意丙离婚，双方产生矛盾。丙执意离婚后，与父母不再往来。甲、乙到前儿媳处探望孙子，也被拒绝。甲、乙为了见到儿子，向人民法院提起诉讼，要求丙每月支付赡养费1 000元。

问题：

（1）甲、乙是否有权要求丙支付赡养费？

（2）甲、乙是否有权探望丁？

分析要点提示：

（1）甲、乙无权要求丙支付赡养费。依据《民法典》第1067条第2款的规定，成年子女对父母有赡养的义务，该义务的履行以父母是否缺乏劳动能力或者生活困难为标准。甲、乙有劳动能力，生活也不困难，不具备请求丙给付赡养费的条件，没有请求丙支付赡养费的权利。

（2）甲、乙没有探望孙子丁的权利。依据《民法典》第1086条的规定，探望权的主体是离婚后不直接抚养子女的父或母。因此，对丁有权以探望权主体身份进行探望的是甲、乙的儿子丙，甲、乙作为祖父母没有探望孙子丁的权利。但司法实践中，审判人员根据个案中的具体情况，基于未成年人利益最大化的原则，判决支持祖父母、外祖父母探视权的案例也不在少数。

自测习题

第六章　祖孙和兄弟姐妹关系

【本章引例】

甲父死亡时，甲尚未成年，后随生母与继父、继父之子乙、继父之母丙共同生活，继父承担了甲的抚养费和教育费，丙对甲进行了日常照料。甲大学毕业后进入某外企工作，收入颇丰。甲的继父因工致残丧失了劳动能力，生活困难，无力供乙继续上学，乙面临辍学。丙去世前留下遗嘱，指定其遗产房屋由甲和乙继承。

问题：

1. 甲对乙是否有扶养义务？
2. 甲对丙的遗产是否有继承的权利？

【本章学习目标】

通过本章学习，你应该能够：

1. 掌握祖孙间履行抚养与赡养义务的条件。
2. 掌握兄弟姐妹间履行扶养义务的条件。

第一节　祖孙关系

一、祖孙关系的确立

依照《民法典》的规定，祖孙关系属于家庭关系的一种。在祖孙关系中，相关亲属的范围包括以下几个方面：

一是祖父母、外祖父母，即孙子女、外孙子女父母的父母。从孙子女、外孙子女的父母角度界定，祖父母、外祖父母包括：孙子女、外孙子女父母的生父母、养父母、形成抚养关系的继父母。

二是祖父母、外祖父母的子女，即孙子女、外孙子女的父母。从祖父母、外祖父母的子女角度界定，祖父母、外祖父母的子女包括：祖父母、外祖父母的生子女、养子女、形成抚养关系的继子女。

三是孙子女、外孙子女，即祖父母、外祖父母子女的子女。从祖父母、外祖父母的子女角度界定，孙子女、外孙子女包括：祖父母、外祖父母的生子女的生子女、养子女；养子女的生子女、养子女；形成抚养关系的继子女的生子女、养子女。

应当注意的是，继父母与其继子女之间因抚养关系形成而产生了父母子女的权利义务，并不意味着继祖父母、继外祖父母与继孙子女、继外孙子女之间也同时产生祖孙间的权利义务关系。只有在继子女与继父母的抚养关系形成后，继祖父母、继外祖父母对继孙子女实际进行了抚养、双方的抚养关系形成后，相互间关系才适用《民法典》中的祖孙关系的规定。

二、祖父母、外祖父母与孙子女、外孙子女间的权利和义务

（一）祖父母、外祖父母对孙子女、外孙子女有抚养的权利和义务

《民法典》第 1074 条第 1 款规定：“有负担能力的祖父母、外祖父母，对于父母已经死亡或者父母无力抚养的未成年孙子女、外孙子女，有抚养的义务。”可见，祖父母、外祖父母对孙子女、外孙子女履行抚养义务是有条件的，具体包括以下几项：

第一，祖父母、外祖父母有负担能力。有负担能力，是指祖父母和外祖父母以自己的劳动收入和其他收入满足其第一顺序抚养权人（即需要扶养的配偶、子女和父母）合理的生活、教育、医疗需求后仍有剩余。如果祖父母或外祖父母中数人均有负担能力，则应根据他们的经济情况共同负担。

第二，孙子女和外孙子女的父母已经死亡或父母无力抚养。这里的死亡包括自然死亡和宣告死亡；父母无力抚养是指不能以自己的收入满足子女的合理的生活、教育、医疗等需要。

第三，孙子女和外孙子女为未成年人。如果孙子女和外孙子女已满 18 周岁而不能独立生活，即使在父母死亡或无抚养能力的情况下，有负担能力的祖父母、外祖父母也没有抚养的义务。

社会热点：祖父母、外祖父母是否享有探望权

参考案例

甲父意外死亡后，甲母因受刺激精神失常，生活不能自理，也无生活来源。甲的祖母乙常年患病，身体不好，依靠女儿照顾日常生活。乙没有其他经济来源，但租金月收入万元，经济上比较宽裕。甲的外祖父丙身体健康，但经济困难。甲虽成年，但因智力障碍，没有通过劳动获得收入的能力。祖母和外祖父也各有困难不能对其进行抚养，生活陷入困境。

分析：甲的祖母和外祖父对甲均无抚养的义务。依据《民法典》第1074条的规定，祖父母、外祖父母对孙子女、外孙子女承担抚养义务，是有条件的抚养义务，包括抚养义务人有经济负担能力，被抚养人为未成年人。甲没有独立生活能力，在其母丧失抚养能力的情况下，虽然乙有经济负担能力，但因甲已经成年，乙对其没有抚养义务。

（二）孙子女、外孙子女对祖父母、外祖父母有赡养义务

《民法典》第1074条第2款规定：“有负担能力的孙子女、外孙子女，对于子女已经死亡或者子女无力赡养的祖父母、外祖父母，有赡养的义务。”可见，孙子女、外孙子女只有在一定条件下才产生对祖父母、外祖父母的赡养义务，这些条件包括以下两方面：

第一，孙子女和外孙子女有负担能力。有负担能力是指孙子女和外孙子女以自己的收入满足自己和第一顺序抚养权人（即配偶、子女和父母）合理的生活、教育、医疗等需求后仍有剩余。如果孙子女、外孙子女中数人均有负担能力，应根据他们经济情况共同负担。在判断孙子女的负担能力时，如果孙子女和外孙子女已经结婚，则应将其配偶的收入综合考虑在内。因为孙子女和外孙子女配偶的收入属于夫妻共同财产（除非另有约定），夫妻对共同财产有平等的所有权和处理权，孙子女、外孙子女当然有以共同财产履行赡养义务的权利。即使实行约定财产制，生活费用的负担也不得违反抚养和赡养的有关规定。

第二，祖父母、外祖父母的子女已经死亡或子女无力赡养。这里的死亡包括自然

死亡和宣告死亡；无力赡养是指祖父母、外祖父母的子女不能以自己的收入满足其合理的生活、教育、医疗等需求。

（三）祖孙间的继承权

依照《民法典》第 1127 条的规定，祖父母、外祖父母是第二顺序法定继承人，在没有第一顺序法定继承人或第一顺序法定继承人均放弃或丧失继承权时，祖父母、外祖父母可继承孙子女、外孙子女的遗产。

孙子女、外孙子女在其父母先于祖父母、外祖父母死亡时，可以代位继承人的资格，继承祖父母、外祖父母的遗产。关于代位继承祖父母、外祖父母遗产的孙子女、外孙子女的范围，《最高人民法院〈中华人民共和国民法典〉继承编的解释（一）》[以下简称《继承编解释（一）》] 第 15 条规定："被继承人的养子女、已形成扶养关系的继子女的生子女可以代位继承；被继承人亲生子女的养子女可以代位继承；被继承人养子女的养子女可以代位继承；与被继承人已形成扶养关系的继子女的养子女也可以代位继承。"

参考案例

甲一直与父母和祖父母乙、丙共同生活，直到结婚后才与妻子单独生活。甲有姑母丁，远嫁他乡，生活富裕但因路途遥远很少登门探望乙、丙。甲父去世后，祖父母乙、丙要求甲代其父履行赡养费支付义务，但甲因妻子不同意而拒绝了祖父母的要求。乙、丙向人民法院提起诉讼，甲以丁应当履行赡养义务为由抗辩。

分析：孙子女是祖父母的第二顺序赡养义务人。赡养权利人有第一顺序赡养义务人时，第二顺序赡养义务人享有履行抗辩权；赡养权利人的第一顺序赡养义务人全部死亡或丧失赡养能力时，第二顺序赡养义务人应当履行赡养义务。丁作为乙、丙的女儿，是第一顺序赡养义务人，具有赡养能力，应当履行对父母的赡养义务。因此，甲对乙、丙没有赡养义务。

第二节　兄弟姐妹关系

一、兄弟姐妹关系的确立

依照《民法典》的规定，兄弟姐妹关系属于家庭关系的一种。在兄弟姐妹关系中，相关亲属的范围为：兄弟姐妹包括自然血亲的兄弟姐妹和拟制血亲的兄弟姐妹，具体包括同胞兄弟姐妹、同父异母兄弟姐妹、同母异父兄弟姐妹、养兄弟姐妹和形成扶养关系的继兄弟姐妹；兄弟姐妹的父母，包括生父母、养父母。

应当注意的是，继父或继母与其继子女之间因抚养关系形成而产生了父母子女的权利义务，并不意味着继兄弟姐妹之间也因此同时产生兄弟姐妹之间的权利义务。只有在继子女与继父母的抚养关系形成后，继兄弟姐妹间实际进行了扶养的，双方的扶养关系形成，相互间的关系才适用法律有关兄弟姐妹关系的规定。

二、兄弟姐妹间的权利义务

（一）兄、姐对弟、妹有扶养义务

《民法典》第 1075 条第 1 款规定："有负担能力的兄、姐，对于父母已经死亡或者父母无力抚养的未成年弟、妹，有扶养的义务。"可见，兄、姐对弟、妹在下列条件下负担扶养义务：

第一，兄、姐有负担能力。有负担能力是指兄、姐以自己的收入和配偶收入满足自己和第一顺序抚养权人（即配偶、子女和父母）合理的生活、教育、医疗等需求后仍有剩余。如果兄、姐中数人均有负担能力，则应根据他们的经济情况共同负担。

第二，父母已经死亡或无力抚养。这里的死亡包括自然死亡和宣告死亡；父母无力抚养是指父母不能以自己的收入满足其子女合理的生活、教育、医疗等需求。

第三，弟、妹未成年。如果弟、妹已满 18 周岁而不能独立生活，即使在父母死亡或无抚养能力的情况下，有负担能力的兄、姐也没有扶养的义务。

如果某一未成年人既有有负担能力的祖父母、外祖父母，又有有负担能力的兄、姐，则他们处于同等的地位，应由他们根据自己的经济情况共同承担抚养的义务。

参考案例

甲的父母离婚后，甲父与乙再婚。继母乙之女丙随乙与甲父、甲共同生活，甲父对丙进行了抚养教育，双方形成了抚养关系。甲父与乙婚姻关系存续期间，依法收养孤儿丁为养子。因所在单位经营状况不好，甲父与乙双双下岗，靠打零工维持生活，无能力承担丁的初中学习费用，丁面临失学。丁渴望上学，便向已成年工作的甲、丙提出支付学费的要求，甲、丙均予以拒绝。

分析： 甲父收养丁之后，双方之间形成拟制血亲关系，该拟制血亲关系的效力及于养父母的近亲属，因此，丁与甲之间产生养兄弟姐妹的权利义务关系，甲对丁有扶养的义务。甲父与丙形成了抚养关系，具有拟制血亲关系，但该拟制效力仅在甲父与丙之间发生，不能及于甲和丁；但丙是乙的亲生女儿，丁是乙的养子，因此，乙与丁之间形成拟制血亲关系，该拟制血亲关系的效力及于养母的近亲属，丙与丁之间产生养兄弟姐妹的权利义务关系，丙对丁有扶养的义务。

（二）弟、妹对兄、姐有扶养义务

《民法典》第1075条第2款规定："由兄、姐扶养长大的有负担能力的弟、妹，对于缺乏劳动能力又缺乏生活来源的兄、姐，有扶养的义务。"弟、妹对兄、姐在下列条件下有扶养的义务：

第一，弟、妹由兄、姐扶养长大。由兄、姐扶养长大的弟、妹是指长期依靠兄、姐提供全部或主要扶养费用直到以自己的收入作为主要生活来源的弟、妹。

第二，弟、妹有负担能力。有负担能力是指弟、妹以自己的收入和配偶收入满足自己和第一顺序扶养权人（即配偶、子女和父母）合理的生活、教育、医疗等需求后仍有剩余。

第三，兄、姐缺乏劳动能力又缺乏生活来源。缺乏劳动能力是指劳动能力不足，包括丧失劳动能力；缺乏生活来源是指维持生存所必需的生活费用和用品不足，包括丧失生活来源。兄、姐只有同时具备缺乏劳动能力和缺乏生活来源两个条件，弟、妹对其才有可能有扶养义务。

参考案例

甲与乙、丙、丁系亲兄弟姐妹关系。甲系一级精神残疾，长期与父母共同生活，父母去世后，由乙作为其监护人照顾至今。甲每月虽有低保固定收入，但因医药费支出较大，不能维持当地一般生活水平；乙随着年龄增大，经济负担能力逐年减弱。于是，甲向人民法院提起诉讼，请求丙、丁每月支付扶养费，丙、丁则以甲未对其进行过扶养为由抗辩。一审人民法院认为，甲丧失劳动能力，父母已经去世，乙、丙、丁作为弟、妹，应当履行对甲支付扶养费的义务，判决支持了甲的诉讼请求。丙、丁不服一审判决，提起上诉，二审人民法院驳回上诉，维持原判。

分析：人民法院的判决适用法律错误。《民法典》第1075条第2款规定："由兄、姐扶养长大的有负担能力的弟、妹，对于缺乏劳动能力又缺乏生活来源的兄、姐，有扶养的义务。"依照该规定，乙、丙、丁对于甲的扶养义务，应当同时满足受甲扶养长大和甲既缺乏劳动能力又缺乏生活来源两个法定条件。甲在丙、丁未成年时未对其进行抚养，不具备法律规定的要求丙、丁抚养的条件，无权请求丙、丁履行支付扶养费的义务。

（三）兄弟姐妹间的继承权

依据《民法典》第1127条的规定，兄弟姐妹是第二顺序继承人。在没有第一顺序继承人或第一顺序继承人均放弃或丧失继承权时，被继承人的兄弟姐妹可继承遗产。同时，被继承人的兄弟姐妹先于被继承人死亡的，由被继承人的兄弟姐妹的子女代位继承（《民法典》第1128条）。依据《继承编解释》（一）的规定，养子女与生子女之间、养子女与养子女之间，系养兄弟姐妹，可以互为第二顺序继承人。被收养人与其亲兄弟姐妹之间的权利义务关系，因收养关系的成立而消除，不能互为第二顺序继承人；继兄弟姐妹之间的继承权，因继兄弟姐妹之间的扶养关系而发生。没有扶养关系的，不能互为第二顺序继承人（第12条和第13条）。

【引例评析】

1. 甲与继父长期共同生活，继父对甲进行抚养教育，双方形成抚养关系，为拟制血亲的继父母子女关系，相互之间产生父母子女权利义务。但继子女与继父母之间拟制血亲关系的效力，只在继子女与继父母之间发生，不能及于继父母的近亲属，因此，甲与继父的儿子乙之间不因与继父拟制血亲关系的形成而成为拟制血亲的兄弟姐妹关系，仍属于姻亲关系。所以，甲对乙没有扶养的义务。

2. 甲与继父之间拟制血亲关系的效力，只在继子女与继父母之间发生，不能及于继父母的近亲属。但如果继祖父母对继孙子女进行了生活上的照料和物质上的帮助，双方之间则形成抚养关系的继祖孙权利义务，具有《民法典》规定的祖孙之间的权利义务。继父之母丙对甲进行了长期的生活照料，双方之间形成抚养关系，因此甲对丙的遗产有继承的权利。

【本章小结】

1. 有负担能力的祖父母、外祖父母，对于父母已经死亡或者父母无力抚养的未成年孙子女、外孙子女，有抚养的义务；有负担能力的孙子女、外孙子女，对于子女已经死亡或者子女无力赡养的祖父母、外祖父母，有赡养的义务。

2. 有负担能力的兄、姐，对于父母已经死亡或者父母无力抚养的未成年弟、妹，有扶养的义务；由兄、姐扶养长大的有负担能力的弟、妹，对于缺乏劳动能力又缺乏生活来源的兄、姐，有扶养的义务。

3. 继父或继母与继子女间的抚养关系形成后，其拟制效力仅及于继父母与其抚养教育的继子女间，而不及于继父或继母的近亲属。只有在继祖父母、继外祖父母对继孙子女、继外孙子女进行了生活上的照料和物质上帮助的情况下，双方的抚养关系才能发生；同理，只有在继兄、姐对与其父母形成扶养关系的继弟、妹进行了生活上的照料和物质上帮助的情况下，才可认定继兄弟姐妹之间形成了扶养关系。继祖孙之间的抚养关系、继兄弟姐妹之间的扶养关系形成后，相互之间适用《民法典》有关祖孙之间、兄弟姐妹之间权利和义务的规定。

【练习题】

一、名词解释

祖父母　外祖父母　兄弟姐妹

二、思考题

1. 祖孙在什么条件下产生权利和义务关系？

2. 兄弟姐妹在什么条件下产生权利和义务关系？

三、案例分析题

1. 甲与妻子结婚后，有婚生子乙和养女丙（未办理收养登记）。甲父丁没有生活来源，日常生活费用依靠甲与甲弟戊供给。甲去世后，丁身体每况愈下，经常住院，医疗费用骤增。戊除赡养丁外，还要抚养自己的一双儿女，妻子失业后一直没有找到稳定的工作，除家庭用度之外，戊的剩余资金不能满足赡养丁的需要。丁要求乙、丙向其支付不足部分的赡养费用，被乙、丙拒绝。

问题：

（1）丙与丁有亲属关系吗？

（2）戊对丁有赡养义务吗？

（3）乙与丙有赡养丁的义务吗？

分析要点提示：

（1）甲收养丙未办理收养登记，双方之间收养关系不成立，甲、丙之间不产生养父子间的拟制血亲关系，因此，丙与甲的父亲丁之间也不能基于收养拟制效力而形成拟制血亲的养祖孙间的亲属关系。

（2）戊有赡养丁的义务。根据《民法典》第 26 条的规定，子女有赡养父母的义务。不履行赡养义务的，缺乏劳动能力或者生活困难的父母，有要求成年子女赡养的权利。成年子女对父母的赡养，以其是否有负担能力为标准，而不是以是否有足够的负担能力为标准。戊有负担能力，在负担能力不足的情况下，仍应以第一顺序赡养义务人的身份，对丁履行赡养义务。

（3）丙与丁没有亲属关系，没有赡养丁的义务。乙作为丁的亲孙子，虽对丁有赡养义务，但其是第二顺序赡养义务人，第二顺序赡养人是补第一顺序赡养人赡养能力之不足，不是补第一顺序赡养人赡养能力大小之不足。因此，在戊具备一定赡养能力的情况下，即使其赡养能力不足，乙作为第二顺序的赡养义务人对丁也无法定赡养义务。

2. 甲、乙系同父异母的姐弟关系。甲出嫁后，乙出生。在乙 5 岁时，其父母相继去世，甲承担了对乙的扶养责任。甲含辛茹苦地将乙带大，并供其读完大学。乙大学毕业参加工作后，甲的丈夫和儿子相继去世，甲一人寡居农村，靠种地为生，生活相当艰难。感念甲的扶养之恩，乙按月向甲支付生活费用。但乙娶妻生子后，生活开销陡增，加上妻子阻挠，乙未再向甲支付生活费。甲失去种地维持生活的能力后，再无其他的生活来源，万般无奈之下，向人民法院提起诉讼，要求乙履行扶养义务，每月向其支付生活费。

问题：

（1）甲有扶养乙的义务吗？

（2）乙成年后有扶养甲的义务吗？

（3）乙妻有扶养甲的义务吗？

分析要点提示：

（1）甲有扶养乙的义务。甲、乙为自然血亲的兄弟姐妹关系，属于《民法典》规定的有权利义务关系的兄弟姐妹范围。当乙父母死亡不能对乙履行抚养义务时，甲作为成年并有负担能力的姐姐，对未成年的乙有扶养的义务。

（2）乙对甲有扶养的义务。乙接受甲的扶养长大，在其有负担能力后，甲丧夫失子，年龄渐长，劳动能力减弱，生活困难，依照《民法典》的有关规定，乙对甲有支付扶养费的义务。

（3）乙妻对甲没有扶养的义务，但作为扶养义务人乙的配偶，有协助乙履行扶养义务的义务。

自测习题

第七章　离婚制度

【本章引例】

甲与妻子乙因感情破裂，决定离婚。双方签署了离婚协议书，对财产处理和子女抚养问题作出如下约定：甲婚前所有房产A和甲、乙共有房产B均归乙所有；夫妻共同债务50万元由甲负责清偿；儿子丙由乙抚养，甲每月支付生活费1 000元，每年支付教育费10 000元，直到丙大学毕业。领取离婚证后，甲对财产处理和子女抚养问题反悔，向人民法院提起诉讼，请求重新处理。

请问：

1. 甲、乙签订的离婚协议书何时生效?
2. 离婚协议中关于夫妻共同债务由甲负责清偿的约定，能否对抗债权人?
3. 丙考取大学时已满18周岁，离婚协议中关于丙的抚养问题条款是否有效?
4. 甲对离婚财产处理反悔，是否有权请求人民法院重新处理?

【本章学习目标】

通过学习本章，你应该能够：

1. 了解离婚的特征和种类。
2. 掌握协议离婚和裁判离婚的条件。
3. 了解协议离婚和裁判离婚的程序。
4. 掌握离婚时的财产分割和子女抚养。

第一节　婚姻终止的原因

婚姻终止，是指合法有效的婚姻关系因发生一定的法律事实而归于消灭。能够引起婚姻关系终止的法律事实，称为婚姻的终止原因。婚姻终止的原因有两种：一是婚姻当事人一方死亡（包括自然死亡和宣告死亡）；二是离婚。婚姻终止的原因不同，其法律后果也不同。

一、婚姻因配偶死亡而终止

配偶死亡有两种情况：一是配偶一方自然死亡；二是配偶一方被宣告死亡。配偶关系作为一种身份法律关系，以配偶双方的存在为前提，配偶一方死亡，双方的共同生活关系不能维系，必然引起婚姻关系终止的法律后果。配偶死亡原因不同，婚姻终止的法律后果也有所不同。

（一）婚姻因配偶一方自然死亡而终止

配偶一方自然死亡，夫妻之间的权利义务消灭，婚姻关系自然终止。因配偶一方死亡而终止婚姻的效力，只限于对夫妻双方的内部效力，即夫妻之间人身关系和财产关系上的权利和义务不复存在，但夫妻以外的婚姻效力并不当然消灭。在实际生活中，配偶一方死亡之后，生存配偶一方往往仍继续保持与死亡配偶一方亲属的关系，有的还继续留在原家庭内生活，姻亲关系仍继续存在，不因配偶一方的死亡而终止。

（二）婚姻因配偶一方被宣告死亡而终止

宣告死亡是指经利害关系人的申请，由人民法院依审判程序宣告下落不明达一定期间的自然人死亡的法律制度。依据《民法典》第 51 条的规定，被宣告死亡的人的婚姻关系，自死亡宣告之日起消除。死亡宣告被撤销的，婚姻关系自撤销死亡宣告之日起自行恢复。但是，其配偶再婚或者向婚姻登记机关书面声明不愿意恢复的除外。

（三）配偶一方被宣告失踪，只能通过裁判离婚而终止婚姻关系

被宣告失踪人与其配偶的婚姻关系并不因失踪宣告而终止，宣告失踪期间双方均不得再婚。如果失踪人被宣告失踪之后，又被宣告死亡的，则其婚姻关系自死亡宣告之日起终止。依照我国有关法律的规定，失踪人的配偶要求解除与失踪人的婚姻，可以向人民法院提起离婚诉讼，人民法院受理后，应当进行公告，限失踪人 3 个月内应

诉；3 个月公告期满，失踪人逾期应诉的，人民法院可缺席裁判离婚。判决书以公告方式送达，公告之日起 3 个月为送达期间；3 个月期满送达生效后再经过 15 天的上诉期，当事人未提起上诉的，离婚判决生效，婚姻关系终止。

参考案例

在甲与妻子乙婚姻关系存续期间，因家庭纠纷发生争吵，乙留下不满 2 岁的女儿离家出走，杳无音信。4 年后，甲向人民法院申请宣告乙死亡。人民法院按照特别程序审理后，作出宣告乙死亡的判决。判决生效后，甲未再婚。一年后，乙重新出现。得知自己被人民法院宣告死亡，乙向人民法院申请撤销了宣告其死亡的判决。人民法院撤销宣告乙死亡的判决后，乙又离家出走，杳无音信。甲再次陷入婚姻困境。

分析：人民法院宣告乙死亡的判决生效后，甲与乙的婚姻关系消灭，甲的再婚自由恢复。因甲未再婚，乙向人民法院申请撤销其死亡宣告的判决后，甲与乙的婚姻关系自行恢复。在婚姻关系存续期间，乙再次失踪，甲要消除乙失踪带来的困扰，可通过以下途径解决：一是乙失踪满 4 年后，向人民法院申请宣告乙死亡。人民法院宣告乙死亡的判决生效后，甲再行结婚，或者向婚姻登记机关书面声明不愿意恢复原婚姻关系，从而绝对消灭与乙的婚姻关系。二是乙失踪满 2 年后，向人民法院申请宣告乙失踪。人民法院宣告乙失踪的判决生效后，向人民法院提出离婚诉讼，人民法院采用公告送达和缺席审判的方式，处理双方的离婚纠纷，解除双方的婚姻关系。

二、婚姻因离婚而终止

（一）离婚的概念和特点

《民法典》婚姻家庭编中用专章（第四章）规定了“离婚”。所谓离婚，是在夫妻双方生存期间，依照法定的条件和程序解除婚姻关系的民事法律行为。配偶一方死亡，婚姻关系自动解除，而离婚则是人为解除婚姻关系。离婚作为一种民事法律行为，具有以下特点：

第一，离婚的主体只能是具有合法夫妻身份关系的男女。离婚只能由具有合法夫妻身份的男女双方本人提出。其他任何人都无权代替夫妻一方提出离婚，也不能对他人的婚姻提出离婚请求。

第二，离婚只能在夫妻双方生存期间办理，如夫妻一方自然死亡或被宣告死亡的，则婚姻关系已经终止，无需通过离婚终止婚姻关系。

第三，离婚的前提是男女双方存在合法的婚姻关系。离婚是对合法有效婚姻关系的解除，因此，凡属违法婚姻（被认定为事实婚姻关系的除外），只能确认婚姻关系无效或撤销，不得按离婚办理。

第四，离婚必须符合法定的条件，并经过法定的程序。离婚作为一种民事法律行为，只有具备法定的条件，并履行法定的程序，才能发生法律效力。双方当事人自行订立的离婚协议或基层组织主持调解所达成的离婚协议，都不能发生婚姻关系解除的法律效力。

第五，离婚的后果是导致婚姻关系的解除，并引起夫妻财产关系、子女抚养关系、对外债务清偿等一系列法律后果。所以，离婚不仅关系到双方当事人的利益，同时也会影响子女的利益和社会的利益。

（二）离婚的种类

从不同的角度，可对离婚作不同的分类，主要有：根据当事人对离婚的态度，可分为双方自愿离婚和一方要求离婚；根据离婚的程序，可分为行政程序的离婚和诉讼程序的离婚；根据人民法院结案的方式，可分为调解离婚和裁判离婚。

（三）离婚与无效婚姻、可撤销婚姻的区别

离婚与婚姻的无效和撤销，从形式上看都是婚姻关系的解除，但实质上它们是不同的法律制度。离婚是解除合法有效婚姻关系的法律手段，而婚姻的无效与撤销是违法婚姻的法律后果，它们有严格的区别。

1. 形成原因不同

婚姻无效与撤销的原因在婚姻成立之前或成立之时就存在；而离婚的原因发生在婚姻成立之后。

2. 请求权主体不同

离婚请求权的主体为婚姻当事人双方，但仅限于当事人本人，其他任何第三人无权代理行使。无效婚姻请求权的主体，除当事人本人可以行使外，利害关系人也可以行使。婚姻撤销请求权，只能由当事人中受害一方行使。因胁迫结婚的，由受胁迫一方行使；一方患有重大疾病结婚登记前未告知另一方的，由受欺诈的另一方行使。

3. 请求权行使时间不同

离婚请求权只能在当事人双方生存期间行使，如当事人一方死亡，另一方不能提出离婚；而婚姻无效的请求权既可以在当事人双方生存期间行使，也可以在当事人双方或一方死亡后行使。婚姻撤销请求权，受1年除斥期间的限制。

4. 适用程序不同

离婚既可依诉讼程序由人民法院处理，也可依行政程序由婚姻登记机关办理；而婚姻的无效和撤销只能依诉讼程序由人民法院处理。

5. 法律后果不同

离婚会产生离婚的一系列法律后果，如夫妻财产分割等；而婚姻的无效与撤销是对违法婚姻的解除，不产生离婚的法律后果，双方的财产不按夫妻共同财产分割，违法婚姻所生子女应为非婚生子女。

参考案例

甲与乙为三代以内的表兄妹关系，双方隐瞒亲属关系骗取了结婚登记。婚姻关系存续期间，双方感情破裂，乙向人民法院提起离婚诉讼，同时要求分割甲婚后继承其父亲的100万元遗产。甲同意离婚，但以该遗产为个人继承所得为由，拒绝了乙的分割请求。

分析：无效婚姻存续期间，不同于婚姻关系存续期间。依据《民法典》第1054条的规定，婚姻被确认无效的，自始不具有法律约束力。同居期间所得的财产，按共同共有处理，但是有证据证明为当事人一方所有的除外［《婚姻家庭编解释（一）》第22条］。甲与乙的婚姻因违反《民法典》关于禁婚亲的规定，被人民法院确认婚姻无效。同居期间，甲所得的100万元，有证据证明是甲继承所得的财产，属于甲个人所有的财产，乙无权分割。

第二节　协议离婚

一、协议离婚的概念和特点

协议离婚又称两愿离婚、自愿离婚，是指夫妻双方自愿并对子女和财产问题达成协议，经过有关机关认可解除婚姻关系。在我国，双方自愿离婚的法律程序为离婚登记程序，由婚姻登记机关对当事人的离婚申请进行审查、登记。登记机关完成离婚登记，双方的婚姻关系终止。对此，《民法典》第1076条规定："夫妻双方自愿离婚的，应当签订书面离婚协议，并亲自到婚姻登记机关申请离婚登记。离婚协议应当载明双方自愿离婚的意思表示和对子女抚养、财产以及债务处理等事项协商一致的意见。"

协议离婚虽是夫妻双方在生存期间自愿终止婚姻关系，但协议离婚行为和结婚行为一样，在性质上属于民事法律行为而不是事实行为。当事人达成离婚合意，必须经过主管机关审查批准，二者的结合才构成协议离婚。如果仅有当事人的合意而法律并不加以认可，仍然不是制度意义上的协议离婚。因此，在充分尊重当事人双方意愿的基础上，采用主管机关对当事人申请进行审查并确认的程序使婚姻关系得以解除，是协议离婚的基本特点。

二、离婚登记的条件

依照《婚姻登记条例》的规定，离婚登记应当符合下列条件。

（一）双方当事人必须具有完全民事行为能力

《婚姻登记条例》第 14 条第 2 项规定，申请离婚登记的当事人属于无民事行为能力人或者限制民事行为能力人的，婚姻登记机关不予受理。离婚登记是解除夫妻身份关系的民事法律行为，为维护夫妻双方的合法权益，在实施该民事法律行为时双方均应当具有完全民事行为能力。对于夫妻一方为无民事行为能力人或限制民事行为能力人的离婚，只能依诉讼程序进行。

（二）双方当事人必须有离婚的合意

《婚姻登记条例》第 14 条第 1 项规定，办理离婚登记的当事人未达成离婚协议的，婚姻登记机关不予受理。离婚的双方当事人不仅须达成离婚的合意，而且离婚的意思表示必须真实。凡受欺诈、胁迫达成的离婚协议，都不符合登记离婚的条件。

（三）双方当事人必须对离婚后子女抚养、财产、债务等问题达成一致

依据《婚姻登记条例》第 13 条和《民法典》第 1076 条第 2 款的规定，离婚协议应当载明双方自愿离婚的意思表示和对子女抚养、财产以及债务处理等事项协商一致的意见。离婚不仅是夫妻身份关系的解除，还涉及夫妻财产关系、子女抚养等方面的后果。所以，法律要求夫妻在办理离婚登记时，必须对子女的抚养、财产及债务等问题达成一致，以维护当事人和第三人的合法权益。

在协议离婚中，当事人达成的以协议离婚或者到人民法院调解离婚为条件的财产以及债务处理协议，如果双方离婚未成，一方在离婚诉讼中反悔的，人民法院应当认定该财产以及债务处理协议没有生效，并根据实际情况依照《民法典》第 1087 条和第 1089 条的规定判决。当事人依照《民法典》第 1076 条签订的离婚协议中关于财产以及债务处理的条款，对男女双方具有法律约束力。登记离婚后当事人因履行上述协议发

生纠纷提起诉讼的，人民法院应当受理［《婚姻家庭编解释（一）》第 69 条］。夫妻双方协议离婚后就财产分割问题反悔，请求撤销财产分割协议的，人民法院应当受理。人民法院审理后，未发现订立财产分割协议时存在欺诈、胁迫等情形的，应当依法驳回当事人的诉讼请求［《婚姻家庭编解释（一）》第 70 条］。

依据《婚姻家庭编解释（二）》第 20 条的规定，在离婚协议中，双方约定将部分或者全部夫妻共同财产给予子女，离婚后，一方在财产权利转移之前请求撤销该约定的，人民法院不予支持，但另一方同意的除外；一方不履行离婚协议约定的义务，另一方有权请求其承担继续履行或者因无法履行而赔偿损失等民事责任，人民法院依法予以支持。双方在离婚协议中明确约定子女可以就给予的相关财产直接主张权利，一方不履行离婚协议约定的义务，子女请求参照适用《民法典》第 522 条第 2 款规定，由该方承担继续履行或者因无法履行而赔偿损失等民事责任，人民法院依法予以支持。离婚协议约定将部分或者全部夫妻共同财产给予子女，离婚后，一方有证据证明签订离婚协议时存在欺诈、胁迫等情形，请求撤销该约定的，人民法院予以支持；当事人同时请求分割该部分夫妻共同财产的，人民法院应当依照《民法典》第 1087 条规定处理。

三、离婚登记的程序

离婚登记同结婚登记一样，必须到婚姻登记机关办理登记手续。依照《婚姻登记条例》的规定，离婚登记在程序上必须经过申请、审查、登记三个步骤。

（一）申请

根据《婚姻登记条例》第 13 条第 1 款的规定，内地居民自愿离婚的，男女双方应当签订书面离婚协议，亲自到婚姻登记机关共同申请离婚登记。第 15 条第 1 款规定："申请离婚登记的内地居民应当出具下列证件：（一）本人的居民身份证。（二）本人的结婚证。"对于协议离婚，我国《民法典》确立了离婚冷静期制度，第 1077 条第 1 款规定："自婚姻登记机关收到离婚登记申请之日起三十日内，任何一方不愿意离婚的，可以向婚姻登记机关撤回离婚登记申请。"

（二）审查

婚姻登记机关应当在法律规定期限内，根据当事人的申请，核对离婚登记当事人出具的证件、书面材料并询问相关情况。如果申请办理离婚登记的当事人有一本结婚证丢失的，当事人应当书面声明遗失，婚姻登记机关可以根据另一本结婚证受理离婚登记申请；申请离婚登记的当事人两本结婚证都丢失的，当事人应当书面声明结婚证遗失并提供加盖查档专用章的结婚登记档案或信息共享获取的婚姻登记电子档案，婚姻登记机关可根据当事人提供的上述材料受理离婚登记申请。婚姻登记机关对当事人提交的证件和书面材料初审无误后，发给“离婚登记申请受理回执单”；不符合离婚登记申请条件的，不予受理。

自婚姻登记机关收到离婚登记申请并向当事人发放“离婚登记申请受理回执单”之日起 30 内，任何一方不愿意离婚的，可以持本人有效身份证件和“离婚登记申请受理回执单”，向受理离婚登记申请的婚姻登记机关撤回离婚登记申请，并亲自填写“撤回离婚登记申请书”。经婚姻登记机关核实无误后，发给“撤回离婚登记申请确认单”。自离婚冷静期届满后 30 日内，双方未共同到婚姻登记机关申请发给离婚证的，视为撤回离婚登记申请。

社会热点：离婚冷静期

司法案例：婚姻登记如何进行审查

参考案例

甲与乙未办理结婚登记即以夫妻名义共同生活。两人共同生活期间因感情不和，决定离婚。签署离婚协议书后，双方共同到甲户口所在地的婚姻登记机关申请离婚登记。婚姻登记机关对甲、乙出示的证件、证明材料进行审查并询问相关情况后，发现双方没有领取结婚证，对其离婚申请不予受理。

分析：甲、乙申请离婚登记时，应当提交包括结婚证在内的证件和证明材料，证明双方之间存在婚姻关系，对离婚确属自愿，并已对子女抚养、财产、债务等问题达成一致处理意见。但甲、乙未办理结婚登记即以夫妻名义共同生活，没有领取结婚证，不能提供结婚证以证明自己的夫妻身份，而婚姻登记机关对当事人之间关系是否存在合法婚姻关系是通过证件和证明材料的形式审查予以确认的，因此，在甲、乙未提供结婚证证明其夫妻身份的情况下，婚姻登记机关对其离婚申请不予受理是正确的。

（三）登记

依据《民法典》第 1077 条第 2 款的规定，在离婚冷静期限届满后 30 日内，双方应当亲自到婚姻登记机关申请发给离婚证；未申请的，视为撤回离婚登记申请。婚姻登记机关审查后，对符合《民法典》和《婚姻登记条例》的离婚申请予以批准。《民法典》第 1078 条和《婚姻登记条例》第 16 条规定：婚姻登记机关查明双方确属自愿离婚，并已对子女抚养、财产以及债务处理等事项协商一致的，应当当场予以登记，发给离婚证。离婚证是婚姻登记机关出具的证明婚姻关系解除的法律文书，与人民法院的离婚判决书、离婚调解书具有同等的法律效力。依据《民法典》第 1080 条规定，完成离婚登记，即解除婚姻关系。

司法案例：附协议离婚条件的财产分割协议是否有效

参考案例

甲与乙对离婚问题达成一致，双方签署了离婚协议书，协议中约定：产权登记在甲名下的双方共有房屋赠与儿子丙。甲、乙领取离婚证后，丙要求甲将房屋所有权过户到自己名下，遭到甲的拒绝，并表示撤销赠与。

分析：甲与乙在离婚协议书中将夫妻共有房屋赠与丙，系双方对夫妻共同财产的分割行为，合法有效。依据《民法典》第 658 条第 1 款的规定，赠与人在赠与财产的权利转移之前有权撤销赠与，但本案中，甲与乙作为共同赠与人，撤销权应当共同行使。甲、乙就撤销权的行使不能达成一致时，甲不能单方撤销赠与。因此，甲应当履行离婚协议书中约定的义务，将赠与物的所有权转移到丙的名下。

四、离婚登记的几个具体问题

（一）关于离婚协议的生效问题

离婚协议不仅是协议离婚的成立要件，本身也是民事法律行为。因此，离婚协议的生效，首先须满足一般生效要件。具体来说，夫妻双方订立离婚协议时须为完全民事行为能力人，订立离婚协议的意思表示真实，离婚协议不违反法律、行政法规的强制性规定，不违反公序良俗。同时，离婚协议还须满足特别生效要件，即离婚协议中的财产分割、债务处理、子女抚养等条款以夫妻双方完成离婚登记为生效要件。

依据《婚姻家庭编解释（一）》第 69 条的规定，当事人达成的以协议离婚或者到人民法院调解离婚为条件的财产以及债务处理协议，如果双方离婚未成，一方在离婚诉讼中反悔的，人民法院应当认定该财产以及债务处理协议没有生效，并根据实际情况依据《民法典》第1087条和第1089条的规定判决。当事人依据《民法典》第1076条签订的离婚协议中关于财产以及债务处理的条款，对男女双方具有法律约束力。登记离婚后当事人因履行上述协议发生纠纷提起诉讼的，人民法院应当受理。

（二）关于离婚登记后，一方反悔要求人民法院重新处理的，人民法院是否受理的问题

关于离婚登记后，一方反悔要求人民法院给予重新处理的，人民法院是否受理的问题，《民法典》未作出规定。《婚姻家庭编解释（一）》第70条规定："夫妻双方协议离婚后就财产分割问题反悔，请求撤销财产分割协议的，人民法院应当受理。人民法院审理后，未发现订立财产分割协议时存在欺诈、胁迫等情形的，应当依法驳回当事人的诉讼请求。"依照该规定，夫妻双方协议离婚后就财产分割问题反悔，请求人民法院重新处理的，人民法院应当受理。如果夫妻双方协议离婚后对离婚问题反悔，请求人民法院重新处理的，依据《民事诉讼法》第202条"当事人对已经发生法律效力的解除婚姻关系的判决、调解书，不得申请再审"这一规定的精神，人民法院不应受理。

司法案例：离婚协议书能否撤销

司法案例：离婚协议约定共同财产归一方所有发生何种效力

（三）关于假离婚问题

假离婚是指婚姻当事人双方为了共同的或各自的目的，约定暂时离婚，待既定目的达到后再复婚的行为。

关于假离婚问题，《民法典》未作出明确规定。离婚行为在性质上为民事法律行为，假离婚是双方当事人作出虚假离婚的意思表示，但《民法典》第146条第1款"行为人与相对人以虚假的意思表示实施的民事法律行为无效"的规定对身份法律行为不适用。身份法律行为与财产法律行为不同，身份法律行为应具有既定力，意思表示采取形式主义，无意思表示瑕疵之适用余地。因此，当事人对假离婚不得以受欺诈为由请求撤销，也不得以虚假意思表示为由主张无效。对此，《婚姻家庭编解释（二）》第2条明确规定，夫妻登记离婚后，一方以双方意思表示虚假为由请求确认离婚无效的，人民法院不予支持。

（四）关于离婚协议中财产分割条款影响债权人的债权实现能否撤销问题

在夫妻离婚协议中，如果财产分割条款影响债权人的债权实现，债权人能否行使撤销权在理论上与实践中都有不同看法。对此，《婚姻家庭编解释（二）》第 3 条作出了肯定性规定，即夫妻一方的债权人有证据证明离婚协议中财产分割条款影响其债权实现，请求参照适用《民法典》第 538 条或者第 539 条规定撤销相关条款的，人民法院应当综合考虑夫妻共同财产整体分割及履行情况、子女抚养费负担、离婚过错等因素，依法予以支持。

第三节　裁判离婚

一、裁判离婚的概念和适用

裁判离婚又称判决离婚、诉讼离婚，是指对于夫妻一方提出的离婚诉讼请求，经人民法院审理，作出肯定判决的一种离婚制度。裁判离婚体现了国家对婚姻问题的干预，对离婚行为进行司法控制的这一基本特点。

《民法典》第 1079 条第 1 款规定："夫妻一方要求离婚的，可以由有关组织进行调解或者直接向人民法院提起离婚诉讼。"第 2 款规定："人民法院审理离婚案件，应当进行调解；如感情确已破裂，调解无效的，应当准予离婚。"这一规定说明，裁判离婚的适用条件是男女一方要求离婚并且夫妻感情确已破裂；如果一方坚持要求离婚但夫妻感情并未破裂，则不能判决离婚。

应当注意的是，无民事行为能力人的配偶有《民法典》第 36 条第 1 款规定的行为，其他有监护资格的人可以要求撤销其监护资格，并依法指定新的监护人；变更后的监护人代理无民事行为能力一方提起离婚诉讼的，人民法院应予受理［《婚姻家庭编解释（一）》第 62 条］。

参考案例

甲与妻子乙结婚登记后，夫妻感情较好。婚姻关系存续期间，因为一次交通事故，甲成为植物人，久治不愈，高额的医疗费用耗尽了家里的积蓄，也耗尽了乙的耐心。乙开始产生厌倦情绪，经常借故不到医院护理，并开始变卖家产。甲父见状，决定代甲提起离婚诉讼，以此保全甲的财产利益。

分析： 甲父有权代理甲提起离婚诉讼。甲成为植物人后，意思能力和意志能力丧失，处于无民事行为能力状态。乙作为甲的配偶，是甲的第一顺序监护人。在乙对甲有遗弃和侵害甲财产权益行为时，甲父可以依照特别程序申请人民法院宣告甲为无民事行为能力人并撤销乙的监护人资格。判决生效后，变更监护关系，甲父取得甲监护人的身份，有权依据《婚姻家庭编解释（一）》第 62 条的规定，代理无民事行为能力一方甲提起离婚诉讼。

二、裁判离婚的程序

（一）调解

调解是裁判离婚的必经程序。如调解不成，夫妻感情确已破裂，则由人民法院判决离婚。离婚的调解具体可分为两种：一是诉讼外调解；二是诉讼内调解。

1. 诉讼外调解

诉讼外调解是指当事人所在单位、群众团体、居民委员会或村民委员会、婚姻登记机关等主持的调解。对离婚纠纷进行诉讼外调解，符合我国人民群众中关于家庭纠纷通过调停解决的传统习惯和“非讼”心理，易于为当事人所接受。通过诉讼外调解，可能出现三种结果：一是调解和好，双方继续保持婚姻关系；二是对离婚及子女抚养、财产分割达成协议，双方按照离婚登记程序办理离婚登记；三是调解不成，由当事人一方向人民法院提起离婚诉讼。

应当指出的是，诉讼外调解并不是裁判离婚的必经程序，是否由有关部门进行调解由当事人双方自己决定。当事人可以不经过这一阶段而直接向人民法院起诉，请求判决离婚，人民法院不得以未经有关部门调解而拒绝受理。有关部门的调解结果也无法律约束力，当事人不得请求强制执行。

2. 诉讼内调解

《民法典》第 1079 条第 2 款中规定：“人民法院审理离婚案件，应当进行调解”。这表明，调解是人民法院审理离婚案件的必经程序。如果当事人因特殊情况无法出庭参加调解的，除本人不能表达意志的以外，应当出具书面意见。通过调解达成的协议，必须双方自愿，不得强迫；协议的内容不得违反法律规定。

通过诉讼内的调解也会出现三种可能：一是双方和好。在这种情况下，人民法院应将和好协议的内容记入笔录，由双方当事人、审判人员、书记员签名或者盖章。二是双方达成离婚协议。在这种情况下，人民法院应当制作调解书。调解书应写明诉讼请求、案件的事实和调解的结果，并由审判人员、书记员署名，加盖人民法院印章。离婚调解书经双方当事人签收后即具有法律效力。但无民事行为能力人的法定代理人与对方不能就离婚达成协议，只能就财产分割和子女抚养达成协议。三是调解无效，包括调解和好不成、调解离婚无效及经过调解双方在其他离婚后果方面达不成协议。在这种情况下，离婚诉讼继续进行。

（二）法院判决

对于调解无效的离婚案件，如双方感情确已破裂，应判决准予离婚，不能久调不决。一审判决离婚的，人民法院在宣告判决时必须告知当事人在判决发生法律效力前不得另行结婚。当事人不服一审判决的，有权依法提起上诉。第二审人民法院审理上诉案件可以进行调解。经调解双方达成协议的，自调解书送达时起原审判决即视为被撤销；第二审人民法院作出的判决是终审判决。

司法案例：智障被告离婚案件应如何处理

司法案例：原告有智障的离婚案件应如何处理

（三）裁判离婚程序的两项特别规定

1. 现役军人配偶要求离婚的问题

《民法典》第 1081 条规定："现役军人的配偶要求离婚，应当征得军人同意，但是军人一方有重大过错的除外。"这一规定旨在保护现役军人的婚姻关系，以有利于巩固人民军队，提高人民解放军的战斗力。关于这一规定，应明确以下几点：

（1）本条规定的现役军人，是指正在中国人民解放军和中国人民武装警察部队服役、具有军籍的人员，不包括退役军人、复员军人、转业军人和军事单位中不具有军籍的职工。

（2）本条规定的现役军人的配偶，是指现役军人的非军人配偶；双方都是现役军人的，不适用这一规定。

（3）本条规定只限制现役军人的配偶的离婚请求权，现役军人本人提出离婚的不在此限。

（4）本条规定只适用于一方提出离婚，不适用双方的协议离婚。

（5）法律在保护现役军人的婚姻权利的同时，也注重对非军人的婚姻权利的保护。

依据《婚姻家庭编解释（一）》第 64 条的规定，“军人一方有重大过错”，可以依据《民法典》第 1079 条第 3 款前 3 项规定及军人有其他重大过错导致夫妻感情破裂的情形予以判断。可见，现役军人有以下情形的，可以视为军人有重大过错：现役军人重婚或与他人同居；现役军人实施家庭暴力或虐待、遗弃家庭成员；现役军人有赌博、吸毒等恶习，屡教不改；现役军人有其他重大过错导致夫妻感情破裂。

参考案例

甲在中国人民解放军某部服现役期间，与妻子乙登记结婚。婚前双方了解不够，婚后又聚少离多，尤其是儿子出生后，家务负担全部由乙承担，导致乙难以承受，要求甲转业回到乙所在地工作，遭到了甲的拒绝。为此，双方产生矛盾，争吵成为常态。分居 2 年后，乙向人民法院提起离婚诉讼，甲不同意离婚。离婚诉讼期间，甲转业到乙所在地工作。

分析：甲与乙婚前缺乏了解，婚后因感情不和分居已满 2 年，乙提出离婚，依据《民法典》第 1079 条第 3 款第 4 项的规定，应当认定夫妻感情确已破裂。但被告甲是现役军人，不存在离婚的重大过错，因此甲不同意离婚时，人民法院应通过现役军人所在部队团级以上的政治机关做好甲的思想工作。如果甲仍不同意离婚，人民法院应判决不准离婚。在离婚诉讼期间，甲转业到地方，其现役军人身份已不存在，虽甲不同意离婚，但人民法院可依据夫妻感情已经破裂的事实，作出准予离婚的判决。

2. 对男方离婚请求权的限制问题

《民法典》第 1082 条规定：“女方在怀孕期间、分娩后一年内或者终止妊娠后六个月内，男方不得提出离婚；但是，女方提出离婚或者人民法院认为确有必要受理男方离婚请求的除外。”这一规定旨在充分保护孕妇、产妇和终止妊娠术后妇女的身心健康，并有利于胎儿、婴儿的发育成长。关于这一规定，应明确以下几点：

（1）本规定对男方诉权所设定的限制仅是一种暂时性的限制，既不是对男方离婚诉权的剥夺，也不涉及离婚的实质要件，期限届满之后离婚诉权自行恢复。

（2）本规定旨在保护女方及胎儿、婴儿的身心健康。当女方认为离婚对其本人及胎儿、婴儿更为有益时，作为原告诉请离婚当然不受限制；在此期间，若双方一致同意离婚且对其他问题均有适当安排的，应允许办理离婚登记。

（3）人民法院认为确有必要受理男方离婚请求的，不受特定期限不得起诉的限制。所谓“确有必要”，主要指两种情况：一是在此期间双方确实存在不能继续共同生活的重大而紧迫的理由，如一方对他方有危及生命、人身安全的可能；二是女方怀孕系因与他人通奸所致，女方也不否认，夫妻感情确已破裂，人民法院应根据具体情况，受理男方的离婚请求。

此外还应注意：女方分娩后 1 年内，婴儿死亡的，原则上仍应适用上述规定；原审人民法院判决离婚后，在上诉期内或在二审诉讼期间，女方发现怀孕的，应撤销原判决，裁定驳回男方的离婚请求。

参考案例

甲与妻子乙结婚后，生育一子丙。但随着丙一天天长大，甲却开始不安，觉得丙长得越来越像乙的婚前男友丁。甲便偷偷剪取丙的毛发到医院进行 DNA 比对，鉴定结论是：甲不是丙的生物学父亲。甲如五雷轰顶，提出与乙离婚；乙承认与丁通奸生子的事实，但认为自己分娩后不满 1 年，甲无权提出离婚。因对离婚问题不能协商一致，甲向人民法院提起离婚诉讼。

分析：甲提起离婚诉讼时，乙分娩虽不满 1 年，但女方怀孕是与第三人丁通奸所致，属于《民法典》第 1082 条规定的“人民法院确有必要受理男方离婚请求的”情形，不适用对男方离婚诉权限制的规定。因此，甲有权提起离婚诉讼。

三、裁判离婚的条件

《民法典》第 1079 条第 2 款规定：“人民法院审理离婚案件，应当进行调解；如果感情确已破裂，调解无效的，应当准予离婚。”依照这一规定，夫妻感情确已破裂是判决准予离婚的法定条件。这一规定包含两层意思：一是如夫妻感情确已破裂，调解无效，应准予离婚；二是如夫妻感情没有破裂或者尚未完全破裂，虽然调解无效，也不应准予离婚。

（一）夫妻感情确已破裂的认定

感情是指对人、对事物关切、喜爱的心情。夫妻感情是指夫妻双方相互关切、敬重、忠诚、喜爱之情。夫妻感情确已破裂，在理论上是指夫妻感情破裂的程度已发展成真实的、完全的、长久的和无可挽回的破裂。判断夫妻感情是否确已破裂，司法实践经验归纳为“五看”。

1. 看婚姻基础

婚姻基础是指男女双方建立婚姻关系时的思想感情状况和相互了解的程度。它是婚姻得以缔结的根本和起点，对婚姻关系的维持起着重要的奠基作用。

看婚姻基础是看双方缔结婚姻关系时是自主自愿的，还是父母或他人包办强迫的；是以爱情为基础的，还是以金钱、地位和财产为目的而结合的；是双方通过充分了解而结合的，还是一见钟情的草率婚姻；是出于真心相爱，还是为了其他目的的权宜之计等。这些因素对婚后感情和离婚纠纷产生的原因都会有直接或间接的影响。

一般来说，婚姻基础好的夫妻，婚后感情也较好，一旦发生夫妻纠纷，甚至一度破裂，通过调解比较容易和好。相反，如果婚姻基础较差，婚后又未建立起真正的夫妻感情，有了新的矛盾，以至于发生离婚纠纷，重新和好的条件就差一些，和好的可能性就小一些。

2. 看婚后感情

看婚后感情是看夫妻双方婚后共同生活的感情状况，主要是看夫妻双方婚后共同生活中是否做到互敬互爱、互相帮助、互相体贴、互相关心、共同抚育后代；看双方本人及家庭状况，如男女各方面的思想品质、生活作风、性格爱好，以及家庭关系、婆媳关系、经济状况等。

3. 看离婚原因

离婚原因是指引起离婚的最根本的因素，即引起夫妻纠纷的主要矛盾或夫妻双方争执的焦点与核心问题。离婚原因可能是单一的，也可能是多种因素交错在一起的；有的是主观上的，有的是客观上的；有真实的，也有虚假的；有直接的，也有间接的。因此，一定要查明产生离婚纠纷的真正的、主要的、起决定作用的原因。只有这样，才能有针对性地做好调解工作，才能正确地估计离婚原因与夫妻感情破裂之间的内在联系，以及是否具有和好可能等问题。

4. 看婚姻关系的现状

婚姻关系的现状是夫妻现实感情状况的外在表现，对于判断夫妻感情是否确已破裂具有重要意义。有的夫妻共同生活，有的夫妻分居两地；有的夫妻相互尊重，有的夫妻长期争吵；有的夫妻之间存在热暴力，有的夫妻之间存在冷暴力；有的夫妻双方都同意离婚；有的夫妻一方坚决不同意离婚。可以说，婚姻关系的现状千差万别，难以进行类型化的条理分析。对婚姻关系现状的考察，有利于推测夫妻和好的可能性以及夫妻感情破裂的具体程度。

5. 看有无和好的可能

看有无和好的可能是指把握有无争取夫妻和好的条件，即在上述“四看”的基础上进一步把握夫妻关系的现状的各种有利于和好的因素，对婚姻的发展前途进行估计和预测。如夫妻双方对立情绪的大小、是否分居、夫妻间权利义务是否停止、对子女是否牵挂、坚持不离的一方有无和好的行动、有过错一方有无悔改表现，等等。这些情况对判断夫妻关系的发展前途、有无和好的可能都是很重要的。只要双方还有和好的可能，就要多做工作，尽量帮助当事人把这种可能性变成现实；反之，对那些感情确已破裂，和好无望的夫妻，应依法准予离婚。

以上五个方面相互联系、相互影响，可以从这五个方面全面分析研究，判断夫妻感情是否确已破裂。在这个问题上，不仅要看夫妻感情的过去与现在，而且要对夫妻关系的前途有所分析、有所预见。只要双方还有和好的可能，就应当努力帮助他们改善夫妻关系，把和好的可能变成现实。如果没有和好的可能，夫妻感情确已破裂，就应该依法准予离婚。

（二）关于判决离婚理由的例示性规定

根据《民法典》第1079条第3款的规定，有下列情形之一，调解无效的，应当准予离婚。

1. 重婚或者与他人同居

这里的重婚包括法律上的重婚和事实上的重婚；“与他人同居”，是指有配偶者与婚外异性，不以夫妻名义，持续、稳定地共同生活。重婚或有配偶者与他人同居的行为严重违反了夫妻应当互相尊重、互相忠实的婚姻宗旨，对方不能原谅的，应准予离婚。

2. 实施家庭暴力或者虐待、遗弃家庭成员

家庭暴力和虐待、遗弃家庭成员的行为，都是对家庭成员人身权利的严重侵害。实施家庭暴力或虐待、遗弃家庭成员，严重伤害了夫妻感情，违反了婚姻义务，若不能取得对方谅解的，应视为感情确已破裂，准予离婚。

3. 有赌博、吸毒等恶习屡教不改

“人非圣贤，孰能无过”，每一个人都会有缺点和不足，对此，作为共同生活伴侣的夫妻之间一般是可以相互谅解的。但是，一方有赌博、吸毒等恶习而且屡教不改，则是所在家庭的莫大不幸。有这些恶习的一方不惜倾家荡产来从事这些行为，甚至铤而走险走上犯罪道路，根本谈不上履行家庭义务，同时也会严重伤害夫妻感情。因此，一方有此类恶习而屡教不改的，对方提出离婚，调解无效的，应准予离婚。

4. 因感情不和分居满2年

男女双方结婚后共同生活是基于感情的必然要求，也是婚姻关系的重要内容。如

果因为感情不和，双方分居已达 2 年之久，足以认定夫妻感情确已破裂，应准予离婚。

5. 其他导致夫妻感情破裂的情形

上述所列可以视为夫妻感情破裂应准予离婚的情形，并非包括全部夫妻感情确已破裂的类型，也并非只有上述几种情况才能认定为夫妻感情确已破裂。因此，《民法典》在例示性规定的同时，概括规定了“其他导致夫妻感情破裂的情形”。具有其他导致夫妻感情破裂的情形，在调解无效的情况下，法律同样规定应准予离婚。例如，《民法典》第 1079 条第 4 款规定：“一方被宣告失踪，另一方提起离婚诉讼的，应当准予离婚。”法律对夫妻一方向被宣告失踪的人提出的离婚诉讼，准予离婚，是为了尽早结束名存实亡的婚姻关系，使当事人能够开始新的生活。再如，《民法典》第 1079 条第 5 款规定：“经人民法院判决不准离婚后，双方又分居满一年，一方再次提起离婚诉讼的，应当准予离婚。”

需要特别指出的是，人民法院审理离婚案件，符合《民法典》第 1079 条第 3 款规定“应当准予离婚”情形的，不应当因当事人有过错而判决不准离婚［《婚姻家庭编解释（一)》第 63 条］。

第四节 离婚的法律后果

一、离婚法律后果的含义

离婚是导致婚姻关系终止的一种民事法律行为，将在婚姻当事人之间、婚姻当事人与子女及其他第三人之间引起一系列相应的法律后果，即离婚的法律效力。

离婚在夫妻人身关系方面的效力，表现为当事人之间的夫妻身份终止、姻亲关系终止等。

离婚不仅解除了夫妻之间的人身关系，而且也终止了夫妻之间的财产关系。离婚在夫妻财产关系方面的效力包括：一是夫妻相互扶养的权利义务终止。离婚解除了夫妻身份关系，由此派生的夫妻扶养义务也随之终止。二是夫妻继承权丧失。离婚解除了夫妻之间的婚姻关系，配偶身份不存在，配偶继承权也随之丧失。三是夫妻财产关系终止，包括夫妻共同财产分割、夫妻债务清偿和对生活困难一方的经济帮助等内容，这就是离婚时夫妻财产的清算问题。

二、离婚后的子女抚养

关于夫妻离婚后的子女抚养问题，《民法典》《婚姻家庭编解释（一)》及《婚姻家庭编解释（二）》作出了详细规定。

（一）离婚后父母与子女的关系

《民法典》第1084条第1款规定："父母与子女间的关系，不因父母离婚而消除。离婚后，子女无论由父或者母直接抚养，仍是父母双方的子女。"依照这一规定，父母离婚只能消除夫妻关系，而不能消除父母子女之间的权利义务关系。离婚后，子女无论随父母哪一方生活，仍然是父母双方的子女。

养父母离婚，也不消除养父母与养子女之间的权利义务关系。养父母离婚后，养子女无论由养父还是养母抚养，仍是养父母双方的养子女。在特殊情况下，如养父母离婚时经生父母及有辨认自己行为能力的未成年养子女同意，双方自愿达成协议，可依法解除收养关系，由生父母抚养。

生父与继母离婚或者生母与继父离婚时，对曾受其抚养教育的继子女，继父或者继母不同意继续抚养的，仍应由生父或者生母抚养［《婚姻家庭编解释（一）》第54条］，该继子女与继父母的权利义务关系随之自然解除。如受继父母长期抚养、教育的继子女已成年，继父母与继子女已形成的身份关系和权利义务则不能因离婚而解除。只有在继父母或继子女一方或双方提出解除继父母子女关系并符合法律要求的条件下，才可以解除。

（二）离婚后父母对未成年子女的抚养

父母离婚虽不能消除其父母子女之间的权利义务关系，但子女抚养方式却要发生变化，即由父母双方与子女共同生活、共同抚养变为由父母一方与子女共同生活，承担直接抚养责任。《民法典》第1084条第2款规定："离婚后，父母对于子女仍有抚养、教育、保护的权利和义务。"该条第3款规定："离婚后，不满两周岁的子女，以由母亲直接抚养为原则。已满两周岁的子女，父母双方对抚养问题协议不成的，由人民法院根据双方的具体情况，按照最有利于未成年子女的原则判决。子女已满八周岁的，应当尊重其真实意愿。"可见，确定子女由哪方直接抚养，应分子女不满2周岁和子女已满2周岁两种情况。

1. 不满2周岁子女的直接抚养

不满2周岁的子女，原则上由母亲直接抚养。但是，依据《婚姻家庭编解释（一）》第44条的规定，母亲有以下几种特殊情况，可由父亲抚养：（1）患有久治不愈的传染性疾病或者其他严重疾病，子女不宜与其共同生活；（2）有抚养条件不尽抚养义务，而父亲要求子女随其生活；（3）因其他原因，子女确不宜随母亲生活。另外，依照《婚姻家庭编解释（一）》第 45 条的规定，父母双方协议不满 2 周岁子女由父亲直接抚养，并对子女健康成长无不利影响的，人民法院应予支持。

2. 已满 2 周岁子女的直接抚养

已满 2 周岁的子女，随哪一方生活，一般由父母双方协商确定，达成抚养协议。在有利于保护子女利益的前提下，父母双方协议轮流抚养子女的，可予准许［《婚姻家庭编解释（一）》第 48 条］。如果父母双方对子女抚养不能达成协议，则由人民法院根据双方情况，按照最有利于未成年子女的原则判决。子女已满 8 周岁的，应当尊重其真实意愿。如果父母均要求直接抚养，依照《婚姻家庭编解释（一）》第 46 条的规定，一方有下列情形之一的，可予优先考虑：（1）已做绝育手术或因其他原因丧失生育能力；（2）子女随其生活时间较长，改变生活环境对子女健康成长明显不利；（3）无其他子女，而另一方有其他子女；（4）子女随其生活，对子女成长有利，而另一方患有久治不愈的传染性疾病或其他严重疾病，或者有其他不利于子女身心健康的情形，不宜与子女共同生活。同时，按照最有利于未成年子女的原则，父母均要求直接抚养已满 2 周岁的未成年子女，一方有下列情形之一的，人民法院应当优先考虑由另一方直接抚养：（1）实施家庭暴力或者虐待、遗弃家庭成员；（2）有赌博、吸毒等恶习；（3）重婚、与他人同居或者其他严重违反夫妻忠实义务情形；（4）抢夺、藏匿未成年子女且另一方不存在实施家庭暴力或者虐待、遗弃家庭成员，或者有赌博、吸毒恶习等严重侵害未成年子女合法权益情形；（5）其他不利于未成年子女身心健康的情形［《婚姻家庭编解释（二）》第 14 条］。另外，父母抚养子女的条件基本相同，双方均要求直接抚养子女，但子女单独随祖父母或者外祖父母共同生活多年，且祖父母或者外祖父母要求并且有能力帮助子女照顾孙子女或者外孙子女的，可以作为父或者母直接抚养子女的优先条件予以考虑［《婚姻家庭编解释（一）》第 47 条］。

应当注意的是，在离婚诉讼期间，双方均拒绝抚养子女的，依据《婚姻家庭编解释（一）》第 60 条的规定，可以先行裁定暂由一方抚养。

（三）离婚后子女抚养费的分担和变更

《民法典》第 1085 条规定："离婚后，子女由一方直接抚养的，另一方应当负担部分或者全部抚养费。负担费用的多少和期限的长短，由双方协议；协议不成的，由人民法院判决。前款规定的协议或者判决，不妨碍子女在必要时向父母任何一方提出超过协议或者判决原定数额的合理要求。"这一规定主要包含以下三个方面的内容。

1. 父母双方离婚后仍负有平等支付子女抚养费的义务

抚养费是生活费、教育费、医疗费的总称。在婚姻家庭法上，父母对未成年子女的抚养是强制性的义务。父母离婚后，不直接抚养子女的一方，应负担抚养费的一部分或全部。依据《婚姻家庭编解释（一）》第 52 条的规定，父母双方可以协议由一方直接抚养子女并由直接抚养方负担子女全部抚养费。但是，直接抚养方的抚养能力明显不能保障子女所需费用，影响子女健康成长的，人民法院不予支持。

2. 子女抚养费的数额、期限和给付方式

在司法实践中，抚养费用的多少和期限的长短，由父母双方协议；协议不成的，由人民法院判决。具体可以按如下情况处理：

（1）抚养费的数额，可以根据子女的实际需要、父母双方的负担能力和当地的实际生活水平确定。有固定收入的，抚养费一般可以按其月总收入的 20%至 30%的比例给付。负担两个以上子女抚养费的，比例可以适当提高，但一般不得超过月总收入的 50%。无固定收入的，抚养费的数额可以依据当年总收入或者同行业平均收入，参照上述比例确定。有特殊情况的，可以适当提高或者降低上述比例［《婚姻家庭编解释（一）》第 49 条］。

（2）抚养费的给付期限，一般至子女 18 周岁为止。16 周岁以上不满 18 周岁的子女，以其劳动收入为主要生活来源，并能维持当地一般生活水平的，父母可停止给付抚养费［《婚姻家庭编解释（一）》第 53 条］。子女虽满 18 周岁但不能独立生活的，如父母有给付能力，仍应负担必要的抚养费。依据《婚姻家庭编解释（一）》第 41 条的规定，所谓“不能独立生活的成年子女”，是指尚在校接受高中及以下学历教育，或者丧失、部分丧失劳动能力等非因主观原因而无法维持正常生活的成年子女。

（3）抚养费的给付方式，原则上应当定期给付，有条件的可以一次性给付［《婚姻家庭编解释（一）》第 50 条］。父母一方无经济收入或者下落不明的，可以用其财物折抵抚养费［《婚姻家庭编解释（一）》第 51 条］。父母不得因子女变更姓氏而拒付子女抚养费。父或者母擅自将子女姓氏改为继母或继父姓氏而引起纠纷的，应责令恢复原姓氏［《婚姻家庭编解释（一）》第 59 条］。依据《婚姻家庭编解释（二）》第 17 条的规定，离婚后，不直接抚养子女一方未按照离婚协议约定或者以其他方式作出的承诺给付抚养费，未成年子女或者不能独立生活的成年子女有权请求其支付欠付的抚养费。如果子女已经成年并能够独立生活，直接抚养子女一方有权请求另一方支付欠付的费用。

3. 子女抚养关系的变更

离婚后，子女的直接抚养关系，在一定条件下，可以根据父母双方或子女实际情况的变化，依法予以变更。直接抚养关系的变更有两种形式：一是双方协议变更。父母双方协议变更子女抚养关系的，人民法院应予支持［《婚姻家庭编解释（一）》第 57 条］。二是一方要求变更。凡一方要求变更子女直接抚养关系的，应当另行提起诉讼，具有下列情形之一的，人民法院应予支持：（1）与子女共同生活的一方因患严重疾病或者因伤残无力继续抚养子女；（2）与子女共同生活的一方不尽抚养义务或有虐待子女行为，或者其与子女共同生活对子女身心健康确有不利影响；（3）已满 8 周岁的子女，愿随另一方生活，该方又有抚养能力；（4）有其他正当理由需要变更［《婚姻家庭编解释（一）》第 55 条和第 56 条］。此外，离婚后，直接抚养子女一方经济状况发生变化导致原生活水平显著降低或者子女生活、教育、医疗等必要合理费用确有显著增加的，另一方以直接抚养子女一方无抚养能力为由请求变更抚养关系的，应当依据《民法典》第 1084 条规定处理［《婚姻家庭编解释（二）》第 16 条］。

4. 子女抚养费的增加

有下列情形之一，子女要求增加抚养费，父母有给付能力的，应予支持：（1）原定抚养费不足以维持当地实际生活水平；（2）因子女患病、上学，实际需要已超过原定数额；（3）有其他正当理由应当增加的，如物价上涨、生活地域发生变化、有给付义务的父方或母方经济收入明显增加［《婚姻家庭编解释（一）》第 58 条］。依据《婚姻家庭编解释（二）》第 16 条的规定，离婚协议中关于一方直接抚养未成年子女或者不能独立生活的成年子女、另一方不负担抚养费的约定，对双方具有法律约束力。但是，离婚后，直接抚养子女一方经济状况发生变化导致原生活水平显著降低或者子女生活、教育、医疗等必要合理费用确有显著增加，未成年子女或者不能独立生活的成年子女请求另一方支付抚养费的，人民法院依法予以支持，并综合考虑离婚协议整体约定、子女实际需要、另一方的负担能力、当地生活水平等因素，确定抚养费的数额。

司法案例：违反子女抚养费的约定能否适用合同法

司法案例：离婚后子女抚养关系能否变更

参考案例

甲与妻子乙协议离婚时，关于儿子丙的抚养问题，双方在离婚协议书中约定：丙由乙抚养，抚养费也由乙独自承担。离婚后，乙和丙到另外一个城市生活，与甲没有往来。丙13岁时不幸患上白血病，乙个人无力承担丙的高额医疗费用，无奈向甲求助，要求甲分担丙的医疗费用。甲以离婚协议书约定由乙独自承担为由，拒绝承担丙的医疗费用。

分析：父母对未成年子女有抚养费的给付义务，抚养费包括生活费、教育费和医疗费。父母对未成年子女的抚养费给付义务，是强制性义务。父母双方协议由抚养方负担子女全部抚养费的，如抚养方的抚养能力明显不能保障子女所需费用，影响子女健康成长的，依据《婚姻家庭编解释（一）》第52条的规定，该协议内容无效。因此，甲、乙虽然在离婚协议书中约定由乙独自承担丙的抚养费，但在乙无力独自承担时，甲仍有负担丙医疗费的义务。

（四）离婚后对子女的探望权

《民法典》第1086条规定：“离婚后，不直接抚养子女的父或者母，有探望子女的权利，另一方有协助的义务。行使探望权利的方式、时间由当事人协议；协议不成的，由人民法院判决。父或者母探望子女，不利于子女身心健康的，由人民法院依法中止探望；中止的事由消失后，应当恢复探望。”在司法实践中，人民法院作出的生效离婚判决中未涉及探望权，当事人就探望权问题单独提起诉讼的，人民法院应予受理［《婚姻家庭编解释（一）》第65条］。

1. 探望权的行使

探望权的行使主体为不直接抚养子女的父或母。离婚后，不直接抚养子女的父或母有探望子女的权利，另一方有协助的义务。不直接抚养子女的父或母是指不随子女共同生活的一方。探望不以负担费用为前提，即使因某种原因而未支付抚养费的，仍有探望的权利；也不以随子女共同生活的父母一方未再婚为前提，即使已经再婚，仍有探望的权利；也不以非轮流抚养为限，在父母轮流抚养子女的情况下，未与子女共同生活的一方仍有探望权。

在司法实践中，祖父母、外祖父母提起探望权诉讼的案件不在少数，对其诉讼请求，人民法院一般会予以驳回。但也有人民法院支持了祖父母、外祖父母探望权的诉讼请求。由此凸显法律规定与社会伦理之间的冲突，暴露了祖父母、外祖父母的探望权主体地位在法律上的困扰。

探望权的主要内容是会面和交往，也包括通信、通话等。无论采取何种方式，都要以不影响子女的学习、生活为前提。

2. 行使探望权的强制执行

当事人对探望权问题协议不成的，由人民法院判决。对于人民法院的判决，义务人有履行的义务。依据《婚姻家庭编解释（一）》第 68 条的规定，对于拒不协助另一方行使探望权的有关个人或者组织，可以由人民法院依法采取拘留、罚款等强制措施，但是不能对子女的人身、探望行为进行强制执行。

司法案例：祖父母或外祖父母是否享有探望权

参考案例

甲婚内出轨，妻子乙向人民法院提起离婚诉讼。人民法院经过审理，作出判决：准予离婚；婚生女儿丙由乙抚养，甲每月支付抚养费 2 000 元；甲每月探望丙一次，时间为 3 小时，可在乙的住处，也可将丙领出乙的家外。判决生效后，甲到乙住处探望丙，但丙对甲出轨一事耿耿于怀，拒绝甲的探望，乙劝说无济于事。甲请求人民法院强制执行，人民法院启动执行程序后，要求乙履行判决义务，协助甲实现探望权。但丙坚持己见，乙的劝说仍无效果，于是人民法院中止执行程序。

分析：探望权的强制执行是对拒不履行协助另一方行使探望权的有关个人和单位采取拘留、罚款等强制措施，不是对子女的人身、探望行为进行强制执行。乙作为丙的直接抚养人，甲行使探望权时应积极履行协助义务，但丙拒绝被甲探望，这时人民法院启动强制执行程序是错误的。在强制执行过程中，鉴于丙拒绝被甲探望的事实，人民法院及时中止执行程序是正确的。

3. 探望权的中止和恢复

（1）探望权中止的情形。探望权的行使不能有损子女的利益。当探望的一方有不利于子女身心健康的情形，如患传染病、精神病，或有吸毒等恶习，或对子女有暴力倾向，或教唆子女实施犯罪行为时，应中止其行使探望权。

（2）探望权中止的请求权人。未成年子女、直接抚养子女的父或母以及其他对未成年子女负担抚养、教育、保护义务的法定监护人，有权向人民法院提出中止探望的请求［《婚姻家庭编解释（一）》第 67 条］。

（3）探望权中止的程序。当事人在履行生效判决、裁定或者调解书的过程中，一方请求中止探望的，人民法院在征询双方当事人意见后，认为需要中止探望的，依法作出裁定［《婚姻家庭编解释（一）》第 66 条］。

（4）探望权的恢复。中止探望权只是探望权的暂时停止，而不是探望权的消灭。中止探望的情形消失后，人民法院应当根据当事人的请求书面通知其恢复探望［《婚姻家庭编解释（一）》第 66 条］。

三、离婚时的财产清算

（一）夫妻共同财产的分割

《民法典》第 1087 条规定："离婚时，夫妻的共同财产由双方协议处理；协议不成的，由人民法院根据财产的具体情况，按照照顾子女、女方和无过错方权益的原则判决。对夫或者妻在家庭土地承包经营中享有的权益等，应当依法予以保护。"这是关于离婚时分割夫妻共同财产的原则性规定。

1. 财产分割的范围

夫妻离婚时分割的财产，仅是双方共同共有的财产。双方在婚姻关系存续期间实行法定财产制的，分割的是婚后所得财产，但属于一方特有财产的除外；双方约定实行一般共同制的，分割的是双方婚前财产和婚后所得财产；双方约定实行分别财产制的，分割的是约定为共同共有的财产。对个人财产还是夫妻共同财产难以确定的，主张权利的一方有责任举证。当事人既举不出有力证据又无法查实的，按夫妻共同财产处理。凡是属于夫妻一方所有的财产，不因婚姻关系的延续而转化为夫妻共同财产，除非双方另有约定。

夫妻离婚分割财产时，必须区分夫妻共同财产与其他家庭成员的财产和家庭成员共有的财产。未成年子女通过继承、受赠及其他合法途径获得的财产，属于未成年子女本人所有，不能列入夫妻财产分割范围；属于共同生活的其他家庭成员个人所有的财产，也不能作为夫妻共同财产加以分割；对于家庭成员共有的财产，在离婚时应将属于配偶双方所有的财产分离出来，依法加以分割。

2. 财产分割的原则

离婚时，夫妻的共同财产由双方协议处理；协议不成的，由人民法院判决。人民法院在处理夫妻共同财产分割问题时，应当坚持以下原则：

第一，男女平等。离婚分割的财产是夫妻共同共有财产，双方对共同财产有平等的权利，对共同债务有平等的清偿义务，因此，夫妻共同财产原则上应当均等分割。

第二，照顾子女、女方和无过错方的权益。这一原则意味着，一方面，分割夫妻共同财产不得侵害子女和女方的合法权益；另一方面，应视女方的经济状况及子女的实际需要给予必需的照顾。同时，分割夫妻共同财产时，还要体现对无过错方的照顾。

第三，有利于生产，方便生活。一方面，对夫妻共同财产中的生产资料，分割时不应损害其效用和价值，以保证生产活动和财产流通的正常进行；另一方面，对于夫妻共同财产中的生活资料，分割时也应视各自的实际需要，从而做到方便生活，物尽其用。

第四，不得损害国家、集体和他人利益。离婚时，不能把属于国家、集体和他人所有的财产当作夫妻共同财产加以分割。贪污、受贿、盗窃等非法所得，必须依法追缴。夫妻因从事生产、经营等与他人有财产共有关系的，离婚时应先分出属于夫妻的份额，然后再分割夫妻共同财产。

司法案例：离婚协议中财产约定有何效力

3. 判决分割财产的方法

依照《婚姻家庭编解释（一）》《婚姻家庭编解释（二）》的规定，人民法院在对夫妻共同财产具体分割时，应当特别注意如下问题：

（1）人民法院审理离婚案件，涉及分割发放到军人名下的复员费、自主择业费等一次性费用的，以夫妻婚姻关系存续年限乘以年平均值，所得数额为夫妻共同财产。这里所称的年平均值，是指将发放到军人名下的上述费用总额按具体年限均分得出的数额。其具体年限为人均寿命 70 岁与军人入伍时实际年龄的差额［《婚姻家庭编解释（一）》第 71 条］。

（2）夫妻双方分割共同财产中的股票、债券、投资基金份额等有价证券以及未上市股份有限公司股份时，协商不成或者按市价分配有困难的，人民法院可以根据数量按比例分配［《婚姻家庭编解释（一）》第 72 条］。

（3）人民法院审理离婚案件，涉及分割夫妻共同财产中以一方名义在有限责任公司的出资额，另一方不是该公司股东的，按以下情形分别处理：第一，夫妻双方协商一致将出资额部分或者全部转让给该股东的配偶，其他股东过半数同意，并且其他股东均明确表示放弃优先购买权的，该股东的配偶可以成为该公司股东。第二，夫妻双方就出资额转让份额和转让价格等事项协商一致后，其他股东半数以上不同意转让，但愿意以同等条件购买该出资额的，人民法院可以对转让出资所得财产进行分割。其他股东半数以上不同意转让，也不愿意以同等条件购买该出资额的，视为其同意转让，该股东的配偶可以成为该公司股东［《婚姻家庭编解释（一）》第73条］。依据《婚姻家庭编解释（二）》第10条的规定，夫妻以共同财产投资有限责任公司，并均登记为股东，双方对相应股权的归属没有约定或者约定不明确，离婚时，一方请求按照股东名册或者公司章程记载的各自出资额确定股权分割比例的，人民法院不予支持；对当事人分割夫妻共同财产的请求，人民法院依据《民法典》第1087条规定处理。

（4）人民法院审理离婚案件，涉及分割夫妻共同财产中以一方名义在合伙企业中的出资，另一方不是该企业合伙人的，当夫妻双方协商一致，将其合伙企业中的财产份额全部或者部分转让给对方时，按以下情形分别处理：第一，其他合伙人一致同意的，该配偶依法取得合伙人地位。第二，其他合伙人不同意转让，在同等条件下行使优先购买权的，可以对转让所得的财产进行分割。第三，其他合伙人不同意转让，也不行使优先购买权，但同意该合伙人退伙或者削减部分财产份额的，可以对结算后的财产进行分割。第四，其他合伙人既不同意转让，也不行使优先购买权，又不同意该合伙人退伙或者削减部分财产份额的，视为全体合伙人同意转让，该配偶依法取得合伙人地位［《婚姻家庭编解释（一）》第74条］。

（5）夫妻以一方名义投资设立个人独资企业的，人民法院分割夫妻在该个人独资企业中的共同财产时，应当按照以下情形分别处理：第一，一方主张经营该企业的，对企业资产进行评估后，由取得企业资产所有权的一方给予另一方相应的补偿。第二，双方均主张经营该企业的，在双方竞价基础上，由取得企业资产所有权的一方给予另一方相应的补偿。第三，双方均不愿意经营该企业的，按照《中华人民共和国个人独资企业法》等有关规定办理［《婚姻家庭编解释（一）》第75条］。

（6）双方对夫妻共同财产中的房屋价值及归属无法达成协议时，人民法院按以下情形分别处理：第一，双方均主张房屋所有权并且同意竞价取得的，应当准许。第二，一方主张房屋所有权的，由评估机构按市场价格对房屋作出评估，取得房屋所有权的一方应当给予另一方相应的补偿。第三，双方均不主张房屋所有权的，根据当事人的申请拍卖、变卖房屋，就所得价款进行分割［《婚姻家庭编解释（一）》第76条］。

（7）离婚时双方对尚未取得所有权或者尚未取得完全所有权的房屋有争议且协商不成的，人民法院不宜判决房屋所有权的归属，应当根据实际情况判决由当事人使用。

当事人就前述房屋取得完全所有权后，有争议的，可以另行向人民法院提起诉讼［《婚姻家庭编解释（一）》第 77 条］。

（8）夫妻一方婚前签订不动产买卖合同，以个人财产支付首付款并在银行贷款，婚后用夫妻共同财产还贷，不动产登记于首付款支付方名下的，离婚时该不动产由双方协议处理；不能达成协议的，人民法院可以判决该不动产归登记一方，尚未归还的贷款为不动产登记一方的个人债务。双方婚后共同还贷支付的款项及其相对应财产增值部分，离婚时应依据《民法典》第 1087 条第 1 款规定的原则，由不动产登记一方对另一方进行补偿［《婚姻家庭编解释（一）》第 78 条］。

（9）婚姻关系存续期间，双方用夫妻共同财产出资购买以一方父母名义参加房改的房屋，登记在一方父母名下，离婚时另一方主张按照夫妻共同财产对该房屋进行分割的，人民法院不予支持。购买该房屋时的出资，可以作为债权处理［《婚姻家庭编解释（一）》第 79 条］。

（10）离婚时夫妻一方尚未退休、不符合领取基本养老金条件，另一方请求按照夫妻共同财产分割基本养老金的，人民法院不予支持；婚后以夫妻共同财产缴纳基本养老保险费，离婚时一方主张将养老金账户中婚姻关系存续期间个人实际缴纳部分及利息作为夫妻共同财产分割的，人民法院应予支持［《婚姻家庭编解释（一）》第 80 条］。

（11）婚姻关系存续期间，夫妻一方作为继承人依法可以继承的遗产，在继承人之间尚未实际分割，起诉离婚时另一方请求分割的，人民法院应当告知当事人在继承人之间实际分割遗产后另行起诉［《婚姻家庭编解释（一）》第 81 条］。

（12）夫妻之间订立借款协议，以夫妻共同财产出借给一方从事个人经营活动或者用于其他个人事务的，应视为双方约定处分夫妻共同财产的行为，离婚时可以按照借款协议的约定处理［《婚姻家庭编解释（一）》第 82 条］。

（13）依据《婚姻家庭编解释（二）》第 5 条的规定，婚前或者婚姻关系存续期间，当事人约定将一方所有的房屋转移登记至另一方或者双方名下，离婚诉讼时房屋所有权尚未转移登记，双方对房屋归属或者分割有争议且协商不成的，人民法院可以根据当事人诉讼请求，结合给予目的，综合考虑婚姻关系存续时间、共同生活及孕育共同子女情况、离婚过错、对家庭的贡献大小以及离婚时房屋市场价格等因素，判决房屋归其中一方所有，并确定是否由获得房屋一方对另一方予以补偿以及补偿的具体数额；婚前或者婚姻关系存续期间，一方将其所有的房屋转移登记至另一方或者双方名下，离婚诉讼中，双方对房屋归属或者分割有争议且协商不成的，如果婚姻关系存续时间较短且给予方无重大过错，人民法院可以根据当事人诉讼请求，判决该房屋归给予方所有，并结合给予目的，综合考虑共同生活及孕育共同子女情况、离婚过错、对家庭的贡献大小以及离婚时房屋市场价格等因素，确定是否由获得房屋一方对另一方予以补偿以及补偿的具体数额。给予方有证据证明另一方存在欺诈、胁迫、严重侵害给予方或者其近亲属合法权益、对给予方有扶养义务而不履行等情形，有权请求人民法院予以撤销。

（14）婚姻关系存续期间，夫妻购置房屋由一方父母全额出资，如果赠与合同明确约定只赠与自己子女一方的，按照约定处理；没有约定或者约定不明确的，离婚分割夫妻共同财产时，人民法院可以判决该房屋归出资人子女一方所有，并综合考虑共同生活及孕育共同子女情况、离婚过错、对家庭的贡献大小以及离婚时房屋市场价格等因素，确定是否由获得房屋一方对另一方予以补偿以及补偿的具体数额。婚姻关系存续期间，夫妻购置房屋由一方父母部分出资或者双方父母出资，如果赠与合同明确约定相应出资只赠与自己子女一方的，按照约定处理；没有约定或者约定不明确的，离婚分割夫妻共同财产时，人民法院可以根据当事人诉讼请求，以出资来源及比例为基础，综合考虑共同生活及孕育共同子女情况、离婚过错、对家庭的贡献大小以及离婚时房屋市场价格等因素，判决房屋归其中一方所有，并由获得房屋一方对另一方予以合理补偿［《婚姻家庭编解释（二）》第 8 条］。

（二）债务的清偿

1. 夫妻共同债务的清偿

《民法典》第 1089 条规定："离婚时，夫妻共同债务应当共同偿还。共同财产不足清偿或者财产归各自所有的，由双方协议清偿；协议不成的，由人民法院判决。"

依据《民法典》第 1064 条第 1 款的规定，夫妻共同债务是指夫妻一方在婚姻关系存续期间以个人名义为家庭日常生活需要或双方共同意思表示等所负的债务。夫妻共同债务主要包括：夫妻为家庭日常生活需要所负的债务；夫妻为共同生产、经营、投资等所负的债务；夫妻一方为生产、经营、投资等并经另一方同意或虽未经对方同意但收益用于夫妻共同生活所负的债务；夫妻共同签字或者夫妻一方事后追认等共同意思表示所负的债务。

夫妻对共同债务应当共同承担清偿责任，具体清偿顺序为：首先，夫妻共同债务应当用夫妻共同财产清偿；其次，夫妻共同财产不足或财产各自所有、无夫妻共同财产的，由双方协议各自清偿的数额；最后，夫妻双方协商不成的，由人民法院判决。人民法院可以根据双方的财产状况、收入水平、财产分割情况等综合情况确定各自应承担的清偿份额。当事人的离婚协议或者人民法院生效判决、裁定、调解书已经对夫妻财产分割问题作出处理的，债权人仍有权就夫妻共同债务向男女双方主张权利。一方就夫妻共同债务承担清偿责任后，主张由另一方按照离婚协议或者人民法院的法律文书承担相应债务的，人民法院应予支持［《婚姻家庭编解释（一）》第 35 条］。

司法案例：离婚后非举债方配偶的债务应如何清偿

参考案例

甲与妻子乙结婚后，签订分别财产制协议，约定个人所得财产归各自所有，除共同生活费用共同负担外，个人费用均由个人负担。共同生活期间，甲因罹患肝癌先后向丙借款人民币 10 万元支付医药费。债务到期后，甲无力偿还，丙向人民法院提起诉讼，要求甲、乙偿还借款。乙则以与甲实行分别财产制为由，对抗丙的连带清偿请求。

分析：甲与乙为夫妻关系，甲为治疗自身疾病所负债务，具备《民法典》第 1064 条规定的夫妻共同债务特征，应当由夫妻双方共同偿还。甲、乙婚后实行分别财产制，约定个人所得财产归各自所有，但相对人丙并不知道甲、乙的该约定，依据《民法典》第 1065 条的规定，乙不得以分别财产制约定对抗丙的清偿请求。同时，乙也不得以该夫妻财产制约定对抗甲的医疗费支付请求。依据《民法典》第 1059 条的规定，夫妻有相互扶养的义务，该义务为强制性义务，夫妻通过约定免除一方对另一方的扶养义务导致对方生活陷入困境的，该约定无效。因此，如果甲需要乙支付后续治疗费用，乙应当履行该医疗费的支付义务。

2. 夫妻个人债务的清偿

依据《民法典》第 1064 条第 2 款的规定，夫妻个人债务是指夫妻一方在婚姻关系存续期间以个人名义超出家庭日常生活需要所负的债务。夫或妻个人债务一般包括：婚前购置财产所负的债务及其他婚前个人债务；婚后一方未经对方同意，擅自资助其亲友所负的债务；一方未经对方同意，独自筹资从事经营活动，其收入未用于共同生活所负的债务；虽发生于夫妻共同生活中但债权人与债务人双方约定由借款人个人负担的债务等。

夫或妻的个人债务以个人财产清偿，债务人的配偶无连带责任。债权人就一方婚前所负个人债务向债务人的配偶主张权利的，人民法院不予支持。但债权人能够证明所负债务用于婚后家庭共同生活的除外［《婚姻家庭编解释（一）》第33条］。

参考案例

甲的丈夫乙是户外运动爱好者，其工资收入基本用于户外运动装备的购置和支付活动费用。随着乙参加活动的范围扩大和等级的提高，所需费用激增，其工资已不能满足需要，乙便以各种家用借口四处借钱，甲阻止无效。乙借款数额累计超过20万元时，甲提出了离婚。甲、乙双方签署离婚协议书，约定甲所负债务与共同生活无关，为个人债务，由甲个人偿还。甲、乙登记离婚后，因甲未能清偿到期债务，债权人纷纷提起诉讼，要求甲、乙共同清偿债务。

分析：甲为满足户外运动需要，以家用为借口所负债务，依据《民法典》第1064条第2款的规定，该债务为“夫妻一方在婚姻关系存续期间以个人名义超出家庭日常生活需要所负的债务”，不属于夫妻共同债务，是甲的个人债务。甲对该个人债务，应当以个人财产承担清偿责任，乙有权以该债务为甲的个人债务为由，对抗甲的债权人要求其承担共同清偿责任的请求。

四、离婚时的救济措施

（一）夫妻一方对另一方的经济补偿

《民法典》第1088条规定：“夫妻一方因抚育子女、照料老年人、协助另一方工作等负担较多义务的，离婚时有权向另一方请求补偿，另一方应当给予补偿。”这是《民法典》关于离婚中夫妻经济补偿的具体规定。

1. 经济补偿请求权的成立条件

夫妻一方因抚育子女、照料老年人、协助另一方工作等付出了较多义务。因此，经济补偿是一种劳务补偿，它的产生是因为夫妻共同生活中在劳务付出上存在差异。较多的义务是指一方从事的抚养子女、照料老人等家务劳动无论是从数量上还是在所花费的时间上都比对方多，或一方协助另一方工作比自己在工作方面从对方得到的协助多。

2. 经济补偿请求权的行使

依据《民法典》第1088条的规定，经济补偿请求权的行使时间是“离婚时”，即由请求权人在离婚诉讼中向对方一并提出；如果当事人符合条件而未提出时，人民法院应行使释明权。

司法案例：离婚时如何进行经济补偿

关于补偿的数额和给付方式，应当首先由双方协商。如双方在人民法院主持下达成调解协议的，人民法院应在调解书中予以记载。调解不成时，人民法院可以综合考虑负担相应义务投入的时间、精力和对双方的影响以及给付方的负担能力、当地居民人均可支配收入等因素，确定补偿数额［《婚姻家庭编解释（二）》第21条］。

参考案例

甲与乙登记结婚后，分居两地。儿子出生后，为照顾儿子和公婆，妻子乙与甲的父母共同生活。甲在外地工作期间，与丙产生婚外恋情，以夫妻名义共同生活。乙和甲的父母多方规劝，甲仍继续与丙保持同居关系。于是，乙向人民法院提起离婚诉讼，并要求甲进行经济补偿。

分析：甲、乙分居两地生活，照顾甲的父母和抚养儿子的重任均由乙承担，依据《民法典》第1088条的规定，应当认定为“付出较多义务”。因此，乙具备经济补偿请求权的行使条件，其经济补偿请求应当得到人民法院的支持。甲有配偶与他人同居生活，乙在提起离婚诉讼时，可同时请求离婚损害赔偿。

（二）离婚时的经济帮助

《民法典》第1090条规定：“离婚时，如果一方生活困难，有负担能力的另一方应当给予适当帮助。具体办法由双方协议；协议不成的，由人民法院判决。”这是《民法典》关于离婚中夫妻经济帮助的具体规定。依据《婚姻家庭编解释（二）》第22条的规定，在离婚诉讼中，一方存在年老、残疾、重病等生活困难情形，依据《民法典》第1090条规定请求有负担能力的另一方给予适当帮助的，人民法院可以根据当事人请求，结合另一方财产状况，依法予以支持。可见，所谓经济帮助请求权，是指在夫妻离婚时，生活困难的一方请求有负担能力的一方提供帮助的权利。

1. 经济帮助的性质

离婚时对生活困难的一方提供经济帮助，不同于婚姻关系存续期间的扶养义务。它不是夫妻扶养义务的延续，而是婚姻关系解除的法律后果。

离婚时给予生活困难一方提供经济帮助与离婚时尽义务较多的一方的经济补偿请求权不同。在离婚时给予生活困难一方适当的经济帮助是另一方对于该方的有条件的帮助，而离婚时尽义务较多的一方请求另一方给予补偿是权利义务相一致的体现，是当事人的合法权利，而不是对方的帮助。

2. 经济帮助的条件

离婚时一方对另一方的经济帮助应具有以下三个条件：第一，时间上的条件。一方生活困难必须是在离婚时已经存在的困难，而不是离婚后任何时间所发生的困难。第二，受帮助的一方确有困难。生活困难是指夫妻一方取回的个人财产、分得的共同财产、获得的补偿金、有合理预期的劳动收入和其他收入等金钱或生活用品无法维持当地基本生活水平。一方离婚后没有住处的，应认定属于生活困难。第三，提供帮助的一方应有负担能力。提供帮助的一方，是指在满足自己的合理生活需要后有剩余的原配偶一方。从住房等个人财产中给予适当帮助是指有经济能力的一方向对方提供帮助的财产来源是自己的个人财产，包括法定个人财产、约定个人财产、从共同财产中分得的财产等。帮助不限金钱，可以是生活用品，还可以是房屋的居住权利。

3. 经济帮助的具体办法

依据《民法典》第1090条的规定，离婚时一方对他方经济帮助的“具体办法由双方协议；协议不成的，由人民法院判决”。在司法实践中，这种帮助除了考虑帮助方的经济条件外，应着重考虑受助方的具体情况和实际需要。受助方年龄较轻且有劳动能力，只是存在暂时性困难的，采用一次性支付帮助费的办法；受助方年老体弱，失去劳动能力而又没有生活来源的，应做较长期的妥善安排。在执行帮助期间，受助方再婚的，帮助方可停止支付，应由其再婚的配偶依法承担婚姻关系存续期间的扶养义务；原定帮助计划执行完毕后，受助方要求继续得到对方帮助的，一般不予支持。

司法案例：离婚时如何进行经济帮助

参考案例

甲和妻子乙结婚后，乙便辞去工作，做全职太太。随着两个子女相继进入幼儿园，乙的空闲时间多了，开始出入棋牌室打麻将。在此过程中，乙结识了麻友丙，双方关系逐渐暧昧，最终发展到通奸。甲不能容忍乙的背叛，提起离婚诉讼。乙同意离婚，但以缺乏工作技能、短时间难以找到工作为由，请求甲给予经济帮助，每月支付其生活费5 000元。甲则以乙因过错导致离婚为由，拒绝对其进行经济帮助。

分析：乙在婚姻关系存续期间做全职太太，甲支付的扶养费是其唯一收入来源。离婚后短期内难以找到工作，没有收入，失去生活来源，生活困难；甲的收入丰厚，具备对乙提供经济帮助的条件。甲、乙婚姻关系解除虽然是乙过错所致，但离婚经济帮助与离婚损害赔偿是两个独立的问题，适用条件各不相同。因此，该过错只能作为甲请求离婚的理由，不能作为甲拒绝对乙提供经济帮助的理由。

（三）离婚时的损害赔偿责任

《民法典》第1091条规定：“有下列情形之一，导致离婚的，无过错方有权请求损害赔偿：（一）重婚；（二）与他人同居；（三）实施家庭暴力；（四）虐待、遗弃家庭成员；（五）有其他重大过错。”这是关于离婚损害赔偿责任的规定。

1. 离婚损害赔偿责任的成立条件

（1）夫妻一方具有本条规定的过错行为。承担《民法典》第1091条规定的离婚损害赔偿责任的主体，为离婚诉讼当事人中无过错方的配偶［《婚姻家庭编解释（一）》第87条第1款］，无过错的另一方为赔偿请求权人。对于“无过错”，应理解为不具有《民法典》第1091条的过错。夫妻双方均有《民法典》第1091条规定的过错情形，一方或者双方向对方提出离婚损害赔偿请求的，人民法院不予支持［《婚姻家庭编解释（一）》第90条］。

（2）夫妻一方的过错行为导致夫妻双方离婚。即法定的违法行为与离婚之间有必然的因果联系。如果虽有上述违法行为但并未离婚，或虽然离婚但并非上述违法行为导致，均不承担离婚损害赔偿责任。在婚姻关系存续期间，当事人不起诉离婚而单独依据《民法典》第1091条提起损害赔偿请求的，人民法院不予受理［《婚姻家庭编解释（一）》第87条第3款］。

（3）无过错方因离婚而遭受损害。无过错方对因一方的过错导致离婚而受到损害的，有权依据《民法典》第1091条请求损害赔偿。《民法典》第1091条规定的“损害赔偿”，包括物质损害赔偿和精神损害赔偿。涉及精神损害赔偿的，适用《最高人民法院关于确定民事侵权精神损害赔偿责任若干问题的解释》的有关规定［《婚姻家庭编解释（一）》第86条］。

参考案例

甲因频遭妻子乙的家庭暴力而离家出走，外出务工，常年不敢回家。甲务工期间与丙相互体恤，日久生情，以夫妻名义同居生活。甲提出与乙离婚的同时，向乙提出离婚损害赔偿请求。乙同意离婚，同时也对甲提出离婚损害赔偿请求。

分析：乙对甲实施家庭暴力，甲可以此为理由提出离婚并请求离婚损害赔偿。但甲有配偶与他人以夫妻名义同居生活，也具备承担离婚损害赔偿责任的法定事由。甲是家庭暴力的无过错方，又是有配偶与他人同居的过错方；乙是有配偶与他人同居的无过错方，又是家庭暴力的过错方。依据《婚姻家庭编解释（一）》第 90 条的规定，甲、乙均不具备离婚损害赔偿请求权的行使条件，对该请求人民法院应当裁定驳回。

2. 离婚损害赔偿请求权的行使

人民法院受理离婚案件时，依据《婚姻家庭编解释（一）》第 88 条的规定，应当将《民法典》第 1091 条等规定中的当事人的有关权利义务，书面告知当事人。在适用《民法典》第 1091 条时，应当区分以下不同情况：（1）符合《民法典》第 1091 条规定的无过错方作为原告基于该条规定向人民法院提起损害赔偿请求的，必须在离婚诉讼的同时提出。（2）符合《民法典》第 1091 条的无过错方作为被告的离婚诉讼案件，如果被告不同意离婚也不基于该条规定提起损害赔偿请求的，可以就此单独提起诉讼。（3）无过错方作为被告的离婚诉讼案件，一审时被告未基于《民法典》第 1091 条提出损害赔偿请求，二审期间提出的，人民法院应当进行调解；调解不成的，告知当事人另行起诉。双方当事人同意由第二审人民法院一并审理的，第二审人民法院可以一并裁判。

当事人在婚姻登记机关办理离婚登记手续后，以《民法典》第 1091 条规定为由向人民法院提出损害赔偿请求的，人民法院应当受理。但当事人在协议离婚时已经明确表示放弃该项请求的，人民法院不予支持［《婚姻家庭编解释（一）》第 89 条］。人民法院判决不准离婚的案件，对于当事人基于《民法典》第 1091 条提出的损害赔偿请求不予支持［《婚姻家庭编解释（一）》第 87 条第 2 款］。

参考案例

甲与妻子乙再婚后，甲与前妻所生女儿丙随甲与乙共同生活。结婚之初乙还能善待继女丙，但儿子丁出生后，乙便经常趁甲不在家时，指使刚上小学的丙做家务、看孩子，稍不满意即对丙采取辱骂、饥饿等手段，并警告丙不能告诉甲。甲偶然发现了乙虐待丙的行为，心痛不已。本想离婚，但碍于丁年幼下不了决心，最终提起损害赔偿之诉，请求判令乙停止侵害，并承担损害赔偿责任。

分析：乙未对丈夫甲实施家庭暴力，但对甲的女儿丙实施家庭暴力，构成虐待。乙虐待家庭成员并导致离婚的，依据《民法典》第 1091 条的规定，甲可以此为理由提出离婚并请求离婚损害赔偿。甲在婚姻关系存续期间，不起诉离婚而单独提起损害赔偿请求的，依据《婚姻家庭编解释（一）》第 87 条第 3 款的规定，人民法院不予受理。

（四）离婚时侵害夫妻共同财产的民事责任

《民法典》第 1092 条规定："夫妻一方隐藏、转移、变卖、毁损、挥霍夫妻共同财产，或者伪造夫妻共同债务企图侵占另一方财产的，在离婚分割夫妻共同财产时，对该方可以少分或者不分。离婚后，另一方发现有上述行为的，可以向人民法院提起诉讼，请求再次分割夫妻共同财产。"这里的"挥霍"，包括夫妻一方未经另一方同意，在网络直播平台用夫妻共同财产打赏，数额明显超出其家庭一般消费水平，严重损害夫妻共同财产利益的行为［《婚姻家庭编解释（二）》第 6 条］。夫妻一方为重婚、与他人同居以及其他违反夫妻忠实义务等目的，将夫妻共同财产赠与他人或者以明显不合理的价格处分夫妻共同财产，另一方以该方存在转移、变卖夫妻共同财产行为，严重损害夫妻共同财产利益为由，请求在婚姻关系存续期间分割夫妻共同财产，或者依据《民法典》第 1092 条规定请求在离婚分割夫妻共同财产时对该方少分或者不分的，人民法院应予支持［《婚姻家庭编解释（二）》第 7 条］。

离婚后，一方以尚有夫妻共同财产未处理为由向人民法院起诉请求分割的，经审查该财产确属离婚时未涉及的夫妻共同财产，人民法院应当依法予以分割［《婚姻家庭编解释（一）》第 83 条］。当事人依据《民法典》第 1092 条的规定向人民法院提起诉讼，请求再次分割夫妻共同财产的诉讼时效期间为 3 年，从当事人发现之日起计算［《婚姻家庭编解释（一）》第 84 条］。

司法案例：离婚后一方对夫妻共有房屋擅自处分产生何种后果

参考案例

甲与妻子乙系再婚。再婚后，甲继续经营婚前投资设立的企业，把控家中财务大权，每月只交给乙固定的生活费用，乙不知道家庭收入状况。乙对甲的做法不能接受，要求掌管财务，但被甲拒绝，加上双方因子女问题产生的矛盾，乙提出离婚，并要求分割婚姻关系存续期间甲公司经营所得收益。甲提供虚假账目，称与乙结婚后公司一直亏损，隐瞒公司盈利 300 万元的事实。

分析：甲婚前投资设立公司婚后取得的收益，双方对其归属没有约定，依据《民法典》第 1062 条第 1 款的规定，应推定为夫妻共同财产，乙有权请求分割。甲在离婚时提供虚假账目，隐瞒公司盈利 300 万元的事实，侵害乙对共同财产的共有权。依据《民法典》第 1092 条的规定，分割夫妻共同财产时，甲对隐藏的夫妻共同财产，应当承担少分或不分的民事责任。

【引例评析】

1. 甲、乙签订的离婚协议书于完成离婚登记时生效。离婚协议书是当事人以婚姻关系解除为目的而达成的协议，该协议中关于子女的抚养和财产处理以及债务负担等内容，均是离婚所产生的法律后果，是以离婚为前提条件的，因此，离婚协议书并不是自达成之日生效，而是自完成离婚登记时生效。

2. 离婚协议中关于夫妻共同债务由甲负责清偿的约定，不能对抗债权人。夫妻共同债务，应当由夫妻共同偿还。夫妻约定由一方承担，属于移转债务承担行为，必须经债权人同意才能产生对抗债权人的效力。

3. 父母对未成年子女有抚养的义务，对已经成年、身体健康且接受大学教育的子女没有抚养义务。假如甲、乙离婚时，丙已经成年，父母对其抚养义务已经消灭，丙也丧失了受父母抚养的权利主体资格。但是，甲、乙在协议中约定各自对丙的抚养责任的分担，属于为第三人设定权利的行为，双方当事人完全自愿，不违反法律的强制性规定，因而合法有效。

4. 甲对离婚财产处理问题反悔，有权请求人民法院重新处理。依据《婚姻家庭编解释（一）》第 70 条的规定，夫妻双方协议离婚后就财产分割问题反悔，请求撤销财产分割协议的，人民法院应当受理。人民法院审理后，未发现订立财产分割协议时存在欺诈、胁迫等情形的，应当依法驳回当事人的诉讼请求。

【本章小结】

1. 婚姻关系作为一种民事法律关系，其终止和其他民事法律关系一样，必然基于一定的民事法律事实。婚姻终止的法律事实有两种：一是婚姻当事人一方的死亡；二是离婚。婚姻关系终止后，夫妻双方的人身关系消灭，从属于人身关系的财产关系也随之消灭。

2. 宣告死亡和自然死亡具有同等的法律效力，被宣告死亡的人的婚姻关系，自死亡宣告之日起消灭。死亡宣告被撤销的，婚姻关系自撤销死亡宣告之日起自行恢复，但是其配偶再婚或者向婚姻登记机关书面声明不愿意恢复的除外。

3. 配偶一方被宣告失踪，另一方提出离婚诉讼的，应准予离婚。被宣告失踪是离婚的法定事由而不是婚姻关系终止的法定事由，被宣告失踪人与其配偶并不因失踪宣告而终止其婚姻关系，宣告失踪期间双方均不得再婚。如果失踪人被宣告失踪之后，又被宣告死亡的，则其婚姻关系自宣告死亡之日起终止。

4. 离婚是夫妻在婚姻关系存续期间解除婚姻关系的民事法律行为。离婚作为一种民事法律行为，必须符合法律规定的条件并履行法律规定的程序，才能产生解除婚姻关系的后果。如果办理结婚登记的双方自愿离婚，并对子女抚养和财产处理协商一致，可到婚姻登记机关登记离婚。完成离婚登记，婚姻关系解除。如果办理结婚登记的双方或存在事实婚姻关系的双方，对离婚或子女抚养或财产处理不能协商一致，一方向人民法院起诉离婚的，如果双方感情确已破裂，经调解无效，应判决准予离婚。事实婚姻关系的双方解除事实婚姻关系，即使对离婚或子女抚养或财产处理协商一致，也不能申请离婚登记，只能向人民法院起诉离婚。

5. 离婚与婚姻的无效和撤销，是不同的法律制度。离婚是解除合法有效婚姻关系的法律手段，而婚姻的无效与撤销是违法婚姻的法律后果，它们在形成原因、请求权主体、请求权行使的时间、适用的程序和法律后果等方面均存在实质性区别。

6. 裁判离婚的法定条件是夫妻感情确已破裂，必经程序是调解。司法实践中，审理离婚纠纷时，要正确掌握夫妻感情是否确已破裂的判断标准，处理好夫妻感情确已破裂与调解无效的关系。当事人一方向人民法院提起离婚诉讼的，如果有《民法典》第 1079 条第 3 款情形之一，经调解无效的，应准予离婚。如果双方感情尚未破裂，即使调解无效，也不准予离婚。人民法院审理离婚案件，符合《民法典》第 1079 条第 3 款规定的“应当准予离婚”情形的，不应当因当事人有过错而判决不准离婚。

7. 裁判离婚的主体是婚姻当事人。一般情况下，在婚姻关系存续期间，任何一方都有权向人民法院提起离婚诉讼。但在特定情况下，法律对当事人的离婚请求权进行一定的限制，即现役军人的配偶要求离婚，应当征得军人同意；女方在怀孕期间、分娩后1年内或终止妊娠后6个月内，男方不得提出离婚。

8. 夫妻之间的身份关系因结婚行为而产生，因离婚行为而消灭。但父母与子女间的关系不因父母离婚而消除，离婚后，父母对子女仍有抚养和教育的权利和义务，不直接抚养子女的父或母有探望子女的权利。继父或继母与受其抚养教育的继子女的权利义务关系不因生父与继母或生母与继父离婚而消除，但如果离婚时继父或继母不同意继续抚养未成年继子女的，该子女仍应由生父母抚养，继父或继母与形成抚养关系的继子女的关系消除。

9. 夫妻离婚时分割的财产，应为双方的共同共有财产。夫或妻一方的个人财产、家庭财产中属于其他家庭成员的财产、未成年子女的财产应与夫妻共同财产严格区分，不得列入夫妻财产分割的范围。夫妻共同财产的具体分割方法，由当事人协商；协商不成的，由人民法院按照一定的规则分割。

10. 离婚时，原为夫妻共同生活所负的债务为夫妻共同债务，应当由夫妻共同偿还。夫妻关于共同债务承担的协议和人民法院关于共同债务分担的判决，不能对抗债权人，只能作为夫或妻追偿权行使的根据。夫妻婚前个人债务，应当由个人财产偿还，但个人债务用于婚后共同生活的，则转化为夫妻共同债务，由夫妻双方共同清偿。夫或妻对婚姻关系存续期间所得的财产约定归各自所有，相对人不知道该约定的，夫妻对共同债务仍承担共同清偿责任。夫妻一方承担清偿责任后，有权依照约定向另一方追偿。

11. 离婚损害赔偿与离婚时的经济补偿和对生活困难一方的经济帮助均为离婚时的救济措施，同为离婚引起的法律后果，但适用的法律原则不同。离婚损害赔偿责任承担的原则是过错赔偿原则，有过错方具有法定过错并导致离婚的，应当承担损害赔偿责任；离婚时的经济补偿是在离婚时对因抚育子女、照料老人、协助另一方工作等付出较多义务的一方给付经济上的补偿，从立法规定看，经济补偿不受当事人过错与否的影响；离婚时对困难方的经济帮助，则体现了法律对婚姻家庭中弱者的救济原则，只要离婚时一方有困难，另一方有负担能力，就应当履行帮助的义务，不应受困难方是否有过错的影响。

【练习题】

一、名词解释

离婚　离婚的法律后果　夫妻债务　探望权　离婚损害赔偿

二、思考题

1. 什么是婚姻终止？什么是离婚？
2. 婚姻终止的原因有哪些？
3. 被宣告死亡的人重新出现后对原婚姻关系有何影响？
4. 协议离婚的条件和程序是什么？
5. 离婚与婚姻的无效和撤销有何区别？
6. 裁判离婚的条件和程序是什么？
7. 怎样判断“夫妻感情确已破裂”？
8. 离婚对当事人的人身关系会产生哪些后果？
9. 离婚后未成年子女的抚养问题如何解决？
10. 离婚时夫妻财产如何分割？
11. 离婚时夫妻共同债务和个人债务如何区分？债务如何清偿？
12. 离婚损害赔偿请求权如何行使？

三、案例分析题

1. 甲与乙婚后生有一子一女，夫妻经营的建材商店生意红火，收入颇丰。某日，甲在进货途中发生车祸，经医院全力抢救，虽保住了性命，但成了植物人。在甲刚住院时，甲的父母、兄弟从老家赶来照顾，后见甲没有好转的希望，便都回到老家。乙在照顾了甲两年之后，眼见几十万元的积蓄所剩无几，便以每月 3 000 元的工资请一名护工照顾甲，自己又开始经营商店。既要经营商店，又要照顾子女和丈夫，乙心力交瘁，很想有人能分担自己的压力。于是，乙向人民法院提起离婚诉讼，要求与甲离婚，并承诺离婚后，甲每月 3 000 元的护工费仍由其承担。对于乙要求离婚的行为，甲的父母及兄弟非常气愤，不能接受。

问题：

(1) 甲为植物人，乙是否有权提起离婚诉讼？

(2) 乙与甲的离婚诉讼与其他类型的民事诉讼相比，有何不同？

(3) 乙与甲的代理人达成的离婚调解协议，能否得到人民法院的认可？

(4) 如果人民法院判决准予离婚，乙的承诺如何能保证执行？

分析要点提示：

（1）甲为植物人，乙有权提起离婚诉讼。甲成为植物人，其利害关系人可以向人民法院申请认定其为无民事行为能力人。甲被人民法院认定为无民事行为能力人后，也同时丧失了民事诉讼行为能力，但这并不影响甲作为民事诉讼当事人的地位，甲的法定代理人可以代理其参加离婚诉讼。

（2）甲成为植物人后，丧失民事行为能力，与乙不再有感情交流能力，婚姻关系破裂。在乙坚持离婚的情况下，可视为夫妻感情已经破裂。但乙是甲第一顺序的监护人，在其与甲为被告的离婚案件中，倘若再由乙做监护人代理进行诉讼，便成了一个人的诉讼，于法不当。鉴于此，乙应当与甲其他有监护资格的人协议变更监护人。变更后的监护人作为甲的法定代理人，代理甲进行离婚诉讼。在甲的监护人变更之前，离婚诉讼不能进行。

（3）离婚为身份行为，离婚的意思表示只能由本人作出，代理人无权作出。甲的法定代理人只能就子女抚养和财产分割问题与乙进行协商，不得代甲作出离婚与否的意思表示。由于甲无法表达是否同意离婚的意愿，法定代理人又无权就离婚与否进行意思表示，因此，离婚问题应由人民法院采取判决的形式结案，不能用调解的形式结案。对于财产分割、子女抚养等问题可由甲的法定代理人与乙协商达成调解协议，将调解的内容写入判决书，以判决形式表达。

（4）甲丧失劳动能力，又没有生活来源，因此，离婚时可请求乙进行经济帮助。乙承诺承担的甲护工的工资，可计入经济帮助金中，在判决书中予以确认。乙不履行承诺，即是对判决义务的违反，人民法院可采取强制执行措施。

2. 甲无固定职业且有赌博恶习，乙系某国家机关工作人员。甲、乙二人网恋相识并结婚，婚后生有一女丙（3周岁），由甲的父母看护照料。甲的父母在甲结婚后出资为其购买住房一套，产权登记在甲的名下。甲、乙婚后经常为生活琐事发生争吵，夫妻感情破裂。乙提起离婚诉讼，并要求直接抚养丙；甲同意离婚，但也要求抚养丙。

问题：

（1）丙的抚养权归属如何确定？

（2）如果人民法院判决丙由乙直接抚养，甲没有固定收入，抚养费如何支付？

（3）甲有赌博恶习，是否有探望丙的权利？

分析要点提示：

（1）丙应当由乙直接抚养。甲、乙离婚时，丙已满2周岁。甲、乙对丙随哪一方生活，不能达成协议。因乙的工作条件和个人品行优越于甲，根据最有利于保护子女利益的原则，应当判决归乙直接抚养。

（2）丙的直接抚养权由乙行使，甲对丙有支付抚养费的义务。甲没有固定收入，可以按季度支付或一次性给付，也可以以其住房折抵丙的抚养费。

（3）甲有探望丙的权利。依据《民法典》第1086条的规定，离婚后，不直接抚养子女的父或母，有探望子女的权利，另一方有协助的义务。因此，探望权的主体，是离婚后不直接抚养子女的父或母，甲作为丙的父亲，不直接抚养丙，具备对丙行使探望权的条件。当然，如果甲赌博恶习不改，并将丙带往赌博场所，有损丙的利益时，乙可申请中止其行使探望权。

3. 甲与乙结婚不到1年，因性格原因，两人经常发生激烈争吵。甲性格较软弱，乙生性强悍，脾气暴躁，在争吵时经常对甲非打即骂，并扬言要置甲于死地。甲不堪忍受，起诉到人民法院要求与乙离婚。一审判决准予离婚后，乙不服一审判决，提起上诉。二审审理过程中，人民法院查明乙已怀孕，于是人民法院驳回了甲的起诉。

问题：

（1）一审人民法院为什么判决准予离婚？

（2）二审人民法院能否驳回甲的起诉？

分析要点提示：

（1）甲、乙结婚后，乙经常对甲实施家庭暴力，依据《民法典》第1079条第3款的规定，调解无效的，应准予离婚。

（2）二审审理过程中，人民法院发现乙已怀孕，依据《民法典》第1082条“女方在怀孕期间、分娩后一年内或终止妊娠后六个月内，男方不得提出离婚”的规定，驳回甲的起诉。但乙怀孕期间，仍对甲实施家庭暴力，并扬言要置甲于死地，甲起诉离婚也是迫不得已，属于《民法典》第1082条规定的“人民法院认为确有必要受理男方离婚请求的”例外情形，因此，人民法院作出驳回甲起诉的裁定，是不正确的。

4. 甲因怀疑丈夫乙有婚外恋而引起乙的不满，自此夫妻争吵不断，乙遂带人强行将甲送进精神病医院。精神病医院在对甲治疗的过程中，发现甲不具有精神病人的病情特征。在医院度过紧张的三天后，甲被允许出院。出院后，甲以乙侵犯名誉权为由，向人民法院提起诉讼，要求乙赔礼道歉，赔偿精神损失5万元。

问题：

（1）乙的行为是否构成对甲权利的侵害？

（2）乙的行为是否应当承担离婚损害赔偿责任？

（3）甲在婚姻关系存续期间能否对乙提起侵权之诉？

分析要点提示：

（1）甲未患精神病，被乙送到精神病医院接受强制治疗，构成对甲名誉权、人身自由权的侵害。

（2）乙的行为不应承担离婚损害赔偿责任。依据《民法典》第 1091 条的规定，乙的行为不属于承担离婚损害赔偿责任的过错情形。《民法典》第 1091 条增加了“有其他重大过错”的兜底规定。但这里的“重大过错”，必须与夫妻一方具有的重婚、与他人同居、实施家庭暴力、遗弃或虐待家庭成员在行为上具有相当性。如女方在婚姻关系存续期间违反忠实义务生育他人子女且未告知男方，导致男方误将他人子女当作自己的子女长期抚养。普通的过错行为，尤其是违反忠实义务的行为，如通奸、嫖娼、一夜情等，未达到与重婚、与他人同居的程度，不能作为无过错方主张离婚损害赔偿的理由。乙将甲送进精神病医院强制治疗的行为，显然不属于“其他重大过错”的情形。

（3）甲在婚姻关系存续期间可以对乙提起侵权之诉。依据《民法典》第 1165 条的规定，行为人因过错侵害他人民事权益，应当承担侵权责任。行为人该侵权责任的承担，不因与受害人之间的配偶关系而豁免。乙在婚姻关系存续期间，实施了侵害甲人格权的行为，该行为属于家庭暴力、虐待之外的其他加害行为，甲作为受害人，可以在婚姻关系存续期间提起诉讼，请求乙承担侵权责任。

自测习题

第八章　收养关系

【本章引例】

甲为乙兄，年过半百，膝下无子女。乙有一子一女，其女丙已满15周岁，就读于某中学。为承膝下之欢，也为了丙能取得北京考生身份，经与乙夫妇协商，甲决定收养丙。征得丙同意后，甲与乙夫妇、丙签订了收养协议，丙跟随甲共同生活。

请问：

1. 丙能否被甲收养？
2. 甲未经其妻同意能否单方面收养丙？
3. 若甲夫妇共同收养丙，则甲夫妇与丙的收养关系何时生效？
4. 若丙未成年时甲夫妇因意外事故同时死亡，丙与生父母的权利义务关系是否自然恢复？

【本章学习目标】

通过学习本章，你应该能够：

1. 了解收养的基本原则。
2. 掌握收养关系成立的法定条件。
3. 了解收养关系成立的法定程序。
4. 掌握收养关系的法律效力。
5. 掌握收养关系解除的条件及法律后果。

第一节　收养的概念和原则

一、收养的概念和特点

（一）收养的概念

“收养”一词，通常可以在两种不同的意义上被使用：一是指收养行为，二是指收养关系。前者是就拟制血亲的亲子关系借以发生的法律事实而言的，后者是就拟制血亲的亲子关系本身而言的。

在婚姻家庭法中，一般是从行为即法律事实的角度表述收养概念的。从这个角度讲，收养是指自然人依照法律规定的条件和程序，将他人的子女作为自己的子女，从而使没有父母子女关系的当事人之间产生法律拟制的父母子女关系的民事法律行为。

收养法律关系是基于收养行为的法律效力而发生的民事法律关系。在收养关系中，当事人是收养人和被收养人。前者为养父、养母，后者为养子、养女。作为收养关系的主体，双方之间具有法定的权利和义务。送养人虽然以其行为促成了收养关系的发生，但并非收养关系中的一方主体。

（二）收养的特点

收养是一种民事法律行为，具有民事法律行为的共同特点。同时，收养还具有自身的、不同于其他民事法律行为的特点，主要表现在以下几个方面：

第一，收养是一种身份法上的行为，是用来创设特定的身份关系的。收养关系只能发生在自然人之间，而且是非直系血亲的自然人之间。

第二，收养是一种变更亲属关系及其权利义务的行为。一方面，通过收养，收养人和被收养人之间发生法律拟制的亲子关系，双方具有与自然血亲的父母子女相同的权利和义务。另一方面，养子女和生父母之间的权利和义务，则因收养的成立而消除。收养既是养父母、养子女的权利义务借以发生的法律事实，又是生父母、生子女的权利义务借以终止的法律事实。不仅如此，收养变更亲属关系及其权利义务的效力依法及于父母子女以外的其他亲属。

第三，收养行为创设的是拟制血亲的亲子关系，是可以依法解除的。基于收养的效力而产生的亲子关系，既可在符合法定条件时依照法定程序而成立，又可在出现法定事由时通过法定方式而解除。这一特点是由收养行为的性质决定的，也是拟制血亲的父母子女关系与自然血亲的父母子女关系相区别的重要特点。

（三）收养与国家收留抚养未成年人的区别

收养是一种特定的民事法律行为，须经有关当事人协议，依法成立；而国家对未成年人的收留抚养是一种行政法上的行为，是由有关机构（在我国，这些机构由各地民政部门主管）依法实施的。收养变更亲属身份，收养人和被收养人之间发生父母子女的权利义务；而国家对未成年人的收留抚养不变更亲属身份，收留抚养机构和被收留抚养人之间不发生父母子女的权利义务。

（四）收养与寄养的区别

所谓寄养，是指父母出于某些特殊情形，不能与子女共同生活，无法直接履行抚养义务，因而委托他人代其抚养子女。受托人和被寄养的子女间无法律拟制的父母子女关系，子女仍是其父母的子女。在寄养的情形下，抚养子女的具体形式虽有变化，但亲属身份并未变更，权利义务并未转移。依据《民法典》第1107条的规定，孤儿或者生父母无力抚养的子女，可以由生父母的亲属、朋友抚养；抚养人与被抚养人的关系不适用收养的规定。

二、收养的原则

《民法典》第1044条规定："收养应当遵循最有利于被收养人的原则，保障被收养人和收养人的合法权益。禁止借收养名义买卖未成年人。"据此，收养的原则可以概括为如下几项。

（一）最有利于被收养人的原则

我国建立收养制度的首要目的是贯彻保护未成年人合法权益的原则，保护未成年人的健康成长。《民法典》中关于收养人、被收养人条件的规定和收养关系解除的规定等，都体现了这一原则的要求。

（二）保障被收养人和收养人合法权益的原则

收养关系一旦成立，便在收养人和被收养人之间形成了拟制血亲的父母子女关系，具有法律规定的父母子女间的权利和义务。在收养关系存续期间，双方都应当依照法律的规定，正确地行使权利和履行义务。养父母对养子女有抚养教育的权利和义务，同时在养子女成年后，享有受养子女赡养的权利；养子女享有受养父母抚养的权利，同时对丧失劳动能力、没有生活来源的养父母有赡养的义务。

（三）平等自愿原则

收养关系是民事法律关系，应当遵循平等自愿的原则。《民法典》第1104条规定："收养人收养与送养人送养，应当双方自愿。收养八周岁以上未成年人的，应当征得被收养人的同意。"这里的自愿，是指收养关系的成立或解除，必须有双方当事人的合意，且意思表示真实；这里的双方，主要是指具有完全民事行为能力的送养人和收养人。但是，如果被收养人年满8周岁，无论是收养关系的成立还是解除，除送养人和收养人合意外，还必须征得被收养人本人的同意。

（四）不得违背公序良俗的原则

确立收养不得违背公序良俗的原则，是收养关系本身的必然要求。收养人和被收养人之间一般并无血缘的联系，收养关系的直接效力就是通过法律的拟制，在他们之间形成血亲关系和权利义务关系。因此，收养关系不论是建立还是解除，都必须符合公序良俗的要求。《民法典》关于禁止借收养名义买卖未成年人的规定；无配偶者收养异性子女，双方的年龄应当相差40周岁的规定；收养孤儿、残疾未成年人和儿童福利机构抚养的查找不到生父母的未成年人，可以不受收养人无子女或者只有一名子女以及无子女的收养人可以收养两名子女、有一名子女的收养人只能收养一名子女的限制等，都反映了公序良俗的需要。

第二节　收养关系的成立

一、收养关系成立的实质要件

关于收养关系成立的实质要件，《民法典》对被收养人、送养人、收养人的条件和收养合意等问题都作了若干特别规定。

（一）被收养人的条件

依据《民法典》第1093条的规定，下列未成年人，可以被收养。

1. 丧失父母的孤儿

按照民政部在《关于在办理收养登记中严格区分孤儿与查找不到生父母的弃婴的通知》中所作的解释，孤儿是指其父母死亡或人民法院宣告其父母死亡的不满14周岁的未成年人。

2. 查找不到生父母的未成年人

这里所说的未成年人，是指被父母遗弃的新生儿和其他未成年人。遗弃未成年人的一般为生父母，也可能是养父母。作为被收养人的未成年人，应以其父母查找不到为必要条件。

3. 生父母有特殊困难无力抚养的子女

生父母是否有特殊困难无力抚养子女，应根据当事人的具体情况来认定。一般来说，如父母出于经济负担能力、患有严重疾病、丧失民事行为能力等原因，以致无法或不宜抚育子女的，均可视为有特殊困难无力抚养。

（二）送养人的条件

依据《民法典》第 1094 条的规定，下列个人、组织可以作为送养人。

1. 孤儿的监护人

孤儿已丧失父母，处于他人监护之下，以监护人为送养人是出于保护孤儿的需要。监护人送养受其监护的孤儿，须受《民法典》第 1096 条规定的限制，即监护人送养孤儿的，应当征得有抚养义务的人同意。有抚养义务的人不同意送养、监护人不愿继续履行监护职责的，应当依法另行确定监护人。这里的有抚养义务的人，系指《民法典》第 1074 条、第 1075 条中所说的有负担能力的祖父母、外祖父母和兄、姐。

参考案例

甲未成年时父母双亡，因为甲的祖父母年事已高且经济困难，所以确定由甲的外祖父母担任甲的监护人。甲的舅舅的儿子溺水身亡，其舅舅想收养甲为养子，甲的外祖父母表示同意。甲被舅舅依法收养后，甲的祖父母以未征得其同意为由，请求人民法院确认收养无效。

分析：甲的祖父母请求确认收养无效的主张不能成立。依据《民法典》第 1096 条的规定，监护人送养孤儿的，须征得有抚养义务的人同意。这里的有抚养义务的人，系指《民法典》第 1074 条中所说的有负担能力的祖父母、外祖父母和兄、姐。甲的祖父母年事已高且经济困难，没有负担抚养义务的能力，自然不属于有抚养义务的人，对监护人的送养没有同意权。

2. 儿童福利机构

我国的儿童福利机构，主要是指各地民政部门主管的收养、养育孤儿和查找不到生父母的未成年人的社会福利院。这些机构事实上也在履行监护孤儿、查找不到生父母的未成年人的职责，以其为送养人是理所当然的。

3. 有特殊困难无力抚养子女的生父母

以有特殊困难无力抚养子女的生父母为送养人，是同以生父母有特殊困难无力抚养的子女为被收养人的规定相一致的。在这种情况下，通过送养、收养变更亲属关系对子女的健康成长是有利的。

关于以生父母为送养人的问题，《民法典》中还有下列相关规定：

（1）生父母送养子女，应当双方共同送养。生父母一方不明或者查找不到的，可以单方送养（《民法典》第1097条）。子女是父母双方的子女，变更亲子法律关系事关重大，自应取得父母双方同意。只有在客观上无法共同送养时，始得单方送养。在现实生活中，单方送养主要出于非婚生子女的生父不明或生父母一方已失踪等原因。

（2）配偶一方死亡，另一方送养未成年子女的，死亡一方的父母有优先抚养的权利（《民法典》第1108条）。这里所说的死亡一方的父母，是生存的另一方的公婆或岳父母，即被送养人的祖父母或外祖父母。依据《民法典》第1074条的规定，祖父母、外祖父母是第二顺序抚养义务人。如果祖父母、外祖父母确有抚养孙子女或外孙子女的意愿和能力，自应赋予其优先抚养权。

参考案例

甲与妻子乙离婚后，儿子丙由甲直接抚养，丙随甲与祖父母丁、戊共同生活。甲不幸死亡，乙将丙领回自己抚养，但乙的再婚丈夫不能接纳丙，双方产生矛盾。为消除夫妻矛盾，乙将丙送他人收养。丙被送养后，丁、戊以乙侵害其优先抚养权为由，请求人民法院确认收养无效，将丙交由其抚养。

分析：丁、戊的诉讼请求应当得到支持。甲与乙离婚时，由甲直接抚养丙。甲死亡后，乙作为丙的母亲，是丙的第一顺序抚养人，其地位优先于丙的祖父母丁、戊。乙放弃对丙的抚养权，将丙送养他人，依据《民法典》第1108条的规定，甲的父母有优先于收养人抚养的权利。因此，丁、戊的诉讼请求依法成立。

（3）未成年人的父母均不具备完全民事行为能力且可能严重危害该未成年人的，该未成年人的监护人可以将其送养（《民法典》第1095条）。这是对监护人送养所作出的限制，是出于保护父母权益的需要。在一般情形下，父母丧失民事行为能力时，变更亲子关系对父母是不利的（如子女为他人收养后，便失去了可期待的受赡养扶助的义务等）。但是，出于保护子女权益的需要，父母对其未成年人子女有严重危害可能的，为了子女免受严重危害，监护人可以将其送养。

（三）收养人的条件

依据《民法典》第1098条的规定，收养人应当同时具备下列条件。

1. 无子女或者只有一名子女

这里所说的无子女，包括未婚者无子女、已婚者尚无子女以及因欠缺生育能力而不可能有子女等各种情形。在解释上，子女既包括婚生子女，也包括非婚生子女；既包括养子女，也包括有抚养关系的继子女。

2. 有抚养、教育、保护被收养人的能力

这里所说的能力，是就其总体而言的，而不是就其某一方面而言的。衡量是否具有抚养、教育、保护被收养人的能力，不能仅考虑收养人的经济负担能力，还要考虑在思想品德、健康状况等方面的能力。例如，行为人具有品德恶劣、行为不端等不利于被收养人健康成长情形的，均应认定为抚养、教育和保护能力欠缺。

3. 未患有在医学上认为不应当收养子女的疾病

这既是为保障养子女的身体健康，也是收养人抚育养子女的前提条件。如果养父母身患传染病，极易将疾病传染给养子女，危害养子女的身体健康；或者养父母患有严重疾病，生活不能自理，就不能履行抚育子女的义务。这里的疾病，应当依照《中华人民共和国传染病防治法》《中华人民共和国母婴保健法》等确定。

4. 无不利于被收养人健康成长的违法犯罪记录

收养应当有利于被收养人的健康成长，如果收养人曾经因为实施寻衅滋事、故意杀人、故意伤害、强奸、猥亵儿童、盗抢等违法犯罪行为被行政处罚或者被追究过刑事责任，有此类违法犯罪记录人的品行不利于被收养人的健康成长，不具备收养人的资格。

5. 年满30周岁

法律对收养人的最低年龄作出限制规定，是出于对收养关系的性质和生育时间的考虑。不满30周岁的人，生育子女的机会尚多，不必急于收养他人子女作为自己的子女。到相当年龄后再收养子女，能够更好地承担父母的职责。基于自然人的生育规律和我国的人口政策，规定年满30周岁方可收养子女是比较适宜的。

关于收养人方面的条件，《民法典》中还有下列几项特殊规定：

（1）无配偶者收养异性子女的，收养人与被收养人的年龄应当相差40周岁以上（《民法典》第1102条）。这一规定是出于伦理道德上的考虑和保护被收养人的需要。

（2）有配偶者收养子女，应当夫妻共同收养（《民法典》第1101条）。被收养人是收养人的家庭成员，与养父母共同生活。如果有配偶者置其配偶的意愿于不顾，单方面收养子女，另一方不予承认，势必会对家庭关系带来种种不利的影响，这是有悖于收养制度宗旨的。

此外，为了保证收养人具有足够的抚养、教育和保护被收养人的条件，《民法典》第1100条第1款还对收养人收养子女的数量作出了限制："无子女的收养人可以收养两名子女；有一名子女的收养人只能收养一名子女。"

（四）当事人的收养合意

收养关系的成立以有关当事人的意思表示一致为必要条件。依据《民法典》第1104条的规定，收养合意须满足下列两个方面的要求：一是收养人收养与送养人送养须双方自愿。收养人和送养人须在平等、自愿的基础上，达成有关成立收养的协议。有配偶者送养或收养子女，须夫妻共同送养或共同收养。收养儿童福利机构抚养的孤儿、查找不到生父母的未成年人，应当征得儿童福利机构的同意。二是收养年满8周岁以上的未成年人，应征得被收养人的同意。8周岁以上的未成年人已具有部分民事行为能力，被收养是有关变更其亲子法律关系的重大问题，征得本人同意是完全必要的。

（五）关于收养条件的特殊规定

收养条件的特殊规定是收养条件一般规定的例外。《民法典》规定在若干具体情形下可以适当放宽收养的条件。

1. 关于收养三代以内旁系同辈血亲的规定

《民法典》第1099条第1款规定："收养三代以内旁系同辈血亲的子女，可以不受本法第一千零九十三条第三项、第一千零九十四条第三项和第一千一百零二条规定的限制。"按此规定，在收养兄弟姐妹的子女、堂兄弟姐妹的子女、表兄弟姐妹的子女时，条件放宽之处有三个方面：（1）生父母无特殊困难、有抚养能力的子女，亦可为被收养人。（2）无特殊困难、有抚养能力的生父母，亦可为送养人。（3）无配偶者收养异性，不受收养人和被收养人之间须有40周岁以上年龄差的限制。

此外，《民法典》第1099条第2款还规定："华侨收养三代以内旁系同辈血亲的子女，还可以不受本法第一千零九十八条第一项规定的限制。"依此规定，收养人如为华侨，回国收养三代以内旁系同辈血亲的子女，不受收养人无子女或者只有一名子女的限制，其他收养条件与国内公民收养三代以内旁系同辈血亲的子女相同。

2. 关于收养孤儿、残疾未成年人或者儿童福利机构抚养的查找不到生父母的未成年人的规定

《民法典》第 1100 条规定:“无子女的收养人可以收养两名子女;有子女的收养人只能收养一名子女。收养孤儿、残疾未成年人或者儿童福利机构抚养的查找不到生父母的未成年人,可以不受前款和本法第一千零九十八条第一项规定的限制。”依此规定,收养孤儿、残疾未成年人或者儿童福利机构抚养的查找不到生父母的未成年人,可以不受收养人无子女或者只有一名子女以及无子女的收养人可以收养两名子女、有一名子女的收养人只能收养一名子女的限制。

3. 关于继父母收养继子女的规定

《民法典》第 1103 条规定:“继父或者继母经继子女的生父母同意,可以收养继子女,并可以不受本法第一千零九十三条第三项、第一千零九十四条第三项、第一千零九十八条和第一千一百条第一款规定的限制。”依此规定,继子女的生父母即使无特殊困难、有抚养能力,继父或者继母即使已有子女或欠缺抚养、教育和保护的能力,继父或者继母即使患有在医学上认为不应当收养子女的疾病,继父或者继母即使有不利于被收养人健康成长的违法犯罪记录,继父或者继母即使不满 30 周岁,仍得成立此种收养关系,并且可以收养一名或数名。在继父或者继母抚养、教育、保护能力不足的情形下,作为收养人可以与其配偶(即子女的生父或者生母)共同努力,承担抚养教育的责任。

二、收养关系成立的形式要件

收养是拟制血亲关系借以建立的重要途径。变更亲子法律关系事关重大,故各国法律均规定收养为要式法律行为,只有符合法定形式,收养关系才能产生法律效力。根据《民法典》的规定,成立收养关系的法定程序是收养登记,同时以收养协议及收养公证为补充。

(一)收养登记的程序

《民法典》第 1105 条第 1 款规定:“收养应当向县级以上人民政府民政部门登记。收养关系自登记之日起成立。”

1. 办理收养登记的机关

办理收养登记的法定机关,是县级人民政府的民政部门。依照民政部《中国公民收养子女登记办法》(2023 年修订)的规定,收养登记的管辖因被收养人情况不同而有

区别：（1）收养社会福利机构抚养的查找不到生父母的弃婴、儿童和孤儿的，在社会福利机构所在地的收养登记机关办理登记。（2）收养非社会福利机构抚养的查找不到生父母的弃婴和儿童的，在弃婴和儿童发现地的收养登记机关办理登记。（3）收养生父母有特殊困难无力抚养的子女或者由监护人监护的孤儿的，在被收养人生父母或者监护人常住户口所在地（组织作为监护人的，在该组织所在地）的收养登记机关办理登记。（4）收养三代以内旁系同辈血亲的子女，以及继父或者继母收养继子女的，在被收养人生父或者生母常住户口所在地的收养登记机关办理登记。

2. 收养登记的具体程序

（1）申请。办理收养登记时，收养关系当事人应当亲自到收养登记机关办理成立收养关系的登记手续。夫妻共同收养子女的，应当共同到收养登记机关办理登记手续。一方因故不能亲自前往的，应当书面委托另一方办理登记手续，委托书应经过村民委员会或者居民委员会证明或者经过公证。

申请收养登记时，收养人应当向收养登记机关提交收养登记申请书。申请书应包括以下内容：收养人的基本情况；送养人的基本情况；被收养人的基本情况；收养的目的；收养人作出的不虐待、不遗弃被收养人和抚育被收养人健康成长的保证。

申请办理收养登记时，收养人和送养人还应当提供相应的证件和证明材料。

收养人应提交如下证件和证明材料：收养人的居民户口簿和居民身份证；由收养人所在单位或者村民委员会、居民委员会出具的本人婚姻状况和抚养教育被收养人的能力等情况的证明，以及收养人出具的子女情况证明；县级以上医疗机构出具的未患有在医学上认为不应当收养子女的疾病的身体健康检查证明。收养查找不到生父母的弃婴、儿童的，并应当提交收养人经常居住地卫生健康主管部门出具的收养人生育情况证明；其中，收养非社会福利机构抚养的查找不到生父母的弃婴、儿童的，收养人应当提交下列证明材料：收养人经常居住地卫生健康主管部门出具的收养人生育情况证明；公安机关出具的捡拾弃婴、儿童报案的证明。收养继子女的，可以只提交居民户口簿、居民身份证和收养人与被收养人生父或者生母结婚的证明。

送养人应提交如下证件和证明材料：送养人的居民户口簿和居民身份证（组织作为监护人的，提交其负责人的身份证件）；《民法典》规定送养时应当征得其他有抚养义务的人同意的，并提交其他有抚养义务的人同意送养的书面意见。社会福利机构为送养人的，并应当提交弃婴、儿童进入社会福利机构的原始记录，公安机关出具的捡拾弃婴、儿童报案的证明，或者孤儿的生父母死亡或者宣告死亡的证明。监护人为送养人的，并应当提交实际承担监护责任的证明，孤儿的父母死亡或者宣告死亡的证明，或者被收养人生父母无完全民事行为能力并对收养人有严重危害的证明。生父母为送养人，有特殊困难无力抚养子女的，还应当提交送养人有特殊困难的声明；因丧偶或者一方下落不明由单方送养的，还应当提交配偶死亡或者下落不明的证明。对送养人有特殊困难的声明，登记机关可以进行调查核实；子女由三代以内旁系同辈血亲收养的，还应当提交公安机关出具的或者经公证的与收养人有亲属关系的证明。被收养人是残疾儿童的，并应当提交县级以上医疗机构出具的该儿童的残疾证明。

（2）审查。收养登记机关收到收养登记申请书及有关材料后，应当自次日起 30 日内进行审查。审查的主要内容包括：收养申请人是否符合法律所规定的收养人条件以及其收养的目的是否正当；被收养人是否符合法律所规定的被收养人条件；送养人是否符合法律所规定的送养人条件；证明材料是否真实有效；当事人申请收养的意思表示是否真实等。

（3）公告。对查找不到生父母的弃婴、儿童，收养登记机关应当在登记前公告查找其生父母；自公告之日起满 60 日，弃婴、儿童的生父母或者其他监护人未认领的，视为查找不到生父母的弃婴、儿童，才可以办理收养登记。

（4）登记。收养登记机关经审查，对符合《民法典》规定条件的，为当事人办理收养登记，发给收养登记证，收养关系自登记之日起成立；对不符合《民法典》规定条件的，不予登记，并对当事人说明理由。依据《民法典》第 1106 条的规定，收养关系成立后，公安机关应当依照国家有关规定为被收养人办理户口登记。

司法案例：收养行为如何进行审查

（二）收养协议和收养公证

《民法典》第 1105 条第 3 款规定："收养关系当事人愿意签订收养协议的，可以签订收养协议。"第 4 款规定："收养关系当事人各方或者一方要求办理收养公证的，应当办理收养公证。"可见，收养协议和收养公证并不是收养的法定形式要件，而是由当事人自主选择的。

1. 收养协议

收养协议是收养关系当事人之间，依照法律规定的条件订立的，关于同意成立收养关系的协议。订立收养协议应当符合如下法律要求：（1）订立收养协议的当事人，即收养人、被收养人与送养人均须符合《民法典》规定的收养成立的条件。（2）收养协议的主要条款，应当包括收养人、送养人和被收养人的基本情况，收养的目的，收养人不虐待、不遗弃被收养人和抚育被收养人健康成长的保证，以及双方要求订入的其他内容。（3）收养协议的形式应当为书面协议。

收养协议自收养关系当事人正式签订之日起生效，但当事人约定收养关系自协议生效之日起成立而未办理收养登记的，收养关系不成立。

2. 收养公证

收养公证是根据收养关系当事人各方或者一方的要求，由公证机关对其订立的收养协议依法作出的公证证明。关于收养公证的办理，应当明确以下问题：

（1）办理收养公证并不是成立收养关系的必经法律程序。只有在收养关系当事人要求办理收养公证的情况下，才依法予以办理。

（2）办理收养公证时，公证机关应当对申请收养公证的当事人的条件和收养协议的内容的合法性进行审查。经过审查后，认为收养人、送养人和被收养人符合法律规定的相关条件，收养协议的内容合法有效的，才能给予办理公证证明。但办理收养公证后未办理收养登记的，收养关系不成立。

参考案例

甲的父母因长期从事地质勘探工作，无力抚养甲，决定将其送给乙夫妇抚养。收养人与送养人签订了收养协议，协议中约定：收养协议自办理公证之日起生效。协议签订后，双方到公证机关办理了收养公证手续，但未办理登记手续。甲与乙夫妇生活在一起，乙夫妇对甲视为己出，甲享受着养父母的关爱，幸福快乐地生活。甲的父母对送养甲之事一直无法释怀，多方争取调到机关工作后，与乙夫妇协商解除收养关系，将甲领回自己抚养，但乙夫妇不同意，已满10周岁的甲也不同意回到生父母身边。于是，甲的父母向人民法院提起诉讼，请求解除收养关系。

分析：依照《民法典》的规定，收养关系当事人愿意订立收养协议的，可以订立收养协议。收养关系当事人各方或者一方要求办理收养公证的，应当办理收养公证。收养关系自登记之日起成立。由此可见，收养登记是收养关系成立的法定形式要件，至于当事人之间是否订立收养协议、收养协议是否经公证，对收养关系成立并不起决定作用。因此，甲父母与乙夫妇之间的收养协议自公证之日起生效，但甲与乙夫妇的收养关系并未成立，甲的生父母请求解除收养关系并不恰当，人民法院可基于双方未办理收养登记的事实，确认收养关系不成立。

三、关于保守收养秘密的问题

《民法典》第1110条规定："收养人、送养人要求保守收养秘密的，其他人应当尊重其意愿，不得泄露。"这一规定是基于我国法律关于保护自然人隐私权的法律准则而提出的法律要求，有利于稳定收养关系，保持收养人与被收养人家庭生活的和睦。依照该条法律规定，收养人、送养人有权要求保守收养秘密，其他任何人有不得泄露该收养秘密的义务。

第三节 收养关系的效力

收养关系一旦成立，便会引起一系列的法律后果；收养关系的效力，就是收养成立引起的法律后果的总称。依据《民法典》第1111条的规定，可以将收养的效力分为拟制效力和解消效力两个方面。另外，《民法典》还对无效收养及其法律后果作出了明确的规定。

一、收养关系的拟制效力

收养关系的拟制效力是指收养依法创设新的亲属关系以及权利义务的效力。按照《民法典》的规定，收养关系的拟制效力不仅及于养父母与养子女，也及于养子女与养父母的近亲属。

（一）养父母与养子女间形成法律拟制的父母子女关系

《民法典》第1111条第1款中规定："自收养关系成立之日起，养父母与养子女间的权利义务关系，适用本法关于父母子女关系的规定。"依此规定，基于收养关系的拟制效力，养父母子女关系与自然血亲的父母子女关系具有同等的法律地位，两者在亲子间的权利义务上是完全相同的。因此，有关父母对未成年子女的抚养、教育、保护，子女对父母的赡养扶助等规定，有关父母与子女互为第一顺序继承人的规定，均适用于养父母与养子女。

收养关系的拟制效力同样也表现在养子女的姓氏问题上。《民法典》第 1112 条规定：“养子女可以随养父或者养母的姓氏，经当事人协商一致，也可以保留原姓氏。”养子女的姓氏既可随养父，也可随养母，这同《民法典》第 1015 条关于子女姓氏问题的规定是完全一致的。

社会热点：生父母是否有权探望养子女

（二）养子女与养父母的近亲属间形成相应的拟制血亲关系

《民法典》第 1111 条第 1 款中规定：“养子女与养父母的近亲属间的权利义务关系，适用本法关于子女与父母的近亲属关系的规定。”养子女与养父母的近亲属间的权利义务关系，是养亲子关系在法律上的延伸。具体来说，养子女与养父母的父母间，有祖孙间的权利和义务；养子女与养父母的子女间，有兄弟姐妹间的权利和义务。上述近亲属间的抚养和赡养适用《民法典》第 1074 条、第 1075 条的规定；法定继承适用《民法典》第 1127 条及其相关规定。养兄弟姐妹、养祖父母、养外祖父母为第二顺序法定继承人；养孙子女、养外孙子女可以代位继承其养祖父母、养外祖父母的遗产。

参考案例

甲与妻子乙婚后不能生育，甲母丙希望甲、乙收养甲妹妹的女儿作为养女，而乙却想收养其表弟的儿子作为养子。甲、乙最终收养乙表弟的儿子丁为养子，办理了收养登记手续后丁即随甲、乙共同生活。甲母丙对此极为不满，因而断绝与甲一家的往来。甲、乙双双因车祸失去工作能力，没有稳定收入，生活陷入困境，无力抚养丁，请求丙负担丁的抚养费，丙则以不同意收养丁为由拒绝承担抚养费支付义务。

分析：丙对丁有抚养的义务。甲收养了丙，丙与甲之间形成拟制血亲的父子关系，基于收养的拟制效力，丙与甲的父母之间也形成拟制血亲的养祖孙关系。依据《民法典》第 1111 条和第 1074 条的规定，有负担能力的丙，对父母无力抚养的未成年的养孙子丁有抚养的义务。

二、收养关系的解消效力

收养关系的解消效力是指收养依法终止原有的亲属关系及其权利义务的效力。依照《民法典》的规定，收养属于完全收养，收养的解消效力不仅及于养子女与生父母，也及于养子女与生父母以外的其他近亲属。

（一）养子女与生父母间的权利义务关系消除

依据《民法典》第 1111 条第 2 款的规定，养子女与生父母间的权利义务关系，因收养关系的成立而消除。可见，收养关系的解消效力所消除的，仅为法律意义上的父母子女关系，即相互间父母子女的权利义务，而非自然意义上的父母子女关系。养子女与生父母间基于出生而具有的直接血缘联系是客观存在的，不能通过法律手段加以改变。因此，《民法典》中有关禁止直系血亲结婚的规定，对于养子女与生父母仍然适用。

（二）养子女与生父母以外的其他近亲属的权利义务关系消除

依据《民法典》第 1111 条第 2 款的规定，养子女与生父母以外的其他近亲属间的权利义务关系，亦因收养关系的成立而消除。因此，子女被他人收养后，其与生父母的父母不再具有祖孙间的权利和义务关系，与生父母的其他子女间不再具有兄弟姐妹间的权利义务关系。当然，这里所消除的也仅是他们之间的权利义务关系，而非自然血亲关系。因此，《民法典》中有关禁止直系血亲和三代以内旁系血亲结婚的规定，对养子女与生父母以外的其他近亲属仍然是适用的。

参考案例

甲与妻子乙再婚后，乙未成年的儿子丙随乙与继父甲共同生活，甲对丙长期进行抚养教育，双方形成抚养关系。乙与甲的儿子丁出生后，乙与甲协商要求甲收养丙，这样丙、丁同姓，兄弟俩容易和谐相处。征得丙的生父同意后，甲收养了丙，并办理了收养登记手续。丙的生父因病死亡，留下大宗遗产，丙要求继承，被其他继承人拒绝。

分析： 丙被甲收养后，双方的关系由形成抚养关系的继父子关系变为收养关系的继父子关系，相互间的权利义务内容不发生变化，但丙与生父母及生父母的近亲属之间的权利义务关系则发生变化。丙被甲收养后，丙与生父之间的权利义务关系终止，丙对生父遗产继承的权利随之消灭。

三、无效收养

（一）无效收养的原因

《民法典》第1113条第1款规定："有本法第一编关于民事法律行为无效规定情形或者违反本编规定的收养行为无效。"据此，收养的无效情形为：收养人、送养人不具有完全民事行为能力；当事人的意思表示不真实，即收养人收养、送养人送养及年满8周岁的被收养人被收养并非出于本人的真实意愿；违反法律规定的收养条件和社会公共利益；收养不符合收养成立的法定方式。

（二）确认收养无效的程序

依照我国现行法的规定，确认收养无效的程序有两种，即人民法院依诉讼程序确认收养无效和收养登记机关依行政程序确认收养无效。

1. 行政程序

《中国公民收养子女登记办法》第13条规定，收养关系当事人弄虚作假骗取收养登记的，收养关系无效，由收养登记机关撤销登记，收缴收养登记证。

2. 诉讼程序

在审判实践中，以诉讼程序确认收养无效有以下两种情形：一是当事人或利害关系人提出请求确认收养无效之诉，由人民法院依法判决收养无效；二是人民法院在审理有关案件的过程中发现无效收养，在有关案件的判决中确认收养无效。拟制血亲的亲子关系和自然血亲的亲子关系一样，是赡养、抚养、监护、法定继承等借以发生的基础法律关系。因此，认定收养有效，是正确处理有关案件的必要前提。

（三）收养无效的法律后果

《民法典》第1113条第2款规定："无效的收养行为自始没有法律约束力。"收养无效具有溯及既往的效力，这是关于确认收养无效和收养关系解除的重要区别。

无效收养不发生收养的法律后果，当事人预期的目的不能实现。但无效收养并非不发生其他法律后果。根据不同情形，无效收养会发生当事人意思之外的后果，即无效民事法律行为的后果、行政法上的后果和刑法上的后果，当事人应相应地承担无效收养的民事责任、行政责任和刑事责任。

参考案例

甲夫妇婚后育有两女，其弟乙育有两子。甲母重男轻女思想严重，认为甲无子嗣，无人承继香火，即要求乙将其二子丙过继给甲，将来可为甲夫妇养老送终，接管其家产。丙过继给甲后，即随甲夫妇共同生活，一家人相处融洽、和谐安乐。丙成年后，甲的两个女儿均已远嫁他乡，甲夫妇的生活由丙照料。甲夫妇去世后，甲的两个女儿与丙因遗产继承发生纠纷，丙认为其作为养子，甲夫妇的遗产应由其一人继承。

分析：丙以过继子身份与甲夫妇共同生活，按照民间习俗建立收养关系，但不符合法律规定的收养条件和程序，因此，甲夫妇与丙之间的收养关系不成立，双方不具有养父母子女身份，丙对甲夫妇的遗产没有继承权。但丙在甲夫妇生前对其照料较多，丙作为继承人以外的对被继承人扶养较多的人，有权依据《民法典》第 1131 条的规定分得适当遗产。

第四节　收养关系的解除

一、收养关系解除的原因

收养关系因一定法律事实而成立，亦可因一定法律事实而终止。收养关系终止的原因有两种：一是收养人或被收养人死亡，因主体缺位而自然终止；二是收养关系存续期间，通过法律手段解除而终止。就法理而言，收养关系因死亡而终止的，以收养关系为中介的其他亲属关系并不终止；因依法解除而终止的，以该收养关系为中介的其他亲属关系亦随之终止。

依照《民法典》的规定，根据当事人对解除收养所持的态度，收养关系的解除有两种不同的方式：一是收养关系依当事人的协议而解除；二是收养关系依当事人一方的要求而解除。

（一）收养关系依当事人的协议而解除

《民法典》第 1114 条第 1 款规定："收养人在被收养人成年以前，不得解除收养关系，但是收养人、送养人双方协议解除的除外。养子女八周岁以上的，应当征得本人同意。"第 1115 条规定："养父母与成年养子女关系恶化、无法共同生活的，可以协议解除收养关系。不能达成协议的，可以向人民法院提起诉讼。"依照以上规定，在被收养人成年以前，收养人和送养人双方自愿达成解除收养的协议的，应依法准许。在被收养人成年以后，养父母与成年养子女协议解除收养关系的，法律应尊重双方的共同意愿。

1. 协议解除收养关系的条件

第一，在养子女成年以前，解除收养关系须征得收养人和送养人的同意。双方在解除收养的问题上，意思表示须完全一致。养子女年满 8 周岁以上的，还应征得本人同意。

第二，在养子女成年以后，解除收养关系须征得收养人和被收养人的同意，双方在解除收养关系问题上，意思表示亦须完全一致。

第三，当事人就收养关系解除后的财产和生活问题一并达成协议。

2. 协议解除收养关系的程序

《民法典》第 1116 条规定："当事人协议解除收养关系的，应当到民政部门办理解除收养关系登记。"当事人办理解除收养关系的登记时，应当持居民户口簿、居民身份证、收养登记证和解除收养关系的书面协议，共同到收养登记机关办理解除收养关系登记。

收养登记机关收到解除收养关系登记申请书及有关材料后，应当自次日起 30 日内进行审查；对符合法律规定的，为当事人办理解除收养关系的登记，收回收养登记证，发给解除收养关系证明。

参考案例

甲夫妇婚后无子女，且生活富裕。乙夫妇有两女一子，生活困难。乙夫妇的二女儿丙乖巧懂事，备受甲夫妇喜爱，甲夫妇与乙夫妇协商欲收养丙，乙夫妇表示同意。办理收养登记手续后，丙即与甲夫妇共同生活。丙考取大学后，党的农村政策也使乙夫妇发家致富，乙夫妇设法与丙取得联系后开始频繁来往，丙对甲夫妇的感情逐渐冷淡。甲夫妇无奈与丙协议解除了收养关系，但未办理解除收养关系登记手续。丙成年后，甲夫妇生活困难，要求丙赡养，丙以收养关系已解除为由，拒绝向甲夫妇支付赡养费。

分析：丙被甲夫妇合法收养，双方之间养父母子女关系成立。收养关系存续期间，丙成年后，甲夫妇与丙协议解除收养关系，符合法律规定，协议合法有效，但是，依据《民法典》第 1116 条的规定，当事人协议解除收养关系的，应当到民政部门办理解除收养关系登记。甲夫妇与丙虽达成解除收养关系的协议，但因未办理收养关系解除登记，依法不发生解除收养关系的效力，所以丙对养父母甲夫妇仍有赡养的义务。

（二）收养关系依当事人一方的要求而解除

当事人不能达成解除收养关系协议的，一方可向人民法院提起诉讼，通过诉讼程序解除收养关系。《民法典》第 1114 条第 2 款规定："收养人不履行抚养义务，有虐待、遗弃等侵害未成年养子女合法权益行为的，送养人有权要求解除养父母与养子女间的收养关系。送养人、收养人不能达成解除收养关系协议的，可以向人民法院提起诉讼。"第 1115 条规定："养父母与成年子女关系恶化、无法共同生活的，可以协议解除收养关系。不能达成协议的，可以向人民法院提起诉讼。"

1. 一方要求解除收养关系的条件

在养子女成年前，收养人不履行抚养义务，有虐待、遗弃等侵害未成年养子女合法权益行为的，送养人要求解除收养关系，但不能与收养人达成解除协议的，送养人可以向人民法院提起诉讼，要求解除收养关系。

在养子女成年后，养父母与成年养子女关系恶化，无法共同生活，养父母与成年子女不能达成解除收养关系协议的，双方均可向人民法院起诉，要求解除收养关系。

2. 一方要求解除收养关系的程序

当事人一方要求解除收养关系的，应当依诉讼程序办理。人民法院审理要求解除收养关系的案件，应当查明有关事实，根据法律的有关规定，做好调解工作，保护未成年养子女和成年养子女的养父母的合法权益。在调解无效的情况下，依法作出准予或不准予解除收养关系的判决。

二、解除收养关系的法律后果

（一）对养子女与养父母及其近亲属的后果

依据《民法典》第 1117 条的规定，收养关系解除后，养子女与养父母及其他近亲属间的权利义务关系即行消除。可见，解除收养关系的直接后果是养父母子女关系的终止，双方不再具有父母子女间的权利义务。养子女与养父母的近亲属之间，因收养关系的成立而形成的近亲属身份和权利义务也随之而终止。

（二）养子女与生父母及其他近亲属的后果

依据《民法典》第 1117 条的规定，收养关系解除后，未成年养子女与生父母以及其他近亲属间的权利义务关系自行恢复。成年养子女与生父母及其他近亲属间的权利义务关系是否恢复，可以协商确定。如果成年养子女与生父母协商确定恢复父母子女间的权利义务关系，该子女与其他近亲属间的权利义务关系即随之恢复。

参考案例

甲与妻子乙婚后无子，便收养了甲弟的儿子丙为养子。丙成年后养母去世，甲再婚，因与继母关系紧张，无法相处，丙与甲协议解除收养关系。办理解除收养关系登记手续后，丙从甲家中搬出后独立生活。丙独立生活后，与生父母之间往来增多，丙对生活困难的生父母多有接济。后丙生父患病住院治疗，丙的弟弟要求丙分担医药费，遭到丙拒绝后，其生父向人民法院提起诉讼。

分析：丙成年后与甲解除养父子关系，双方权利义务终止。但丙与生父母权利义务关系是否恢复，应当有明确的意思表示，不能采用默示形式。丙在与甲收养关系解除后，虽与生父母恢复来往，并在生活上接济生父母，但双方对生父母子女权利义务关系的恢复问题并没有进行协商，因此，双方的权利义务关系仍处于因收养关系成立而终止的状态，丙对生父没有医药费的负担义务。

（三）成年养子女的生活费给付义务

依据《民法典》第1118条第1款的规定，收养关系解除后，经养父母抚养的成年养子女，对缺乏劳动能力又缺乏生活来源的养父母，应当给付生活费。

关于生活费的数额，应视养父母的实际生活需要和成年养子女的负担能力而定。一般来说，养子女提供给养父母的生活费应不低于当地居民普通的生活费用标准。应当指出，收养关系解除后，养子女的生活费给付义务，并不是收养关系效力之下养子女对养父母的赡养义务，而是收养关系解除后养子女对养父母抚养义务履行的回报，是权利义务一致原则的体现。

参考案例

甲与妻子乙收养丙为养子。丙成年后因婚姻问题与甲、乙产生矛盾，双方各不相让，最终关系破裂，甲、乙决定与丙解除收养关系，丙表示同意。办理解除收养关系登记手续后，丙从甲家中搬出独立生活，自此结婚生子，与甲、乙再无往来。乙因患病住院治疗，医疗费花费巨大，甲、乙生活出现困难，遂要求丙给付生活费，但丙以收养关系解除为由，拒绝给付。

分析：丙与甲、乙解除收养关系时，丙已在甲、乙的抚养教育下长大成人，本该履行赡养义务，却因收养关系的解除使养父母享有受丙赡养的权利消灭，这不符合权利义务一致的原则。因此，依据《民法典》第1118条第1款的规定，收养关系解除后，经养父母抚养的成年养子女，对缺乏劳动能力又缺乏生活来源的养父母，应当给付生活费。

（四）养父母的补偿请求权

《民法典》第 1118 条第 1 款中规定："因养子女成年后虐待、遗弃养父母而解除收养关系的，养父母可以要求养子女补偿收养期间支出的抚养费。"第 2 款规定："生父母要求解除收养关系的，养父母可以要求生父母适当补偿收养期间支出的抚养费；但是，因养父母虐待、遗弃养子女而解除收养关系的除外。"依照这一规定，养父母的补偿请求权须分不同情形，向成年养子女主张或向生父母主张，但养父母对养子女的虐待、遗弃构成其向养子女的生父母行使补偿请求权的法定障碍。

参考案例

甲与妻子乙婚后有女无子，收养丙为养子。甲、乙对丙视为己出，娇生惯养，丙逐渐养成任性霸道的性格。丙成年后，游手好闲、不务正业，隔三岔五伸手向养父母要钱，不给就非打即骂。养父母不堪忍受，与丙协商解除收养关系，丙不同意。甲、乙向人民法院提起诉讼，请求人民法院解除与丙的收养关系，要求丙补偿其在收养期间支出的生活费和教育费共计 10 万元，并要求丙在收养关系解除后向其支付生活费。

分析：丙成年后因虐待养父母，养父母提起诉讼要求解除收养关系，其要求解除与丙收养关系和要求丙补偿收养期间支出的生活费和教育费的诉讼请求，符合法律规定，人民法院应当予以支持。对于养父母向丙提出的收养关系解除后向其支付生活费的请求，人民法院不应当支持。收养关系解除后，收养人向养父母支付的生活费，或者补偿的生活费和教育费，均是对养父母收养期间付出的回报，是权利义务一致的体现，二者只能选择其一，不能同时存在。

【引例评析】

1. 甲收养丙属于收养三代以内旁系同辈血亲的子女的情形，所以，可以不受《民法典》有关条款的限制，丙作为未成年人，可以被甲收养。

2. 甲有配偶，有配偶者收养子女，须夫妻共同收养。若甲未经其妻同意单方面收养丙，则违反了《民法典》的规定，该收养行为无效。

3. 甲夫妇与丙的收养关系，自办理收养登记之日起成立并生效。

4. 甲夫妇因意外事故同时死亡，与丙的收养关系终止。《民法典》规定，收养关系解除后，未成年的养子女与生父母的权利义务关系自然恢复；但对收养关系因养父母死亡终止的，未成年的养子女与生父母的权利义务关系是否自然恢复，《民法典》没有规定，理解上不应适用收养关系解除效力的规定，不能自然恢复，应由其他有抚养义务的拟制血亲对丙进行抚养。

【本章小结】

1. 收养行为是导致亲属身份和权利义务变更的行为，属于民事法律行为而不是事实行为。收养必须符合法律规定的条件，并在收养登记机关办理收养登记。收养关系自登记之日起成立并产生法律效力。收养行为如果违反收养关系成立的条件和程序，为无效收养，不发生收养关系的效力，养子女与养父母间不发生亲属身份关系和权利义务关系。收养行为被人民法院确认无效的，从行为开始时起就没有法律效力。

2. 收养关系成立的直接效力，是收养人与被收养人之间产生法律拟制的父母子女关系，进而产生等同于生父母与生子女间的权利义务。与此同时，养子女与生父母之间原有的权利义务关系消除，但双方基于出生这一法律事实而形成的自然血亲关系和亲属称谓不因收养而消除，法律有关禁婚亲的规定在养子女与生父母及生父母的近亲属间仍然适用。

3. 因收养而形成的养父母子女关系和因抚养而形成的继父母子女关系有所不同。在解消效力上，养父母子女关系形成后，养子女和生父母间的权利义务关系消除；形成抚养关系后，继子女与继父或继母间产生父母子女的权利义务，同时与不直接抚养一方的生父或生母的权利义务仍然存在，不因抚养关系的形成而消除。在拟制效力上，收养关系的拟制效力及于养父母和养父母的近亲属；而抚养关系的拟制效力仅及于继父或继母与继子女之间，不直接及于继父或继母的近亲属。继子女与继父或继母的近亲属的权利义务的产生直接取决于相互之间的抚养关系，而不是因为继父或继母与继子女形成的抚养关系。

4. 收养关系解除前后，养子女对养父母生活费的支付义务性质不同。收养关系解除前，养子女支付生活费是对养父母应当履行的赡养义务，是收养关系效力的体现；收养关系解除后，养子女支付生活费是对养父母履行抚养义务的补偿，是收养关系解除的法律后果。

【练习题】

一、名词解释

收养　寄养　收养的成立　收养的无效　收养的解除

二、思考题

1. 收养关系的成立应当具备哪些条件？
2. 收养关系成立后发生哪些法律效力？
3. 收养关系解除的法律后果如何？

三、案例分析题

1. 甲系某大学教师，35周岁，一直未婚。甲兄乙与15周岁的女儿丙外出途中遭遇车祸，乙当场死亡。丙母丁有再婚的愿望，但因对方不能接受丙而未能如愿。甲与丁协商后决定收养丙，丙表示同意。甲、丙、丁共同到收养登记机关申请收养登记。

问题：

(1) 甲是否具备收养丙的条件？

(2) 丙是否具备被甲收养的条件？

(3) 办理甲、丙收养登记的机关是什么？

分析要点提示：

(1) 甲具备收养丙的条件。依据我国《民法典》第1102条的规定，尽管甲为无配偶的男性，与女性被收养人丙年龄相差不到40周岁，但因为甲收养的是三代以内旁系同辈血亲的子女，不受上述条件限制。

(2) 丙具备被甲收养的条件。依据我国《民法典》第1099条第1款的规定，尽管丙不属于生父母有特殊困难无力抚养的子女，但因为是被生父的弟弟收养，属于收养三代以内旁系同辈血亲的子女，不受上述条件限制。

(3) 依据《民法典》和《中国公民收养子女登记办法》的规定，收养三代以内旁系同辈血亲的子女，应当在被收养人生父或者生母常住户口所在地的收养登记机关办理登记手续。

2. 甲与妻子乙结婚后，因甲无生育能力，夫妇二人决定收养一子。甲、乙夫妇与丙的生父母协商，收养丙作为养子，并依法办理了收养登记。丙初中一年级时，甲、乙二人因煤气中毒死亡，丙成为孤儿。丙要求甲的父母丁、戊支付抚养费，丁、戊以经济困难、没有负担能力为由拒绝支付；丙要求生父母支付抚养费，生父母以对其抚养义务已因收养成立而消灭为由，拒绝支付抚养费。丁、戊决定将丙送他人收养，丙和丙的生父母均不同意。

问题：

（1）甲、乙死亡后，甲父母丁、戊是否有抚养丙的义务？

（2）丁、戊是否有送养丙的权利？

（3）丙和丙的生父母，对丙被送养他人是否有同意权？

分析要点提示：

（1）依据《民法典》第1111条第1款的规定，养子女与养父母的近亲属间的权利义务关系，适用法律关于子女与父母的近亲属关系的规定。同时，依据《民法典》第1074条的规定，有负担能力的祖父母对子女无力抚养的未成年的孙子女，有抚养的义务。丁、戊虽属丙的养祖父母，但经济困难、没有负担能力，没有抚养丙的义务。

（2）丁、戊经济困难，没有履行抚养义务的能力，但具备担任丙监护人的资格。依照《民法典》的相关规定，丁、戊有权以孤儿监护人身份送养丙。

（3）丙已满8周岁，依据《民法典》第1104条的规定，应当征得丙的同意，丙对是否被送养有同意权。但丙的生父母不属于《民法典》第1096条规定的“其他有抚养义务的人”，对丙的被送养没有同意权。

3. 甲在丈夫去世后独自抚养儿子乙。乙在幼年时，甲患重病，自知将不久于人世，甲放心不下乙，但又无其他近亲属可以托付，便将自己的好友丙夫妇叫到病床前，请求丙夫妇在其死后抚养自己5岁的儿子，丙夫妇含泪应允。于是三人签署了协议书，协议内容为：甲5岁的儿子由丙夫妇抚养，甲的遗产由其儿子一人继承，在乙成年前，该遗产由丙夫妇管理。丙夫妇抚养乙所需的费用从乙的遗产中支出。丙夫妇虽也有一子需要照顾，但对乙尽心尽力照顾。乙入学前，丙夫妇想收养乙为养子，但不知如何办理收养手续。

问题：

（1）甲与丙夫妇之间的协议，是否为收养协议？

（2）丙夫妇要收养乙作为养子，如何办理收养手续？

分析要点提示：

（1）甲与丙的协议是寄养协议，不是收养协议。收养协议是收养关系当事人之间依照法律规定的条件订立的，关于同意成立收养关系的协议。收养协议的主要条款应明确收养的目的，但甲与丙的协议中并没有明确收养的意思表示，只是丙夫妇代甲完成抚养丙的任务，因此，双方的协议属于寄养协议。

（2）丙夫妇要收养乙作为养子，首先要确定送养人。丙为孤儿，应当首先为其确定监护人。监护人确定后，由监护人作为送养人，丙夫妇作为收养人，按照收养孤儿的程序，向监护人常住户口所在地（组织作为监护人的，在该组织所在地）的收养登记机关办理登记。

自测习题

第九章 特殊婚姻家庭关系

【本章引例】

甲系中国公民，乙系在中国工作的美籍工程师，双方登记结婚后，因为均不具备生育能力，便在中国收养了一名孤儿丙作为养子女。后甲申请加入美国国籍，但仍在中国工作。由于中西方文化差异，婚后双方矛盾不断，甲便与乙协商离婚。乙同意离婚，双方签署了离婚协议书。

问题：

1. 甲、乙申请结婚登记时，如何适用法律？
2. 甲、乙的离婚可否依照中国法律规定办理？
3. 甲、乙在我国收养子女丙，如何适用法律？

【本章学习目标】

通过本章学习，你应该能够：

1. 掌握涉外婚姻家庭关系的法律适用原则。
2. 掌握涉侨、涉港澳台婚姻家庭关系的法律适用原则。

第一节 涉外婚姻家庭关系的法律适用

一、涉外婚姻家庭关系法律适用的一般原则

涉外婚姻家庭关系因其具有涉外因素，在适用法律时需要解决不同国家或地区的

婚姻家庭法的冲突问题。依据最高人民法院《关于适用〈中华人民共和国涉外民事关系法律适用法〉若干问题的解释（一）》第 1 条的规定，民事关系具有下列情形之一的，可以认定为涉外民事关系：(1) 当事人一方或双方是外国公民、外国法人或者其他组织、无国籍人；(2) 当事人一方或双方的经常居所地在中国领域外；(3) 标的物在中国领域外；(4) 产生、变更或者消灭民事关系的法律事实发生在中国领域外；(5) 可以认定为涉外民事关系的其他情形。婚姻家庭关系符合上述任何一种情形的，都构成涉外婚姻家庭关系。

依照《中华人民共和国涉外民事关系法律适用法》(以下简称《涉外民事关系法律适用法》) 的有关规定，涉外民事关系适用的法律，依照该法确定；其他法律对涉外民事关系法律适用另有特别规定的，依照其规定。如果《涉外民事关系法律适用法》和其他法律对涉外民事关系法律适用没有规定的，适用与该涉外民事关系有最密切联系的法律。如果我国法律对涉外民事关系有强制性规定的，直接适用该强制性规定。外国法律的适用将损害我国社会公共利益的，适用我国法律。这些规定是涉外民事关系法律适用的一般规则，涉外婚姻家庭关系也不例外。

二、涉外婚姻的法律适用

（一）涉外结婚

我国涉外结婚关系中，结婚条件和结婚手续的准据法采用区别制。《涉外民事关系法律适用法》第 21 条规定：“结婚条件，适用当事人共同经常居所地法律；没有共同经常居所地的，适用共同国籍国法律；没有共同国籍，在一方当事人经常居所地或者国籍国缔结婚姻的，适用婚姻缔结地法律。”可见，结婚条件的准据法包括当事人共同经常居所地法律、共同国籍国法律、婚姻缔结地法律，且在适用上有先后顺序的限制。《涉外民事关系法律适用法》第 22 条规定：“结婚手续，符合婚姻缔结地法律、一方当事人经常居所地法律或者国籍国法律的，均为有效。”可见，结婚手续的准据法包括婚姻缔结地法律、一方当事人经常居所地法律或者国籍国法律，在适用上没有先后顺序的限制。

参考案例

甲系加拿大某跨国公司在华机构的工作人员，是加拿大国籍。在中国工作期间，甲与所在机构的一位中国国籍同事乙一见钟情，决定在中国结婚，但双方不知道如何办理结婚手续。

分析： 中国公民乙与加拿大公民甲结婚，双方共同经常居住地在中国，结婚条件和结婚手续均可适用我国法律。双方可依照《民法典》和《婚姻登记条例》规定的结婚条件和结婚程序，持办理结婚登记所需的证件和证明材料，共同到乙常住户口所在地的省级人民政府民政部门申请办理结婚登记。

（二）涉外离婚

我国涉外离婚关系中，离婚方式的准据法采用区别制。《涉外民事关系法律适用法》第 26 条规定："协议离婚，当事人可以协议选择适用一方当事人经常居所地法律或者国籍国法律。当事人没有选择的，适用共同经常居所地法律；没有共同经常居所地的，适用共同国籍国法律；没有共同国籍的，适用办理离婚手续机构所在地法律。"可见，协议离婚的准据法按如下顺序适用：首先，由当事人选择适用一方当事人经常居所地法律或者国籍国法律。其次，当事人没有选择时，适用共同经常居所地法律；没有共同经常居所地的，适用共同国籍国法律；没有共同国籍的，适用办理离婚手续机构所在地法律。《涉外民事关系法律适用法》第 27 条规定："诉讼离婚，适用法院地法律。"可见，诉讼离婚的准据法为单一法律，即法院地法。

参考案例

中国公民甲与英国公民乙在英国相识，在中国结婚后在某国定居生活。10 年后甲在定居国起诉离婚，但该国法院以当事人均不具有本国国籍为由拒绝受理该案。甲遂向自己在中国的最后住所地法院起诉，人民法院受理了甲的起诉。

分析： 甲与乙的婚姻为涉外婚姻，甲采用诉讼方式离婚，依照《涉外民事关系法律适用法》的规定，应当适用法院地法律。《民事诉讼法》第 22 条第 1 项规定，对不在中国领域内居住的人提起的有关身份关系的诉讼，由原告住所地人民法院管辖。因此，对于甲提起的诉讼，中国法院有权受理。

三、涉外夫妻关系与亲子关系的法律适用

涉外夫妻关系包括涉外夫妻人身关系和涉外夫妻财产关系。《涉外民事关系法律适用法》第 23 条规定："夫妻人身关系，适用共同经常居所地法律；没有共同经常居所地的，适用共同国籍国法律。"第 24 条规定："夫妻财产关系，当事人可以协议选择适用一方当事人经常居所地法律、国籍国法律或者主要财产所在地法律。当事人没有

选择的，适用共同经常居所地法律；没有共同经常居所地的，适用共同国籍国法律。”

《涉外民事关系法律适用法》第 25 条规定：“父母子女人身、财产关系，适用共同经常居所地法律；没有共同经常居所地的，适用一方当事人经常居所地法律或者国籍国法律中有利于保护弱者权益的法律。”

司法案例：香港居民在深圳继承取得的房产，妻子能否要求确权

四、涉外扶养的法律适用

《涉外民事关系法律适用法》第 29 条规定：“扶养，适用一方当事人经常居所地法律、国籍国法律或者主要财产所在地法律中有利于保护被扶养人权益的法律。”这里所规定的“扶养”一词，与婚姻家庭法中所说的“扶养”具有不同的含义。这里的“扶养”是广义的，包括扶养、抚养和赡养。

司法案例：涉外扶养如何适用法律

五、涉外收养的法律适用

依据《民法典》第 1109 条第 2 款的规定，外国人在中国收养子女，应当经其所在国主管机关依照该国法律审查同意；收养人应当提供由其所在国有权机构出具的有关其年龄、婚姻、职业、财产、健康、有无受过刑事处罚等状况的证明材料，并与送养人签订书面协议，亲自向省、自治区、直辖市人民政府民政部门登记；上述证明材料应当经收养人所在国外交机关或者外交机关授权的机构认证，并经中国驻该国使领馆认证，但是国家另有规定的除外。关于涉外收养，民政部于 1999 年 5 月 25 日正式发布了《外国人在中华人民共和国收养子女登记办法》（2024 年 12 月 6 日修订），对外国人在中国收养子女的条件、要求和收养程序作出了具体规定。《涉外民事关系法律适用

法》第28条规定："收养的条件和手续，适用收养人和被收养人经常居所地法律。收养的效力，适用收养时收养人经常居所地法律。收养关系的解除，适用收养时被收养人经常居所地法律或者法院地法律。"

社会热点：代孕产生的亲子关系如何处理

参考案例

一对英国夫妇婚后移居意大利，后来华工作。该夫妇在中国工作2年后，决定收养一名由社会福利机构抚养的中国女童，带她一起回意大利生活。该收养关系成立的条件和程序是什么？

分析：外国人在中国收养子女，依照我国《涉外民事关系法律适用法》的规定，收养人和被收养人的条件和手续应当符合经常居所地的法律，即要同时符合意大利法和中国法的要求。依照我国《民法典》和《外国人在中华人民共和国收养子女登记办法》的规定，外国人在中国收养子女，应当经其所在国主管机关依照该国法律审查同意。收养人应当提供由其所在国有权机构出具的经其所在国外交机关或外交机关授权的机构认证并经中国驻该国使领馆认证的证明材料，收养人应当与送养人订立书面协议后，收养关系当事人应当共同到被收养人常住户口所在地的省、自治区、直辖市人民政府的民政部门办理收养登记。

第二节　涉侨、涉港澳台的婚姻和收养

一、涉侨、涉港澳台的婚姻

（一）涉侨、涉港澳台的结婚

华侨同我国公民要求在我国登记结婚，港澳台同胞同内地（大陆）居民要求在内地（大陆）结婚，应当遵守我国内地法律的规定。

1. 结婚当事人应当出具的证件和书面材料

办理结婚登记的内地（大陆）居民应当出具如下证件和书面材料：本人的居民身

份证；本人无配偶以及与对方当事人没有直系血亲和三代以内旁系血亲关系的签字声明（《婚姻登记条例》第8条第1款）。

办理结婚登记的香港居民、澳门居民、台湾居民应当出具如下证件和书面材料：本人的有效通行证或者港澳台居民居住证、身份证；经居住地公证机构公证的本人无配偶以及与对方当事人没有直系血亲和三代以内旁系血亲关系的声明（《婚姻登记条例》第8条第2款）。

办理结婚登记的华侨应当出具如下证件和书面材料：本人的有效护照；居住国公证机构或者有权机关出具的、经中国驻该国使（领）馆认证的本人无配偶以及与对方当事人没有直系血亲和三代以内旁系血亲关系的证明，或者中国驻该国使（领）馆出具的本人无配偶以及与对方当事人没有直系血亲和三代以内旁系血亲关系的证明（《婚姻登记条例》第8条第3款）。

2. 办理结婚登记的机关和程序

办理涉港澳台结婚登记的机关，是省、自治区、直辖市人民政府民政部门或者省、自治区、直辖市人民政府民政部门确定的机关。男女双方须共同到婚姻登记机关申请结婚。婚姻登记机关应当核对结婚登记当事人出具的证件、书面材料，询问相关情况，并对当事人的身份以及婚姻状况信息进行联网核对。对当事人符合结婚条件的，应当当场予以登记，发给结婚证；对当事人不符合结婚条件不予登记的，应当向当事人说明理由（《婚姻登记条例》第10条）。

办理涉侨结婚登记的机关和程序按照涉港澳台结婚登记的规定办理。

（二）涉侨、涉港澳台的离婚

港澳台同胞同内地（大陆）居民在内地（大陆）离婚，按下列规定办理：

男女双方自愿离婚的，应当签订书面离婚协议，亲自到省、自治区、直辖市人民政府民政部门或者省、自治区、直辖市人民政府民政部门确定的机关申请离婚登记。

男女一方要求离婚或一方不能到婚姻登记机关申请离婚的，可以直接向内地（大陆）一方常住户口所在地的中级人民法院提出离婚诉讼。

华侨同我国公民在中国离婚，参照上述规定。

二、涉侨、涉港澳台的收养

根据民政部1999年5月25日发布的《华侨以及居住在香港、澳门、台湾地区的中国公民办理收养登记的管辖以及所需要出具的证件和证明材料的规定》，居住在外国的华侨在国内收养子女的，应当提供如下资料：收养申请书；护照；收养人居住国有权机构出具的收养人的年龄、婚姻、有无子女、职业、财产、健康、有无受过刑事处罚等状况的证明材料，该证明材料应当经其居住国外交机关或者外交机关授权的机构认证，并经中国驻该国使领馆认证（居住在未与中国建立外交关系国家的华侨，该证明材料要经已与中国建立外交关系的国家驻该国使领馆认证）。

香港、澳门居民中的中国公民在内地收养子女的，应当提供如下资料：收养申请书；香港、澳门居民身份证、来往内地通行证或者回乡证；经国家主管机关委托的香港委托公证人证明的（澳门地区有权机构出具的）收养人的年龄、婚姻、有无子女、职业、财产、健康、有无受过刑事处罚等状况的证明材料。

台湾居民申请办理成立收养关系的登记时，应当提供如下资料：收养申请书；在台湾地区居住的有效证明；中国主管机关签发或签注的在有效期内的旅行证件；经台湾地区公证机构公证的收养人的年龄、婚姻、有无子女、职业、财产、健康、有无受过刑事处罚等状况的证明材料。

华侨在中国收养子女，以及居住在香港、澳门、台湾地区的中国公民在内地（大陆）收养子女的，应当到被收养人常住户口所在地的直辖市、设区的市、自治州人民政府民政部门或者地区（盟）行政公署民政部门申请办理收养登记。

【引例评析】

1. 甲为中国公民，乙为美国公民，双方的共同经常居住地在中国，依照《涉外民事关系法律适用法》的规定，结婚条件和结婚程序均适用我国法律的规定，即《民法典》和《婚姻登记条例》。

2. 甲、乙离婚时，甲、乙均为美国公民，双方协议离婚时，没有选择适用的法律，但双方的共同居住地在中国，依照《涉外民事关系法律适用法》的规定，适用共同经常居所地法律，即中国法律。

3. 甲、乙在我国收养子女时，甲为中国公民，乙为美国公民，甲、乙对丙的收养，应当为涉外收养。依照《涉外民事关系法律适用法》的规定，收养的条件和手续适用收养人和被收养人经常居所地法律，即中国法律。收养的效力适用收养时收养人经常居住地法律，乙的经常居住地在中国，因此适用中国法律。

【本章小结】

1. 涉外婚姻家庭关系，在适用法律时需要解决两个国家或地区的婚姻家庭法的冲突问题。涉外婚姻家庭关系适用的法律，依照《涉外民事关系法律适用法》确定；其他法律对涉外民事关系法律适用另有特别规定的，依照其规定。如果《涉外民事关系法律适用法》和其他法律对涉外民事关系法律适用没有规定的，适用与该涉外民事关系有最密切联系的法律。如果我国法律对涉外民事关系有强制性规定的，直接适用该强制性规定。外国法律的适用将损害我国社会公共利益的，适用我国法律。

2. 我国涉外结婚关系中，结婚条件和结婚手续的准据法采用区别制。依照《涉外民事关系法律适用法》的规定，结婚条件的准据法包括当事人共同经常居所地法律、共同国籍国法律、婚姻缔结地法律，且在适用上有先后顺序的限制；结婚手续的准据法包括婚姻缔结地法律、一方当事人经常居所地法律或者国籍国法律，在适用上没有先后顺序的限制。

3. 我国涉外离婚关系中，离婚方式的准据法采用区别制。依照《涉外民事关系法律适用法》的规定，协议离婚的准据法按如下顺序适用：首先，由当事人选择适用一方当事人经常居所地法律或者国籍国法律。其次，当事人没有选择时，适用共同经常居所地法律；没有共同经常居所地的，适用共同国籍国法律；没有共同国籍的，适用办理离婚手续机构所在地法律；诉讼离婚，适用法院地法律。

4. 我国涉外收养法律关系中，依据《涉外民事关系法律适用法》的规定，收养的条件和手续适用收养人和被收养人经常居所地法律。收养的效力适用收养时收养人经常居所地法律。收养的解除适用收养时被收养人经常居所地法律或者法院地法律。

【练习题】

一、名词解释

涉外婚姻　涉外收养　涉外扶养　涉港澳台婚姻

二、思考题

1. 涉外婚姻与中国国内公民之间的婚姻相比有哪些特别要求？

2. 涉侨、港澳台婚姻家庭问题在处理时应遵循哪些规则？

三、案例分析题

1. 甲是某大学法籍教师，乙系某大学所在地派出所民警，双方一见钟情，决定在中国登记结婚，并按照中国的习俗举行婚礼。由于婚前缺乏充分了解，加上中西方文化存在的差异，婚后生活没有了恋爱时的甜蜜与浪漫，出现了无休止的矛盾与争吵。甲便与乙协商离婚事宜。乙同意离婚，但对儿子丙的抚养归属不能与甲达成一致。乙向人民法院提起离婚诉讼。

问题：

（1）甲、乙的涉外婚姻能否通过行政程序解除？

（2）乙提起的离婚诉讼，管辖法院如何确定？

（3）子女的抚养，如何适用法律？

分析要点提示：

（1）甲、乙的涉外婚姻，依照《涉外民事关系法律适用法》的规定，协议离婚的当事人没有选择适用法律时，适用共同经常居所地法律。双方的共同经常居住地为中国，应当适用中国法律。按照《婚姻登记条例》的规定，涉外离婚可以通过行政程序解除。

（2）乙提起的离婚诉讼为涉外诉讼离婚，依照《涉外民事关系法律适用法》的规定，适用法院地法律，法院地为中国，因此应当适用中国法律。依照《民事诉讼法》的规定，由被告居所地基层人民法院管辖。案情重大的，由中级人民法院管辖。

（3）丙的抚养问题为涉外子女抚养问题，依照《涉外民事关系法律适用法》的规定，适用父母共同经常居所地法律。甲、乙双方的共同经常居所地是中国，因此应当适用《民法典》关于子女抚养权归属、抚育费负担等规定。

2. 甲、乙夫妇系澳大利亚驻华工作的专家，工作期限为 2 年。在一次参观福利院时，夫妻双方喜欢上了一名 3 岁的孤儿丙。经过几次接触，甲、乙决定收养丙。甲、乙婚后已生育有三个子女。

问题：

（1）甲、乙是否具备收养丙的条件？

（2）甲、乙收养丙应当履行哪些程序？

分析要点提示：

（1）甲、乙作为外国人在我国收养子女，依照《涉外民事关系法律适用法》的规定，收养的条件和手续，适用收养人和被收养人经常居所地法律，即要同时符合澳大利亚法律和中国法律。依照《民法典》和《外国人在中华人民共和国收养子女登记办法》的规定，外国人在中国收养子女的证明材料中，不包括收养人子女数量的证明，外国法中对于收养人是否生育子女没有限制性规定，也不违反我国社会公共利益，因此，甲、乙虽有子女但在其他条件符合澳大利亚法律和我国法律规定的情形下，具备收养丙的条件。

（2）甲、乙收养丙，应当依照《外国人在中华人民共和国收养子女登记办法》的规定，提交申请和符合要求的证件、证明材料，与送养人订立书面协议后，收养关系当事人共同到被收养人常住户口所在地的省级人民政府民政部门办理收养登记。

自测习题

参考文献

1. 黄薇．中华人民共和国民法典婚姻家庭编释义．北京：法律出版社，2020.

2. 薛宁兰，谢鸿飞．民法典评注：婚姻家庭编．北京：中国法制出版社，2020.

3. 夏吟兰，龙翼飞，曹思婕，等．中国民法典释评：婚姻家庭编．北京：中国人民大学出版社，2020.

4. 最高人民法院民法典贯彻实施工作领导小组．中华人民共和国民法典理解与适用：婚姻家庭编继承编．北京：人民法院出版社，2020.

5. 龙翼飞．中国民法典评注：婚姻家庭编．北京：人民法院出版社，2021.

6. 杨大文，龙翼飞．婚姻家庭法．8 版．北京：中国人民大学出版社，2020.

7. 夏吟兰．婚姻家庭继承法．3 版．北京：中国政法大学出版社，2021.

8. 房绍坤，范李瑛，张洪波．婚姻家庭继承法．8 版．北京：中国人民大学出版社，2025.